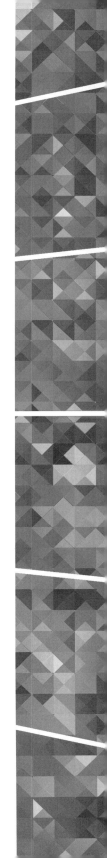

C#による Windows システムプログラミング

北山洋幸●著

カットシステム

■**サンプルファイルのダウンロードについて**
　本書掲載のサンプルファイルは、一部を除いてインターネット上のダウンロードサービスからダウンロードすることができます。詳しい手順については、本書の巻末にある袋とじの内容をご覧ください。
　なお、ダウンロードサービスのご利用にはユーザー登録と袋とじ内に記されている番号が必要です。そのため、本書を中古書店から購入されたり、他者から貸与、譲渡された場合にはサービスをご利用いただけないことがあります。あらかじめご承知おきください。

本書で取り上げられているシステム名／製品名は、一般に開発各社の登録商標／商品名です。本書では、™および®マークは明記していません。本書に掲載されている団体／商品に対して、その商標権を侵害する意図は一切ありません。本書で紹介しているURLや各サイトの内容は変更される場合があります。

はじめに

　本書は、C# の入門を終えて本格的なソフトウェア開発を行いたい人や、ソフトウェア開発に長いこと従事して来た人を対象としています。C# を使って本格的なシステムを開発するときに悩むようなことがらを中心にまとめた書籍です。

　C# は、プログラミング入門者にとって、学びやすい言語です。比較的習得が容易な言語ですが、C# を使いこなすとなると話は別です。表面上の簡単な使い方で十分なのか、C# の本格的な使用法までマスターするかで、習得までの労力は大きく異なります。本書は C# 特有な機能を使いこなすレベルまではいかないけれど、いろいろな言語をマスターし、システム開発にも慣れ親しんだ人が C# を使用してシステムプログラミングを行うのに最低限必要と思われる内容を解説します。例えば、目的の性能を達成できない、あるいはオープンソースなどと融合したシステムを開発したい場合などを想定しています。もちろん、C# の初心者に読んでいただいても有益でしょうが、解説が懇切丁寧とに言えず、最初に読むのに適しているかは疑問です。なぜなら一般の入門書と異なり、C# を網羅的に解説しておらず、かつ丁寧でもありません。

　本書は、C# や .NET Framework を体系的に学びたい人を対象とした書籍ではありません。目次から分かると思いますが、網羅的に C# に概要を学びたい人には向きません。かわりに、C# に慣れ、しばらくした頃に読み直すと良さそうな題材を厳選しました。一般の C# 入門書では解説しないデータ型の基礎、マネージドコードとアンマネージドコードの融合、並列処理の基礎、並列処理で問題となる GUI とスレッドの関係、データ並列、デリゲートとラムダ式、同期処理、フォーム間やスレッドからのコントロールアクセス、そしてプロセス制御などを解説します。入門書を読破し、簡単なプログラムを開発できるようなった人が、実際のシステムを開発するようになったときに読んでほしい内容としました。

　以降に、本書の対象読者を示します。

- C# でシステムプログラミングを行いたい人
- C# で並列処理や非同期処理について知りたい人
- アンマネージドとマネージドを融合させたい人
- 並列処理とコントロールアクセスで悩んでいる人
- プロセス間通信を行いたい人

　微力ながら、本書が読者の C# プログラミングの理解に役立つことを期待します。

謝辞
　出版にあたり、お世話になった株式会社カットシステムの石塚勝敏氏に深く感謝いたします。

2016 年初冬 東大和市桜が丘のカフェにて　北山洋幸

■ 開発現場の実状に即して

　何事にも、現実と理想の間には隔たりがあります。その隙間を埋めるのも大事なテーマです。C# と .NET Framework を使用したシステム開発では、アンマネージドコードを知る必要はありません。ところが、現実のシステムはたくさんのソフトウェアの組み合わせによって成り立っています。過去に蓄積した資産を無視して、システムをゼロから開発することは稀です。また、新規開発であっても、システムの一部を外部のライブラリやオープンソースに頼る場合も少なくありません。さらに、すべてをマネージドコードで開発すると、所望の性能を満たせない場合もあります。そのようなケースでは、開発環境を適材適所で使い分けるのも重要です。もちろん .NET Framework では、このような場合を想定して、たくさんのクラスやインターフェースが用意されています。しかし、それでも自身で解決しなければならないことが起きるのが、現実のシステム開発です。このような現実を考え、本書は、あまり触れられることのない、アンマネージドコードとマネージドコードとの融合にもページを割きました。同様に、なるべく C# 内で性能を満足できるように、並列処理の解説にも多くのページを割いています。このような背景から本書は一般の C# や .NET Framework の入門書とは、構成が一味異なっています。

■ 雑感

　本書はいくつかの変遷を繰り返しながら完成しました。本書の元となった最初の書籍は、10 年ほど前に発行されたものです。当時は、C# が一般に使われ始めようとした時期で、C/C++ をメインで使用していた人向けに、C# を使用した場合、どのようにシステムプログラミングを行えばよいか解説しました。おかげさまで増刷を重ね、その後、大幅改訂と増補を行いました。その時期には、相当数の C# 入門書が存在していましたが、それでも毛色が異なった書籍だったのが幸いしたか、部数は多くありませんがコンスタントに売れ続ける書籍となりました。しかし、出版時期の C# や .NET Framework のバージョンとの乖離も目立つようになり、このたび全体を見直すこととしました。当初は、C# や .NET Framework、そして Visual Studio のバージョンに合わせ、リライトするだけで良いだろうと考えていました。しかし、それが甘い考えだと気づくのに時間は要しませんでした。特に並列処理などが Thread クラスから TPL へ全面的に拡張されたため、並列処理は全面的に書き直しました。同様に継続タスクなどを使用しなければならなかったスレッドとコントロールアクセスの問題が、async/await を用いた糖衣構文により、いとも簡単に記述できるように変更されています。これによって、プログラマの負担が大幅に低減されていることも衝撃でした。これらによって、並列処理だけでなくコントロールのアクセスについても書き直しが発生しました。そんなこんなで、多くの時間を奪われました。さらに、以前の書籍を継承すると大幅にページ数が増大するため、現在では重要でないだろうと思われるトピックを削除しました。以上のような状況により、非常にバタバタしましたが何とか完成にこぎつけた次第です。

さて、この書籍の元となった書籍を執筆したのは、親族が療養中で頻繁に帰省していた時期です。長期の帰省を繰り返していたのが昨日のようです。帰省した当日に、温泉で長湯して高熱を出してしまったのも想い出となりました。私の田舎は温泉が出やすいため、町で経営している温泉を銭湯のように使用します。熱を出した日は長旅に加え湯冷めしないことを過信し、つい油断をしてしまいました。帰省したときに、お風呂を使うことはなく毎日温泉へ出かけます。ゆったりお湯につかったあと、くつろぎの空間でテレビを眺めながら、飲み物をゆったり飲む時間は東京では味わえません。テレビから流れる番組も、ラジオから流れる音楽も東京と変わらないのに、時間はゆったり流れ東京とは別物のように感じます。

　田舎の風景は相変わらず昔の面影のままですが、道路だけが帰るたびに立派になっています。道路は立派になりますが、それを活用する公共サービスが充実されていかは疑問です。完全に車社会化が進んでおり、鉄道も学生など限られた人たちが利用するだけのようです。そういえば、帰省した時に、最寄りの駅を利用したことはなく、空港からはバスかレンタカーを使っています。このような状況が車を持たない高齢者にとって本当に良いのか疑問に思うときもあります。ただ、そこは田舎の助け合いで、うまく機能しているのでしょう。

　時が経つに連れ、高齢化が進み、若い人は少なくなっています。小学校も中学校も閉鎖が続き、高校の入学者も減少の一途です。まるで日本の少子化を先取りした様子を見ているような気分にもなります。村の空き家も増え、幼少のころの賑わいは遠い昔になりました。昔は子供たちが走り回っていた海岸、海、そして広場に出かけても、そこには静寂だけがあり、小一時間滞在しても誰一人も現れません。私の家も空き家になって久しく、すでに玄関への通路も竹林になり、家に入ることさえ難しくなりました。家の中は朽ち果てていると思いますが、大きな台風が何回も来ていますが立派に建っています。もう少し若ければ、Uターンも考えましたが、実家が空き家になるのが早すぎました。

　田舎に帰るたびに、私の心はいつもリフレッシュされます。東京で悩んでいたことが、なぜ悩みなのか分からなくなります。単純に現実を逃避できたためなのか、それとも田舎には何か魅力があるのか、まだ自分で把握できていません。言えることは田舎に帰ると、時間の流れがゆっくりとなることです。もっとも田舎に帰った時は自身が休暇なのであって、日常を過ごしている人達とは、また違った感想があるのでしょう。田舎は東京より、生活コストがはるかに安く、リタイヤ後の環境としては良さそうです。全国の調査でも住みやすさランキングの上位にランクされますのでUターンも良いのですが、いろいろなしがらみがあって実現しそうもないです。変なストレスもなく、精神的にも肉体的にも健康を維持できそうな気がします。もう少し若ければ職場を田舎に移したのですが、もうその時期は過ぎました。

　数年前の帰省時のことです。東京に戻るときに、母に「明日、帰るよ」と言ったら「もう、帰るのは東京か！？」と問われました。一瞬、意味が分からなかったのですが、「ああ、帰るという

表現がおかしかったんだな」と分かるまで数秒とかかりませんでした。確かに、何気なく"帰る"という表現を使っていますが、私の"帰る"場所は、東京なのか田舎なのか自分でもわかりません。生活した年数は、遥かに東京暮らしが長くなりました。しかし、自分の場所は実家にあるような気がするのは何故なんでしょう。東京から田舎に行くときも、「田舎に帰る」と表現するし、田舎から東京に行くときも「東京に帰る」と表現していることに、母の一言で気がつきました。私の帰る場所は何処なのか未だ不明です。こんなたわいのないことを飛行機の中で考えながら東京へ戻ったのも遠い想い出となりました。

　室生犀星の「ふるさとは遠きにありて思ふもの」の解釈はいろいろあるようですが、自分なりの解釈ができてきた気がします。同じ内容なのに、20代で感じたときと現在ではずいぶん違ったものとなりました。

■ 本書の使用にあたって

開発環境、および、実行環境の説明を行います。

Windows バージョン

Windows 10 を使用します。Windows 7/8.1/Vista などでも問題ないでしょうが確認は行っていません。

Visual Studio バージョン

無償の Visual Studio 2015 Community を使用します。他のバージョンでも問題ないでしょうが、.NET Framework との関係もあり、最新の環境を使用することを勧めます。

■ 用語

クラスとオブジェクト

クラスとオブジェクトはなるべく使い分けています。クラス、オブジェクト両方に適用できる内容については、クラス、オブジェクトを省いている場合もあります。

クラスとインスタンス

クラスとインスタンスもなるべく使い分けています。クラス、インスタンス両方に適用できる内容については、クラス、インスタンスを省いている場合もあります。

オブジェクトとインスタンス

オブジェクトとインスタンスもなるべく使い分けていますが、インスタンスよりオブジェクトが適当と思われる部分ではオブジェクトを使用しています。

フォームとウィンドウ

フォームとウィンドウは同じものを指します。主にデザイン時にはフォーム、実行時にはウィンドウと記述しています。これは、C# 特有の説明ではフォームを使用し、Windows 全体にかかわる実行などの表現はウィンドウが適切と判断したためです。

メインスレッドとワーカスレッド

本書ではユーザーインターフェースを受け持つスレッド（= UI スレッド）をメインスレッド、そうでないスレッドをワーカスレッドと表示しています。基本的に UI スレッドがメインスレッドになるとはかぎりませんが、便宜上、このような表記を用いました。

タスクとスレッド

スレッドとタスクを共存して使用しています。本来はスレッドであっても .NET Framework のクラス名がタスク（Task）のため、タスクと表現した方が適切と思われる部分ではタスクを使用します。

フィールドとメンバ

C# では、C++ のメンバに相当するものをフィールドと呼びます。本書では、メンバとフィールドが混在しています。

デリゲート

クラスなどと異なり、デリゲートには宣言と実体の区別がありません。両方ともデリゲートと表現していますので、宣言と実体の違いは文脈から判断してください。

マネージとマネージド

英文では managed ですが、和文ではマネージが採用されている場合があります。本書では英文に倣って、マネージド、アンマネージドと記述します。

ユーザーアカウント

最近の Windows ではユーザーやアカウントの管理が強化されています。たとえば、「標準ユーザー」ではプログラムのインストールやアンインストールは制限されます。Visual Studio のインストールなどで警告が出ることがありますので、なるべく「管理者」で実行してください。もちろん、管理者アカウントを使用する場合、危険なこともできますので、十分注意してください。

Any CPU か x64、あるいは x86

本書では、C# は Any CPU、C++ は x64 を主に使用します。これはオペレーティングシステム (OS) のビット数が 64 ビットだったためです。もちろん、自身で管理すれば x86 でも問題ありません。DLL などの例もありますので、組み合わせを間違えないようにしてください。

URL

URL の記載がありますが、執筆時点のものであり、変更される可能性もあります。リンク先が存在しない場合、キーワードなどから自分で検索してください。

■ 参考文献/参考サイト

1. MSDN Web サイト「.NET 開発」(http://www.microsoft.com/japan/msdn/)
2. Microsoft デベロッパー センター (https://msdn.microsoft.com/developer-centers-msdn)
3. 「.NET フレームワークのための C# システムプログラミング」、カットシステム、北山洋幸著
4. 「Parallel プログラミング in .NET Framework 4.0」、カットシステム、北山洋幸著
5. 「Win64 API システムプログラミング」、カットシステム、北山洋幸著

目次

はじめに iii

第1章● C# 概論 …… 1

1-1 C# の基本 1
1-2 データ型 2
　　●値型と参照型……3　　●値型の一覧……3　　●参照型の一覧……4
1-3 値型とは 4
1-4 参照型とは 5
1-5 C# の型と Alias の関係 6
1-6 C# の型 8
　　●bool 型……8　　●byte 型……9　　●sbyte 型……10　　●char 型……10
　　●decimal 型……10　　●double 型……10　　●float 型……11　　●int 型……11
　　●uint 型……12　　●long 型……12　　●ulong 型……12　　●object 型……13
　　●short 型……13　　●ushort 型……13　　●string 型……13　　●var 型……13
1-7 文字列型 15
1-8 配列 20
1-9 構造体 29
1-10 引数 32
　　●基本動作……32　　●オブジェクトを渡す……34　　●配列を渡す……39
1-11 デリゲート入門 43
　　●単純な例……43　　●定義済みデリゲート……44　　●デリゲートを引数で渡す……45
　　●コマンド解析の例……47

第2章●マネージドとアンマネージド …… 53

2-1 アンマネージド呼び出しの概要 53
　　●関数名のエクスポート……54

2-2　マネージドプログラムとアンマネージドプログラムの連携 **55**
　　　●DLLの開発……56　　●呼び出し側の開発……63　　●実行……66

2-3　**DLLのメソッド名を変更する** **68**

2-4　**.DEFファイルを使ったエクスポート** **69**
　　　●DLLの開発……70　　●呼び出し側の開発……73
　　　●.DEFファイルを使う場合の利点と欠点……74

2-5　**アンマネージドからマネージドを利用** **74**
　　　●DLLの開発……76　　●呼び出し側の開発……76

2-6　**マネージド／アンマネージド間のデータ交換** **78**
　　　●C#とアンマネージド間のデータ型対応……78
　　　●マネージドとアンマネージドのデータサイズ……79　　●データモデル……80
　　　●データサイズの比較……80

2-7　**マネージドからアンマネージドヘデータを渡す** **83**
　　　●Byte型とChar型……83　　●いろいろな整数型……85　　●浮動小数点型……88

2-8　**アンマネージドからマネージドヘデータを返す** **90**
　　　●byte型とint型……90

2-9　**文字列の受け渡し** **92**

2-10　**構造体の受け渡し** **95**

2-11　**配列の受け渡し** **97**

第3章●並列処理……101

3-1　並列処理の概要 **101**
　　　●並列化する目的……101　　●オーバーヘッド……102　　●データ競合……102
　　　●スケーラビリティ……102　　●スレッド……103　　●スレッドの応用……105

3-2　**シンプルスレッド** **105**
　　　●実行……108

3-3　**Taskで記述** **108**
　　　●タスク並列ライブラリ概論……110

3-4　**暗黙的な起動** **110**

3-5　**ラムダ式で記述** **111**
　　　●匿名メソッド……112

3-6　**スレッドに値を渡す** **113**
　　　●実行……115

3-7 スレッドに値を渡す（**Task** で記述） 115
- ラムダ式に引数を渡す……117

3-8 スレッドから情報を受け取る 119
- Thread クラスで記述……120　●実行……123

3-9 タスク配列 124
- 単純なタスク配列……124　●タスク配列と返却値参照……125
- 全タスクの処理が同じ……127

3-10 タスク継続 128
- 単純なタスク継続……129　●複数のタスクの継続……131

3-11 入れ子タスクと子タスク 133
- 入れ子タスク……133　●子タスク……135

第 4 章 ● デリゲートとラムダ式……137

4-1 デリゲート 137
- デリゲートとは……137　●定義済みデリゲート……140
- デリゲートの実用例……142　●インスタンスのメソッド……144
- マルチキャストデリゲート……146

4-2 ラムダ式 148
- 通常のプログラム……148　●デリゲートで記述……149　●匿名メソッド……150
- ラムダ式（1）……151　●ラムダ式（2）……151

第 5 章 ● データ並列化……153

5-1 データ並列の基礎 153
- 単純な Parallel.For ループ……154　●単純な Parallel.ForEach ループ……156

5-2 ループからの脱出 157
- Stop を使用して Parallel.For ループから抜ける……158
- IsStopped プロパティを調べる……159
- Break を使用して Parallel.For から抜ける……161
- LowestBreakIteration プロパティを調べる……162

5-3 スレッドローカル変数 166
- スレッドローカル変数を使用した Parallel.For ループ……166

| 5-4 | ループ取り消し | 170 |

●Parallel.For ループを取り消す……170

第6章●並列処理と GUI……173

6-1	並列処理と GUI 更新の概要	173
6-2	シングルスレッド	175
6-3	スレッド（Thread クラス）＋タイマーで監視	178

●実行……180

| 6-4 | BackgroundWorker を使う方法 | 181 |

●実行……184

| 6-5 | Thread クラスと Invoke | 184 |

●実行……186　　●Invoke の判断をメソッドへ……187

| 6-6 | Task クラスと Invoke | 189 |
| 6-7 | 非同期メソッド | 193 |

●async 修飾子……193　　●await 演算子……193　　●実行……196

| 6-8 | 非同期メソッド応用 | 197 |

●並列処理しない場合……197　　●async 修飾子と await 演算子を使用した場合……202
●実行……205

| 6-9 | Task クラスと Invoke（GUI を頻繁に更新） | 208 |

●実行……211

| 6-10 | 非同期メソッド（GUI を頻繁に更新） | 212 |

●実行……214

| 6-11 | 非同期メソッド応用（GUI を頻繁に更新） | 214 |

●実行……216

| 6-12 | スレッド間でメッセージ通信（1） | 217 |
| 6-13 | スレッド間でメッセージ通信（2） | 221 |

●実行……228

| 6-14 | スレッド間でメッセージ通信（3）―Task クラス | 230 |
| 6-15 | BackgroundWorker を使ってスレッド間のコントロールアクセス | 232 |

●実行……237

| 6-16 | スレッドと Queue クラスでスレッド間のコントロールアクセス | 238 |

●実行……246

6-17　バウンズ（BackgroundWorker）..247
6-18　バウンズ（Invoke）..253
6-19　CreateGraphics を使ってコントロールアクセス................................256

第 7 章●同期……259

7-1　Interlocked クラスで同期...259
　●変数へのインターロックドアクセス……265　　●実行……266
　●Task クラスで記述……267

7-2　終了監視...269
　●実行……271
　●Task クラスで記述……271

7-3　Monitor クラスによる同期...272
　●クリティカルセクションの基礎……273　　●実行……277

7-4　lock 文による同期..278
　●プログラムの概要……280　　●実行……283

7-5　非同期呼び出し..285
　●実行……288

7-6　同期呼び出し...289
　●実行……291

7-7　BeginInvoke メソッド...292

7-8　EventHandler デリゲートによる同期呼び出し...............................294
　●実行……296

7-9　ManualResetEvent と同期...297
　●実行……300

7-10　AutoResetEvent と同期...301

7-11　スレッドプール..303
　●実行……306

7-12　コールバックでメソッド完了を知る..307
　●実行……311

7-13　コールバックとたくさんの非同期呼び出し....................................312
　●実行……315

7-14　volatile キーワード...316

- 7-15 ReaderWriterLock によるクラス同期 **318**
  - ●実行……323
- 7-16 ミューテックス **324**
  - ●実行……326
- 7-17 ミューテックス（GUI 版） **328**
  - ●実行……332
- 7-18 セマフォ **333**
- 7-19 コンカレントコレクション **335**
  - ●ConcurrentQueue クラス……335　　●逐次プログラム……335
  - ●ConcurrentQueue クラスを使う……336　　●タスク配列と返却値……338
  - ●ConcurrentStack……340　　●ConcurrentBag……341
  - ●コンカレントコレクション応用例……342

第 8 章 ● フォーム間のコントロールアクセス……351

- 8-1 親フォームから子フォームのラベル表示 **351**
- 8-2 親フォームから子フォームのコンストラクタでラベル表示 **355**
- 8-3 子フォームから返却値を受け取る **357**
  - ●実行……359
- 8-4 親フォームから子フォームのコントロールをアクセス **360**
  - ●実行……363
- 8-5 子フォームから親フォームを直接呼び出す **364**
  - ●実行……367
- 8-6 子フォームから親に Paint イベントを送る（1） **367**
  - ●実行……370
- 8-7 子フォームから親に Paint イベントを送る（2） **371**
  - ●実行……374
- 8-8 イベントハンドラで子フォームから親に通知 **375**
  - ●実行……377
- 8-9 フォーム間のメッセージ通信によるコントロールアクセス **379**
  - ●実行……383

第9章●プロセス……385

- 9-1 プロセスの起動……………………………………………………………………**385**
  - ●実行……388
- 9-2 プロセスを起動し同期で完了を待つ…………………………………………**389**
  - ●実行……392
- 9-3 プロセスを起動し非同期で完了を待つ………………………………………**393**
  - ●実行……397
- 9-4 ミューテックスでインスタンスの多重起動を禁止…………………………**399**
  - ●実行……401
- 9-5 セマフォでプログラムの多重起動を禁止……………………………………**402**
  - ●実行……404
- 9-6 プロセス名で多重起動を禁止…………………………………………………**404**
  - ●実行……406
- 9-7 DLLによるプロセス制御………………………………………………………**406**
  - ●DLLの開発……407　●呼び出し側の開発（1）……408　●実行……411
  - ●呼び出し側の開発（2）……411　●実行……413
- 9-8 DLLによるプロセス間通信……………………………………………………**415**
  - ●DLLの開発……415　●送信プログラム……417　●受信プログラム……420
  - ●実行……424
- 9-9 標準I/Oを使用したプロセス間通信…………………………………………**427**
  - ●サーバプログラム……428　●クライアントプログラム……431
  - ●実行……433
- 9-10 ネットワークを使用したプロセス間通信……………………………………**434**
  - ●サーバプログラム……435　●クライアントプログラム……438　●実行……440

索 引……………………………………………………………………………………**444**

C# 概論

1-1 C# の基本

　C# の解説に入る前に、.NET Framework について簡単におさらいします。「.NET Framework とは何か」と問われれば、まずは、クラスライブラリの集合体であるということができます。クラスライブラリを使用すれば、システムのさまざまな機能にアクセスできます。.NET Framework が提供するクラスライブラリは、完全にオブジェクト指向となっています。さらに、.NET Framework はプログラムの実行環境であるということもできます。.NET Framework で開発したプログラムは .NET Framework コードに変換され、そのコードを .NET Framework 環境が実行します。ちょうど、Java のような概念です。

　このクラスライブラリの集合体＋実行環境を、.NET Framework と呼んで差し支えないでしょう。実行環境は Java に似ていますが、Java が Java で閉じているのに対して、.NET Framework 環境は、Visual Basic であろうが、C++ であろうが、C# であろうが、.NET Framework で開発されているかぎり言語に依存しない点が異なります。言語が混在するアプリケーションでも、デバッグはシームレスに行われます。図 1.1 に、Windows 上の .NET Framework の概要を示します。

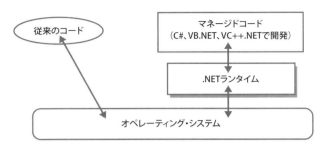

図1.1 ●.NET Frameworkの概要

　C#は、Microsoft社によって.NET Frameworkと同時に開発された新しい言語です。それだけに、.NET Frameworkとの親和性もひときわ高いといえるでしょう。

　本章では、まずC#のデータ型の概要と、参照型、値型の説明を行い、それから文字列の扱い、配列、構造体、メソッド呼び出しなどの引数の扱い、およびデリゲートなどの基本を解説します。

1-2 データ型

　他の言語と同様に、C#にもデータ型があります。`int`などの型名は、予約語としてC#言語に予約されています。

　整数型には、ビット長、符号の有無でいくつかの型が存在します。また、IEEE754準拠の浮動小数点数が用意されています。他のC系言語と異なる型として、金額などの財務計算に適した`decimal`型があります。この型は小数も扱うことができます。2進数の浮動小数点数を使用すると10進数の小数以下に丸めなどの誤差の生じる恐れがありますが、`decimal`型を使用すればそのような誤差は発生しません。

　文字型の`char`もあります。ただしC#の`char`型は、Cなどの`char`とは異なり、常に2バイトです。内部コードにはUnicodeが使用されます。C/C++では、`char`をバッファなどに使用して内部を1バイトずつスキャンする場合もありますが、C#の`char`型はあくまでも文字を扱うデータ型という位置付けになっています。C#でバッファを単純にバイト単位で処理するには、`byte`型もしくは`sbyte`型を使用します。

　C#には文字列型も用意されています。C/C++では`char`型の配列で文字列を保持しますが、C#には専用の`string`型が用意されています。`string`型は、これまでの型と違い、参照型です。「値型」と「参照型」の違いについては後述します。他にもさまざまな型がありますが、個別の型の詳細についても後述します。

　各データ型は、C#ではサイズが固定されています。たとえば`int`型の場合、Cではプラット

フォームや処理系によって異なりますが、C# では常に 4 バイトを占めます。

変数の宣言方法やスコープなどは、C/C++ とほぼ同じです。しいて異なる点をあげれば、クラス内で宣言する変数を、一般的にはメンバ変数と呼びますが、C# ではフィールドと呼びます。メソッドやローカル変数などは一般的な呼び方と同じなので、本書の記述ではメンバ変数も使用します。

■ 値型と参照型

C# のデータ型は、値型と参照型の 2 つに大きく分類できます。たとえば int 型は値型、string 型は参照型です。この 2 種類の型は、メモリを確保する方法で大きく異なります。C# によるプログラミングでは、使用する変数がどちらの型であるかを意識しなければなりません。C# のデータ型を値型と参照型に分けて以降に示します。

■ 値型の一覧

表1.1●整数型

型	範囲	サイズ
sbyte	–128 ～ 127	符号付き 8 ビット整数
byte	0 ～ 255	符号なし 8 ビット整数
char	U+0000 ～ U+ffff	Unicode16 ビット文字
short	–32,768 ～ 32,767	符号付き 16 ビット整数
ushort	0 ～ 65,535	符号なし 16 ビット整数
int	–2,147,483,648 ～ 2,147,483,647	符号付き 32 ビット整数
uint	0 ～ 4,294,967,295	符号なし 32 ビット整数
long	–9,223,372,036,854,775,808 ～ 9,223,372,036,854,775,807	符号付き 64 ビット整数
ulong	0 ～ 18,446,744,073,709,551,615	符号なし 64 ビット整数

表1.2●浮動小数点型

型	範囲	サイズ
float	$\pm 1.5 \times 10^{-45} \sim \pm 3.4 \times 10^{38}$	7 桁
double	$\pm 5.0 \times 10^{-324} \sim \pm 1.7 \times 10^{308}$	15 ～ 16 桁

表1.3●decimal型

型	おおよその範囲	有効桁数
decimal	$\pm 1.0 \times 10^{-28} \sim \pm 7.9 \times 10^{28}$	28 ～ 29 桁

表1.4●bool型

型	おおよその範囲	有効桁数
bool	true または false	—

■ 参照型の一覧

表1.5●参照型

型	範囲	サイズ
object	—	—
string	—	—

1-3 値型とは

　値型とは、変数の宣言を行った時点で、そのデータ型の領域自体が確保される型を指します。リスト1.1のプログラムを例に説明します。

リスト1.1●値型の宣言

```
using System;

public class Class1
{
    public static void Main()
    {
        short s=10;
        long L=10L;

        Console.WriteLine("s={0}",s);
        Console.WriteLine("L={0}",L);
    }
}
```

　このプログラムでは、sの宣言部分で、実際のshort型変数sの領域2バイトが確保され、Lの宣言部分で、実際のlong型変数Lの領域8バイトが確保されます。

　値型については、ごく一般的な変数の宣言であり、特に変わったことはありません。しかし、次節で説明する参照型は、一般的な言語とは多少異なる点があります。

1-4 参照型とは

　参照型は値型と違い、変数の宣言部分で、そのデータ型の領域が確保されるわけではありません。C# で予約されている参照型のデータ型は、string 型と object 型の 2 つのみです。しかし、object 型を基底としたクラスなどが多数存在するため、実際のプログラミングで参照型を扱う機会は決して少なくありません。

　C# では、基本的にポインタを使用することはできません。「基本的に」と書いたのは、互換性確保のためか、限定的な方法でポインタの使用が許されているからです。しかし、C# では、十分な理由がないかぎりポインタを使用すべきではないでしょう。

　では、C# ではクラスのオブジェクト（インスタンス）にどのようにアクセスするのでしょうか。

リスト1.2●疑似コード

```
MyClass Class1;

Class1 = new MyClass();
```

　C# で参照型のオブジェクトを作成するには、new を使用します。リスト 1.2 の例で示すと、Class1 の宣言部分では、MyClass のオブジェクトを参照するメモリが確保されるだけで、オブジェクトの実体は作られません。

　object 型は C# の標準型、ユーザー定義型の基底となる親の型です。クラスについては、本書を読み進めるうちに理解が進むでしょうから、ここで細かい説明は行いません。

　もう 1 つの string 型ですが、これは文字列の処理に使用します。C/C++ 言語の学習では、第 1 の壁がポインタ、第 2 の壁が文字列処理ともいわれますが、C# ではごく自然に文字列を処理できます。リスト 1.3 を見てください。

リスト1.3●C#による文字列処理

```
using System;

public class Class1
{
    public static void Main()
    {
        string s;

        s="test";
        Console.WriteLine("s={0}",s);
```

```
        s="Spacesoft";
        Console.WriteLine("s={0}",s);
    }
}
```

 s の宣言部分では、文字列への参照情報を保持するための領域が割り当てられます。そして、「=」によって文字列が s に代入され、WriteLine メソッドで出力されます。このプログラム実行結果は次のようになります。

```
s=test
s=Spacesoft
```

 注意しなければならないのは、s への文字列の代入は、s に割り当てられた領域に文字列の実体を格納することではないという点です。正確には、その文字列への参照情報（ポインタ）が格納されることになります。この例では、宣言によって s の領域が割り当てられた後、まず文字列 "test" の実体への参照情報が s に格納され、次に文字列 "Spacesoft" の実体への参照情報に更新されます。
 このように、値型と参照型では変数に格納するデータの取り扱いに大きな相違点があります。

1-5 C# の型と Alias の関係

 C# の組み込み型のキーワードを表 1.6 に示します。これらは System 名前空間に組み込まれた型の Alias（エイリアス、別名）です。

表1.6●System名前空間に組み込まれた型のAlias

C# 型	.NET Framework 型
bool	System.Boolean
byte	System.Byte
sbyte	System.SByte
char	System.Char
decimal	System.Decimal
double	System.Double
float	System.Single

C# 型	.NET Framework 型
int	System.Int32
uint	System.UInt32
long	System.Int64
ulong	System.UInt64
object	System.Object
short	System.Int16
ushort	System.UInt16
string	System.String

表1.7●暗黙型

型	範囲	サイズ
var	―	―

　object 型と string 型以外はすべて単純型です。また、C# 型と Alias は相互に交換可能です。たとえば、整数の short と System.Int16 を使用して宣言した変数は同じ性質を持ちます。C# 型の実際の型を表示するには、GetType メソッドを使用します。プログラム例をリスト 1.4 に示します。

リスト1.4●ch01¥01type¥00getType¥getType¥Program.cs（一部）

```
            int i = 0;
            System.Int32 i32 = 0;

            Console.WriteLine("i=" + i.GetType());
            Console.WriteLine("i32=" + i32.GetType());
```

　実行結果は次のようになります。int 型も System.Int32 型も System.Int32 型であることが分かります。

```
i=System.Int32
i32=System.Int32
```

1-6 C#の型

C#で使用されるデータ型の詳細を説明します。

■ bool型

bool型はSystem.Booleanのエイリアスです。bool型変数にはbool値（trueまたはfalse）を代入できます。C++などではbool型の値をint型の値に変換できますが、C#ではbool型を他の型に変換することはできません。

リスト1.5●ch01¥01type¥01bool01¥bool01¥Program.cs

```
using System;

namespace bool01
{
    class Program
    {
        static void Main(string[] args)
        {
            bool bRval = true;

            if (bRval)
                Console.WriteLine("bValはtrueです。");
            else
                Console.WriteLine("bValはfalseです。");
        }
    }
}
```

C++などではリスト1.6のようなコーディングをすることがありますが、C#では無効となります。

リスト1.6●ch01¥01type¥02bool02¥bool02¥Program.cs（一部）

```
            int iRval = 1;

            if (iRval)   // ←コンパイルエラーになる
                ︙
```

C++などでは、0をfalse、0以外の値をtrueと解釈するため、iRvalが0でなければ処理

が実行されます。しかし C# では、bool 型と int 型は別物です。

■ byte 型

byte 型は、0 から 255 までの整数を格納できる符号なし 8 ビット整数型です。C++ などを利用しているときに、なぜ byte 型がないのだろうかと思い、unsigned char で代用していた方も多いでしょう。C# では最初から byte 型が用意されています。

byte から short、ushort、int、uint、long、ulong、float、double、decimal へは、暗黙の型変換が組み込まれています。逆に、byte に入る値より大きな数値型から byte への暗黙の型変換はできません。必要な場合は明示的にキャストしてください（以下のサンプルコードは ch01¥01type¥03byte01¥byte01¥Program.cs 参照）。

```
byte b1;
b1=10;
```

は問題ありませんが、

```
byte b1;
b1=300;
```

はコンパイルエラーとなります。代入演算子の右側にある算術式が int 型として評価されるためです。このエラーを抑止するには、キャストと unchecked 文を使用します。

```
byte b1;
unchecked
{
    b1=(byte)300;
}
```

次の例でも、b1*b2 は int 型と解釈されるため、コンパイルエラーとなります。

```
byte b1=10,b2=20;
byte b3=b1*b2;              //←コンパイルエラー
```

このエラーを解決するには、キャストを使用します。

```
byte b1=10,b2=20;
byte b3=(byte)(b1*b2);                              //←明示的にキャストすればOK
```

このように、C# の型チェックは厳しく、型変換がらみでコンパイルエラーとなることが少なくありません。基本的に、型変換が起きる場合は明示的にキャストするとよいでしょう。特に、オーバーフローが起きるような、大きな型から小さな型への代入などは注意が必要です。

■ sbyte 型

sbyte 型は、-128 から 127 までの符号付き 8 ビット整数を格納します。キャストやコンパイルエラーなどについては、符号付きの byte と考えればよいので省略します。

■ char 型

C# の char 型は、C/C++ の 8 ビットの char 型とは異なり、16 ビットで Unicode 文字を格納できます。char 型の定数は、文字リテラル、16 進数（エスケープシーケンス）、Unicode 表現を記述できます。あるいは、数値をそのまま文字コードへキャストできます。

リスト 1.7 は、さまざまな方法で char 型変数に文字 A を代入するコードです。C/C++ の char と混同しないように気を付けてください。

リスト1.7●文字'A'を代入する

```
char cLiteral = 'A';         // リテラル
char cHex     = '\x0041';    // 16進数
char cCast    = (char)65;    // キャスト
char cUnicode = '\u0041';    // Unicode
```

char 型変数は、ushort、int、uint、long、ulong、float、double、decimal へ暗黙の型変換ができます。

■ decimal 型

decimal 型は、10 進数計算のために用意された 128 ビットのデータ型です。財務や金融の計算で、浮動小数点数では無視できない誤差が発生するような場合の使用に適しています。メインフレームなどでは CPU が 10 進数命令（BCD パックド演算命令など）を装備していますが、一般的なパーソナルコンピュータには 10 進数命令がないため、言語でサポートしています。本書の主眼であるシステムプログラミングにはあまり関係がないため、詳細は省きます。

■ double 型

double 型は、64 ビットの浮動小数点数を格納します。代入演算子の右側にある実数値リテラルは、double 値として扱われます。整数を double 型として扱いたい場合は、サフィックスに d または D を使用します。

リスト1.8●ch01¥01type¥04double01¥double01¥Program.cs（一部）

```
        double d = 3d;
```

　1つの式に整数型と浮動小数点型の数値を混在させることができます。整数型と浮動小数点型が混在する場合、整数型は浮動小数点型に変換されます。

■float 型

　float 型は、32 ビットの浮動小数点数を格納します。代入演算子の右側にある実数値リテラルは、double 値として扱われます。このため、float 型として扱いたい場合は、サフィックスに f または F を指定します。

リスト1.9●ch01¥01type¥05float01¥float01¥Program.cs（一部）

```
        float f = 10.1f;
```

　上の宣言でサフィックスを使用しなかった場合、double 値を float 型変数に代入することになるため、コンパイルエラーになります。

```
        float f = 10.1;      // ←コンパイルエラー
```

　1つの式に整数型と浮動小数点型の数値を混在させることができます。整数型と浮動小数点型が混在する場合、double 型の場合と同様に、整数型が浮動小数点型に変換されます。

■int 型

　int 型は、-2,147,483,648 から 2,147,483,647 までの符号付き 32 ビット整数の値を格納する整数型です。int 型から long、float、double、decimal へは暗黙の型変換が組み込まれています。浮動小数点型から int 型への暗黙の型変換はありません。

　すでに表 1.6 で説明したように、int 型は System.Int32 の Alias です。このため比較の「==」と Equals メソッドは等価です。

リスト1.10●ch01¥01type¥06int01¥int01¥Program.cs

```
using System;

namespace int01
{
    class Program
```

```
    {
        static void Main(string[] args)
        {
            int i = 10;

            if (i == 10)
                Console.WriteLine("i==10: iは10です.");
            else
                Console.WriteLine("i==10: iは10ではありません.");

            if (i.Equals(10))
                Console.WriteLine("i.Equals(10): iは10です.");
            else
                Console.WriteLine("i.Equals(10): iは10ではありません.");
        }
    }
}
```

このプログラムの実行結果を次に示します。

```
i==10: iは10です.
i.Equals(10): iは10です.
```

■ uint 型

uint 型は、0 から 4,294,967,295 までの符号なし 32 ビット整数を格納する整数型です。リテラル値を指定する場合、サフィックスに U または u を指定します。この場合のリテラルの型は、値に応じて uint または ulong になります。uint 型から long、ulong、float、double、decimal への暗黙の型変換が組み込まれています。

■ long 型

long 型は、-9,223,372,036,854,775,808 から 9,223,372,036,854,775,807 までの符号付き 64 ビット整数の値を格納する整数型です。long 型から float、double、decimal への暗黙の型変換が組み込まれています。その他の型への変換は明示的なキャストを必要とします。

■ ulong 型

ulong 型は、0 から 18,446,744,073,709,551,615 までの符号なし 64 ビット整数の値を格納する整数型です。リテラル値には L または l を指定します。この場合のリテラル整数の型は、値

に応じて long または ulong のいずれかになります。UL、ul、Ul、uL、LU、lu、Lu、lU を指定した場合、リテラル値の型は ulong 型です。

■ object 型

object 型は、System.Object の Alias です。object 型には任意の型の値を代入できます。組み込み型およびユーザー定義型を含めて、すべてのデータ型は System.Object クラスを継承します。object 型を継承したデータ型やクラスなどが後の章に多数出現しますので、詳細は省略します。

■ short 型

short 型は、–32,768 から 32,767 までの符号付き 16 ビット整数の値を格納する整数型です。リテラルは、何もサフィックスを付けなければ、暗黙的に int 型から short 型に変換されます。整数リテラルを short 型に格納できない場合、コンパイルエラーになります。記憶サイズがより大きいリテラル以外の数値型は、short への暗黙の型変換ができません。このような場合、明示的にキャストします。また、浮動小数点型から short 型への暗黙の型変換はできません。

■ ushort 型

ushort 型は、0 から 65,535 までの符号なし 16 ビット整数の値を格納する整数型です。リテラルは、何もサフィックスを付けなければ、暗黙的に int 型から ushort 型に変換されます。整数リテラルを ushort 型に格納できない場合、コンパイルエラーになります。記憶サイズがより大きいリテラル以外の数値型は、ushort への暗黙の型変換ができません。このような場合、明示的にキャストします。また、浮動小数点型から ushort 型への暗黙の型変換はできません。

byte 型または char 型から ushort 型への暗黙の型変換が組み込まれています。その他の型の場合は、キャストを使用して明示的な変換を実行する必要があります。

■ string 型

string 型は、Unicode 文字列を表します。string 型は参照型ですが、「==」や「!=」はオブジェクトの比較ではなく、string オブジェクトの値を比較するように定義されています。簡単な使用例はリスト 1.3 を参照してください。今後も string 型を使用する例は多数出現しますので、詳細は省略します。

■ var 型

C# 3.0 以降では暗黙的に型を指定したローカル変数を使用できます。宣言されたローカル変数

の型は、その変数の初期化に指定された式から推論されます。varで宣言された変数は、そのスコープ内にvarと言う型がない場合、暗黙的に型宣言された変数です。使用例を次に示します。

リスト1.11●ch01¥01type¥07var01¥var01¥Program.cs

```
using System;

namespace var01
{
    class Program
    {
        static void Main(string[] args)
        {
            var iData = 5;
            var str = "string";
            var dbl = 1.0;

            Console.WriteLine("iData = " + iData.ToString());
            Console.WriteLine("str   = " + str.ToString());
            Console.WriteLine("dbl   = " + dbl.ToString());
        }
    }
}
```

実行結果を次に示します。代入した値で、変数の型が決定されています。

```
iData = 5
str   = string
dbl   = 1
```

前記の例を明示的に宣言した例を次に示します。

リスト1.12●ch01¥01type¥08var02¥var02¥Program.cs

```
using System;

namespace var02
{
    class Program
    {
        static void Main(string[] args)
        {
            int iData = 5;
            string str = "string";
```

```
            double dbl = 1.0;

            Console.WriteLine("iData = " + iData.ToString());
            Console.WriteLine("str   = " + str.ToString());
            Console.WriteLine("dbl   = " + dbl.ToString());
        }
    }
}
```

暗黙的な型宣言には次に列挙するいくつかの制限があります。

- 宣言子に初期化子が含まれていなければなりません。
- 初期化子は式でなければなりません。
- 初期化子式に null は指定できません。
- ローカル変数宣言に複数の宣言子を含めることはできません。
- 宣言した変数自体を初期化子で参照することはできません。

間違った宣言の例を次に示します。

```
var x;               // 初期化子がない
var z = null;        // nullは指定できない
```

1-7 文字列型

C# にはさまざまなデータ型が存在します。本節では、その中から string 型をとりあげて説明します。C/C++ で文字列を操作する際に、他の言語と思想が異なるために難儀した方は少なくないと思います。たとえば、次に示す C プログラムは、初心者によくある間違った文字列操作の例です。

リスト1.13●Cにおける誤った文字列操作（1）

```
#include <stdio.h>

int main( void )
{
    char   szBuff[100];

    szBuff ="abc";  /* compile error */
```

```
    return 0 ;
}
```

　Cには文字列型が存在せず、また言語として文字列操作をサポートしていないため、文字列は文字配列に格納され、標準関数を使用して操作されます。この例のように、等号（=）を使用して文字列の代入を行うことはできません。文字配列への文字列の代入には、strcpy関数を使用します。またASCII文字とワイド文字によって処理が異なり、ワイド文字とASCII文字を正確に処理するプログラムを開発するのは容易ではありません。ASCII文字ではバイト数と文字長が一致しますが、ワイド文字を使用すると、文字長の扱いに矛盾が生じる場合もあります。

　標準関数を使用したとしても容易に間違いを起こします。リスト1.14に示す例は、Cの構文としては正しいものですが、常に意図したとおりに動作するとはかぎりません。

リスト1.14●Cにおける誤った文字列操作（2）

```c
#include <stdio.h>
#include <string.h>

int main( void )
{
    char   szBuff []="this is a pen.";      /* initial value */

    strcpy(szBuff,"yes it is!!!!!!!!!!!!!"); /* copy it */

    return 0 ;
}
```

　この例では、宣言時に確保したメモリサイズより大きな文字列を代入しようとしています。このプログラムは正常にコンパイルされますが、実行させると、何事もなく動作することもあれば、メモリ保護例外などが発生しプログラムが異常終了する場合があります。理由は説明するまでもないでしょう。

　より典型的な例をリスト1.15に示します。リスト1.14の例に似ていますが、このプログラムは完全に間違っています。ただ、構文上の問題はなく、プログラムは正常にコンパイルされます。

リスト1.15●Cにおける誤った文字列操作（3）

```c
#include <stdio.h>
#include <string.h>

int main( void )
```

```c
{
    char*   szBuff ="this is a pen.";          /* initial value */

    strcpy(szBuff,"yes it is!!!!!!!!!!!!!"); /* copy it */

    return 0 ;
}
```

　この例のszBuffは、今までの例と違い、文字配列ではなく文字型のポインタです。つまり、プログラムは文字列を格納するエリアを確保していません。動作したとしても、それはたまたまポインタが空き領域を指していたからです。ここまで、Cにおける文字列操作について見てきましたが、文字列型を言語仕様としてサポートするC#では、よりスマートに文字列操作を行うことができます。一例をリスト1.16に示します。

リスト1.16●ch01¥02String¥01assign¥assign¥Program.cs

```csharp
using System;

namespace assign
{
    class Program
    {
        static void Main(string[] args)
        {
            string str;

            str = "Yosemite";
            Console.WriteLine("str={0}", str);

            str = "Yatsugatake";
            Console.WriteLine("str={0}", str);
        }
    }
}
```

　文字列変数strに文字列を代入する操作を、数値の代入と同様に「=」で行うことができます。string型は参照型なので、変数には文字列の実体ではなく、その文字への参照が格納されます（図1.2）。しかし、通常の使用では、実体を保持しているか参照であるかを強く意識する必要はありません。strの概念図を次に示します。

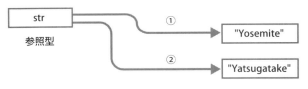

図1.2●string型の概念図

　この図について少し補足すると、strへ値を代入するたびに新しいインスタンスが作成され、その新しいオブジェクトが指定された文字列を保持します。とはいえ、それほど詳しく理解する必要はなく、単に代入した値がstrに格納されていると理解しておいても問題は起きないでしょう。

　string型には、部分文字列の抜き出し、大文字／小文字の変換、ひらがな／カタカナの変換、文字長の取得、特定の文字の検出、前後に存在する空白文字の削除、特定の文字列の削除、文字列の挿入、文字列の置換、文字列の比較など、多くの便利な機能が用意されています。これらは、stringのメソッド呼び出しなどで実行することができます。

　リスト1.17に、文字列の一部を抜き出すプログラムの例を示します。str1の先頭から5番目の文字から6文字分をstr2に代入します。あくまでも参照であることは先に述べたとおりですが、あまり気にする必要はないでしょう。参照型のため、実際に代入されるわけでないことは意識しておきましょう。

リスト1.17●ch01¥02String¥02substring¥substring¥Program.cs

```
using System;

namespace substring
{
    class Program
    {
        static void Main(string[] args)
        {
            string str1, str2;

            str1 = "This is a pen.";
            str2 = str1.Substring(5, 6);
            Console.WriteLine("str1={0}", str1);
            Console.WriteLine("str2={0}", str2);
        }
    }
}
```

　実行結果を次に示します。先頭位置は0で始まります。

```
str1=This is a pen.
str2=is a p
```

次に、文字列の文字数を求める方法をリスト1.18に示します。ASCII文字だけでなくワイド文字なども正確に処理されます。

リスト1.18●ch01¥02String¥03length¥length¥Program.cs

```csharp
using System;

namespace length
{
    class Program
    {
        static void Main(string[] args)
        {
            string str1 = "This is a pen.";
            string str2 = "This is a ペン.";

            Console.WriteLine("{0}={1}文字", str1, str1.Length);
            Console.WriteLine("{0}={1}文字", str2, str2.Length);
        }
    }
}
```

実行結果を次に示します。先頭位置は0で始まります。

```
This is a pen.=14文字
This is a ペン.=13文字
```

C/C++などのstrlen標準関数ではバイト長が返ってきます。これはASCII文字=1バイトを前提に言語仕様が作られたためではないかと思います。しかしC#では、最初からワイド文字に対する配慮がなされているため、正確に文字数が返されます。

最後に、文字列比較の例をリスト1.19に示します。ごく自然に等号や不等号を用いることが可能です。

リスト1.19●ch01¥02String¥04compare¥compare¥Program.cs

```csharp
using System;

namespace compare
```

```csharp
{
    class Program
    {
        static void Main(string[] args)
        {
            string str1 = "ABC";
            string str2;

            if (str1 == "ABC")
                Console.WriteLine("str1は\"ABC\"です。");

            str2 = "ABC";

            if (str1 == str2)
                Console.WriteLine("str1とstr2の文字列は同じです。");

            if (str1.Equals(str2))
                Console.WriteLine("str1とstr2の文字列は同じです。");
        }
    }
}
```

一見単純ですが、案外深い意味を持っています。等号で比較していますが、これはEqualsメソッドを使用することと同じです。つまり、オブジェクトの比較ではなく参照する文字列の比較を行います。大小の比較にはCompareやCompareToメソッドを使用します。実行結果を次に示します。

```
str1は"ABC"です。
str1とstr2の文字列は同じです。
str1とstr2の文字列は同じです。
```

他にも多数のメソッドが存在します。

1-8 配列

　C#の配列は、宣言方法や使用法に特徴があります。本節では、サンプルプログラムを示しながら説明を行います。まず、最も簡単な1次元の配列の例をリスト1.20に示します。配列はnew演算子を使用して領域確保します。この例では、int型で要素数が3の1次元配列を使用します。

リスト1.20●ch01¥03array¥01array01¥array01¥Program.cs

```
using System;

namespace array01
{
    class Program
    {
        static void Main(string[] args)
        {
            int[] iArray = new int[3];                   // 1次元配列
            int i;

            for (i = 0; i < iArray.Length; i++)
                iArray[i] = i;

            for (i = 0; i < iArray.Length; i++)
                Console.WriteLine("iArray[{0}]={1}", i, iArray[i]);
        }
    }
}
```

　この例では、int 型の 1 次元配列 iArray の領域確保を宣言と同時に行っています。また、要素数を明示して領域確保しています。

　この配列に for 文で値を代入します。配列の要素数は Length プロパティで取得できるので、あらかじめ調べておく必要はありません。実行結果を次に示します。

```
iArray[0]=0
iArray[1]=1
iArray[2]=2
```

　次に、多次元配列の例をリスト 1.21 に示します。各次元の要素数はカンマ（,）で区切って記述します。この例では、各次元の要素数を 2、3、4 とする 3 次元配列を宣言します。

リスト1.21●ch01¥03array¥02array02¥array02¥Program.cs

```
using System;

namespace array02
{
    class Program
    {
        static void Main(string[] args)
```

```
        {
            int[, ,] iArray = new int[2, 3, 4];    // 多次元配列
            int x, y, z;

            Console.WriteLine("iArray.Length={0}", iArray.Length);

            for (x = 0; x < iArray.GetLength(0); x++)
                for (y = 0; y < iArray.GetLength(1); y++)
                    for (z = 0; z < iArray.GetLength(2); z++)
                        iArray[x, y, z] = x + y + z;

            for (x = 0; x < iArray.GetLength(0); x++)
                for (y = 0; y < iArray.GetLength(1); y++)
                    for (z = 0; z < iArray.GetLength(2); z++)
                        Console.WriteLine("iArray[{0},{1},{2}]={3}",
                                            x, y, z, iArray[x, y, z]);
        }
    }
}
```

　各要素に値を代入し、その内容を表示します。次元数が増えただけで、基本的な使用法は1次元配列と同じです。ただし、for文の繰り返し回数の指定には、配列のGetLengthメソッドを使用します。Lengthプロパティは配列全体の要素数を表すので、次元ごとの処理には適していません。GetLengthメソッドを使用すれば、引数で与えた次元の要素数を取得することができます。実行結果を次に示します。

```
iArray.Length=24
iArray[0,0,0]=0
iArray[0,0,1]=1
iArray[0,0,2]=2
iArray[0,0,3]=3
iArray[0,1,0]=1
iArray[0,1,1]=2
iArray[0,1,2]=3
iArray[0,1,3]=4
iArray[0,2,0]=2
iArray[0,2,1]=3
iArray[0,2,2]=4
iArray[0,2,3]=5
iArray[1,0,0]=1
iArray[1,0,1]=2
iArray[1,0,2]=3
iArray[1,0,3]=4
iArray[1,1,0]=2
```

```
iArray[1,1,1]=3
iArray[1,1,2]=4
iArray[1,1,3]=5
iArray[1,2,0]=3
iArray[1,2,1]=4
iArray[1,2,2]=5
iArray[1,2,3]=6
```

リスト 1.22 に、配列の初期化の例を示します。配列の初期化は、各初期値をカンマで区切って羅列し、その全体を中括弧（{、}）で囲って記述します。要素数の指定がなければ、要素数は初期化値の数で決まります。また、newなどは省略できます。1 番目のコーディング例が正統的な方法で、2 番目の方法は簡便化した記述例です。

リスト1.22●ch01¥03array¥03init01¥init01¥Program.cs

```
using System;

namespace init01
{
    class Program
    {
        static void Main(string[] args)
        {
            string[] straArray = new string[] { "鹿児島県", "港区", "西麻布", "２-１" };

            Console.WriteLine("\n----straArray----");
            foreach (string temp in straArray)
                Console.Write(temp + " ");


            string[] straArray2 = { "東京都", "川辺郡", "富士山", "３-２" }; //newを省略

            Console.WriteLine("\n----straArray2----");
            foreach (string temp in straArray2)
                Console.Write(temp + " ");
        }
    }
}
```

このプログラムでは foreach 文を使用して各要素を取り出しています。foreach 文は、コレクションと配列に使用できます。従来の C/C++ にはない大変便利なループ制御文ですが、内容を取り出すのみで、内容の変更に使用することはできません。プログラムの実行結果を次に示します。

```
----straArray ----
鹿児島県 港区 西麻布 2-1
----straArray2----
東京都 川辺郡 富士山 3-2
```

配列の初期化のパターンをリスト 1.23 に示します。最初の方法はオーソドックスな方法、2 番目は要素数を省略する方法、最後の例は new などまで省略した方法です。どの記述形式も C# は許しますが、なるべく統一したコーディングパターンを決めておくのがよいでしょう。

リスト1.23●ch01¥03array¥04init02¥init02¥Program.cs

```csharp
using System;

namespace init02
{
    class Program
    {
        static void Main(string[] args)
        {
            int i;

            int[] ia = new int[3] { 0, 1, 2 };          // 普通の初期化
            for (i = 0; i < ia.Length; i++)
                Console.WriteLine("ia[{0}]={1}", i, ia[i]);

            Console.WriteLine("------------");

            int[] ja = new int[] { 3, 4, 5, 6 };        // 要素数無し
            for (i = 0; i < ja.Length; i++)
                Console.WriteLine("ja[{0}]={1}", i, ja[i]);

            Console.WriteLine("------------");

            int[] ka = { 7, 8, 9, 10, 11, 12 };         // new無し
            for (i = 0; i < ka.Length; i++)
                Console.WriteLine("ka[{0}]={1}", i, ka[i]);
        }
    }
}
```

どの方法でも、宣言時に配列の初期化ができます。プログラムの実行結果を次に示します。

```
ia[0]=0
```

```
ia[1]=1
ia[2]=2
---------
ja[0]=3
ja[1]=4
ja[2]=5
ja[3]=6
---------
ka[0]=7
ka[1]=8
ka[2]=9
ka[3]=10
ka[4]=11
ka[5]=12
```

C#では、すでに領域が確保されている配列に対してnew演算子を使用することで、動的に領域を割り当てなおすことができます。その例を、リスト1.24に示します。

リスト1.24●ch01¥03array¥05dynamic01¥dynamic01¥Program.cs

```
using System;

namespace dynamic01
{
    class Program
    {
        static void Main(string[] args)
        {
            int[] i = new int[10];          // 配列の確保

            Console.WriteLine("iの要素数={0}", i.Length);

            i = new int[30];                // 動的割付

            Console.WriteLine("iの要素数={0}", i.Length);
        }
    }
}
```

実行結果を次に示します。要素数が変更されていることが分かります。

```
iの要素数=10
iの要素数=30
```

配列を動的に割り当てなおすことができても、内容が失われては困る場合もあります。配列の内容を保持したまま要素数を変更するには、CopyToメソッドを使用します。リスト1.25の例では、配列の要素数を4から10に増やします。

リスト1.25●ch01¥03array¥06dynamic02¥dynamic02¥Program.cs

```csharp
using System;

namespace dynamic02
{
    class Program
    {
        static void Main(string[] args)
        {
            int i;

            int[] ia = new int[] { 3, 2, 1, 0 };     // 最初の割付
            for (i = 0; i < ia.Length; i++)
                Console.WriteLine("ia[{0}]={1}", i, ia[i]);

            Console.WriteLine("----------------------------");

            i = ia.Length;
            ia.CopyTo(ia = new int[10], 0); // データを残して要素を増やす
            for (; i < ia.Length; i++)
                ia[i] = i;
            for (i = 0; i < ia.Length; i++)
                Console.WriteLine("ia[{0}]={1}", i, ia[i]);
        }
    }
}
```

実行結果を次に示します。2つの網掛け部分の内容が同じであるので、内容がコピーされていることが分かります。

```
ia[0]=3
ia[1]=2
ia[2]=1
ia[3]=0
--------
ia[0]=3
ia[1]=2
ia[2]=1
ia[3]=0
```

```
ia[4]=4
ia[5]=5
ia[6]=6
ia[7]=7
ia[8]=8
ia[9]=9
```

リスト 1.26 は、配列の配列の例です。このプログラムでは、配列を保持する配列を宣言し、それぞれにさらに配列を割り当てています。[,] が [ ] [ ] になっただけのように見えますが、各配列の要素数が異なるため、多次元の配列とは異なります。ただし、全要素で同じデータ型になります。異なる型のデータをまとめて管理する場合は、コレクションを使用するとよいでしょう。

リスト1.26●ch01¥03array¥07arryarray¥arryarray¥Program.cs

```csharp
using System;

namespace arryarray
{
    class Program
    {
        static void Main(string[] args)
        {
            // 配列の配列
            int[][] ia = new int[3][];
            ia[0] = new int[] { 1, 2, 3, 4, 5, 6, 7, 8 };
            ia[1] = new int[] { 100, 200, 300, 400 };
            ia[2] = new int[] { 1000, 2000 };

            Console.WriteLine("ia[0][3]={0}", ia[0][3]);
            Console.WriteLine("ia[1][2]={0}", ia[1][2]);
            Console.WriteLine("ia[2][0]={0}", ia[2][0]);
        }
    }
}
```

実行結果を次に示します。各配列の要素の 1 つを表示しました。

```
ia[0][3]=4
ia[1][2]=300
ia[2][0]=1000
```

C# 3.0 以降では、暗黙的に型を指定したローカル変数を使用できるようになりました。当然で

すが、暗黙的に型指定された配列も宣言できます。暗黙的に型指定された配列作成式の例を次に示します。

リスト1.27 ● ch01¥03array¥08varArray01¥varArray01Program.cs

```
using System;

namespace varArray01
{
    class Program
    {
        static void Main(string[] args)
        {
            var num = new[] { 1001, 1002, 1003, 1004 };              // int[]
            var flt = new[] { 3.1f, 3.2f, 3.3f, 3.4f };               // float[]
            var str = new[] { "I ", "am ", " a", " boy.", null };     // string[]
            //var err = new[] { 0, 'A', "string", 3.0f };             // エラー

            Console.WriteLine(num[0].GetType());
            Console.WriteLine(flt[0].GetType());
            Console.WriteLine(str[0].GetType());
        }
    }
}
```

最後の式ではコンパイル時にエラーが発生します。int、charあるいはstringのどちらにも暗黙的に変換できないためです。このような場合、明示的に型指定された配列作成式を使用する必要があります。

実行結果を次に示します。代入した値で変数の型が決定されています。

```
System.Int32
System.Single
System.String
```

以上で、配列の説明を終わります。

1-9 構造体

　C# にも構造体が存在します。特に難しいわけではありませんが、C# に特有な特徴があります。本節では、いくつかのサンプルプログラムを使用して説明します。struct 型は、コンストラクタ、定数、フィールド、メソッド、プロパティ、インデクサ、演算子、イベント、および入れ子になった配列型を含むことができる値型です。

　クラスには継承がありますが、構造体には継承がありません。構造体は、他の構造体やクラスから継承できず、基本クラスになることもできません。C# では、クラスと構造体は意味が異なります。構造体は値型ですが、クラスは参照型です。

　C# の構造体の最も簡単な例を、リスト 1.28 に示します。

リスト1.28●ch01¥04structure¥01struct01¥struct01¥Program.cs

```
using System;

namespace struct01
{
    class Program
    {
        private struct Position
        {
            public int X;
            public int Y;
        }

        static void Main(string[] args)
        {
            Position P0;

            P0.X = 10;
            P0.Y = 20;

            Console.WriteLine("P0.X={0},P0.Y={1}", P0.X, P0.Y);
        }
    }
}
```

　Position 構造体 P0 を宣言し、そのメンバ変数に値を設定しています。実行結果を次に示します。

```
P0.X=10,P0.Y=20
```

リスト 1.29 は構造体配列の例です。先ほどの構造体の宣言を、配列の宣言と組み合わせるだけです。この例では、10 個の要素を持つ構造体配列を宣言しています。

リスト1.29●ch01¥04structure¥02struct02¥struct02¥Program.cs

```csharp
using System;

namespace struct02
{
    class Program
    {
        private struct Position
        {
            public int X;
            public int Y;
        }

        static void Main(string[] args)
        {
            Position[] P = new Position[10];
            int i;

            for (i = 0; i < P.Length; i++)
            {
                P[i].X = 10 + i;
                P[i].Y = 20 + i;
            }
            for (i = 0; i < P.Length; i++)
            {
                Console.WriteLine("P[{0}].X={1},P[{2}].Y={3}",
                                        i, P[i].X, i, P[i].Y);
            }
        }
    }
}
```

各要素に値を代入し、その内容を表示します。実行結果を次に示します。

```
P[0].X=10,P[0].Y=20
P[1].X=11,P[1].Y=21
P[2].X=12,P[2].Y=22
P[3].X=13,P[3].Y=23
```

```
P[4].X=14,P[4].Y=24
P[5].X=15,P[5].Y=25
P[6].X=16,P[6].Y=26
P[7].X=17,P[7].Y=27
P[8].X=18,P[8].Y=28
P[9].X=19,P[9].Y=29
```

構造体に対して既定の(引数なしの)コンストラクタを記述することはできませんが、その代わりに、構造体メンバに対して、既定値に初期化するコンストラクタが用意されています。

new 演算子を使用して構造体オブジェクトを作成すると、オブジェクトが作成されて適切なコンストラクタが呼び出されます。クラスとは異なり、構造体は new 演算子を使用せずにインスタンスを作成できます。new を使用しなかった場合、各フィールドは未割り当てのままになり、すべてのフィールドが初期化されるまでオブジェクトを使用できません。リスト 1.30 に、コンストラクタを持つ構造体の例を示します。

リスト1.30●ch01¥04structure¥03struct03¥struct03¥Program.cs

```csharp
using System;

namespace struct03
{
    public struct Position
    {
        public int X;
        public int Y;

        public Position(int p0, int p1)
        {
            this.X = p0;
            this.Y = p1;
        }
    }

    class Program
    {
        static void Main(string[] args)
        {
            Position P0 = new Position();
            Console.WriteLine("P0:X={0},Y={1}", P0.X, P0.Y);

            Position P1 = new Position(10, 10);
            Console.WriteLine("P1:X={0},Y={1}", P1.X, P1.Y);

            Position P2
```

```
                P2.X = 20;
                P2.Y = 30;
                Console.WriteLine("P2:X={0},Y={1}", P2.X, P2.Y);
        }
    }
}
```

　P0 と P1 には、new で生成した構造体が格納されます。P0 の各フィールドは、既存のコンストラクタを呼び出して既定値に初期化されます。P1 の各フィールドは、作成したコンストラクタを呼び出して指定した値に初期化されます。P2 は new を使用せずに宣言されています。構造体は値型なので、new で領域を確保する必要はありません。実行結果を次に示します。

```
P0:X=0,Y=0
P1:X=10,Y=10
P2:X=20,Y=30
```

　以上で、構造体の説明を終わります。

1-10 引数

　C# には、基本的にポインタがありません。そこで、メソッドの引数などを使用した値の受け渡しがどのように行われるのか、いくつかのサンプルプログラムを例に調べてみましょう。

■基本動作

　まず、引数を持つメソッドの基本的な動作を確認します。

リスト1.31●ch01¥05args¥01int¥intTest¥Form1.cs

```
using System;
using System.Windows.Forms;


namespace intTest
{
    public partial class Form1 : Form
    {
        public Form1()
```

```csharp
        {
            InitializeComponent();
        }

        // 追加メソッド，うまく行かないケース
        //          値型は，そのまま変更しても，戻らない
        private void add10(int inI)
        {
            inI += 10;
        }

        // ボタンクリック，例外処理は行っていない
        private void bAdd_Click(object sender, EventArgs e)
        {
            int i = Convert.ToInt32(tBInput.Text);
            add10(i);
            tBOutput.Text = i.ToString();
        }
    }
}
```

 このプログラムでは、テキストボックスに入力した数値にメソッドを使用して 10 を加え、別のテキストボックスに表示させようとしていますが、意図したとおりには動作しません（図 1.3）。これは、メソッドの処理結果を呼び出し元に適切に返していないことが原因です。

図1.3●メソッドの処理が結果に反映されていない

 引数を持つメソッドには、基本的に引数の値のコピーが渡されます。その値は、メソッドの処理が終了するとともに捨てられるので、呼び出し元では使用できません。

 メソッドで処理された引数をそのまま呼び出し元で使用するには、メソッドに対して引数の値のコピーを渡すのではなく、引数に指定したものの実体にメソッドからアクセスできるようにする必要があります。C# では、引数に ref キーワードまたは out キーワードを付加して参照渡しとすることで、それを実現できます。リスト 1.31 のプログラムにメソッドの引数を参照渡しとする変更を加えたものを、リスト 1.32 に示します。

リスト1.32●ch01¥05args¥C2int¥intTest¥Form1.cs

```csharp
using System;
using System.Windows.Forms;
```

```
namespace intTest
{
    public partial class Form1 : Form
    {
        public Form1()
        {
            InitializeComponent();
        }

        // 追加メソッド，refで渡す
        private void add10(ref int inI)
        {
            inI += 10;
        }

        // ボタンクリック，例外処理は行っていない
        private void bAdd_Click(object sender, EventArgs e)
        {
            int i = Convert.ToInt32(tBInput.Text);
            add10(ref i);
            tBOutput.Text = i.ToString();
        }
    }
}
```

参照渡しの指定は、メソッド定義と呼び出し元の両方に記述する必要があります。プログラムの実行結果を次に示します。

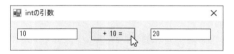

図1.4●正常な例

refキーワード指定とoutキーワード指定では、事前に引数の初期化が必要かという点が異なります。ref指定の場合は初期化が必要ですが、out指定の場合は不要です。

■オブジェクトを渡す

次に、オブジェクトを引数とするメソッドの例をリスト1.33に示します。オブジェクトは参照型なので、そのまま渡すだけで呼び出し元のオブジェクトを変更できます。

リスト1.33●ch01¥05args¥03objectArgs¥objectArgs¥Form1.cs

```csharp
using System;
using System.Windows.Forms;

namespace objectArgs
{
    public partial class Form1 : Form
    {
        public Form1()
        {
            InitializeComponent();
        }

        // 追加メソッド
        private void mod(TextBox tBInput, Label label1)
        {
            tBInput.Text = "変更済み";
            label1.Text = "this is a pen.";
        }

        // 「テスト」ボタン
        private void bTest_Click(object sender, EventArgs e)
        {
            mod(textBox1, label1);
        }
    }
}
```

この例では、Label コントロールと TextBox コントロールを引数で渡します。このプログラムの実行結果を次に示します。

 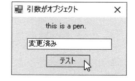

図1.5●オブジェクトの引数例（変更前）　　図1.6●オブジェクトの引数例（変更後）

引数に参照型を指定すると、図 1.7 のような操作が行われます。

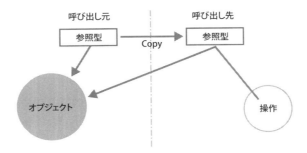

図1.7●参照型の引数指定時の操作概念図

このように、引数が参照型のメソッドは、参照渡しの指定をしなくても呼び出し元のオブジェクトの内容を変更することができます。しかしこの場合でも、メソッドには引数の値のコピーが渡されるという点では変わりません。リスト 1.34 を見てください。

リスト1.34●ch01¥05args¥04objectArgs¥objectArgs¥Form1.cs

```csharp
using System;
using System.Windows.Forms;

namespace objectArgs
{
    public partial class Form1 : Form
    {
        public Form1()
        {
            InitializeComponent();
        }

        // 追加メソッド
        private void mod(TextBox tB, Label lbl)
        {
            tB.Text  = "変更済み";
            lbl.Text = "this is a pen.";

            tB = textBox2;
            lbl = label2;
        }

        // 「テスト」ボタン
        private void bTest_Click(object sender, EventArgs e)
        {
            TextBox tmpTb=textBox1;
            Label   tmpLbl = label1;
```

```
                mod(tmpTb, tmpLbl);

                tmpTb.Text  = "別のテキスト・ボックス";
                tmpLbl.Text = "another label.";

        }
    }
}
```

このプログラムでは、2つのオブジェクト型変数にテキストボックスやラベルを代入し、メソッドを呼び出した後でそれぞれの Text プロパティを表示する処理を行います。このときメソッド内部では、引数として渡した参照型が指すオブジェクトを、textBox2 と label2 に変更する処理が行われます。しかし、メソッド終了後の Text プロパティの変更は、textBox1 と label1 に対して行われます（図 1.8、図 1.9）。

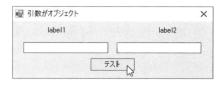
図1.8●参照の入れ替え（駄目な例、呼び出し前）

図1.9●参照の入れ替え（駄目な例、呼び出し後）

このような結果になるのは、引数に指定されたオブジェクト型変数の値のコピーがメソッドに渡されるためです。

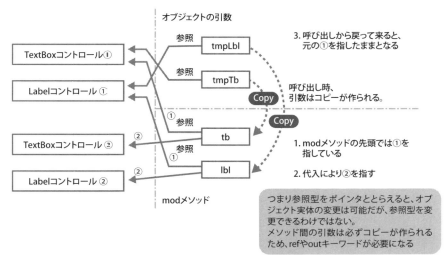
図1.10●参照型の引数の変更

リスト 1.34 のプログラムを当初意図したとおりに動作させるには、オブジェクト型変数をメソッドに参照渡しする必要があります。参照型とは、C/C++ プログラムのポインタに相当するものです。C/C++ では、呼び出し先から呼び出し元のポインタ自体を変更するために、ポインタのポインタを必要としました。それと同様の処理を C# で行うことになります。修正したプログラムをリスト 1.35 に示します。

リスト1.35● ch01¥05args¥05objectArgs¥objectArgs¥Form1.cs

```
using System;
using System.Windows.Forms;

namespace objectArgs
{
    public partial class Form1 : Form
    {
        public Form1()
        {
            InitializeComponent();
        }

        // 追加メソッド
        private void mod(ref TextBox tB, ref Label lbl)
        {
            tB.Text  = "変更済み";
            lbl.Text = "this is a pen.";

            tB = textBox2;
            lbl = label2;
        }

        // 「テスト」ボタン
        private void bTest_Click(object sender, EventArgs e)
        {
            TextBox tmpTb=textBox1;
            Label   tmpLbl = label1;

            mod(ref tmpTb, ref tmpLbl);

            tmpTb.Text  = "別のテキスト・ボックス";
            tmpLbl.Text = "another label.";

        }
    }
}
```

実行結果を次に示します。メソッドの処理によって参照型の参照するオブジェクトが変更され、意図したとおりに Text プロパティの変更が行われています。

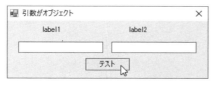

図1.11●参照の入れ替え（正常な例、呼び出し前）　　図1.12●参照の入れ替え（正常な例、呼び出し後）

配列を渡す

配列を引数にするメソッドの例をリスト 1.36 に示します。そのままの操作で、呼び出し元のデータを呼び出し先で変更できます。

リスト1.36●ch01¥05args¥06array01¥array01¥Form1.cs

```csharp
using System;
using System.Windows.Forms;

namespace array01
{
    public partial class Form1 : Form
    {
        public Form1()
        {
            InitializeComponent();
        }

        // 追加メソッド，引数は配列
        private void arraySub(int[] array)
        {
            for (int i = 0; i < array.Length; i++)
                array[i] = i + 10;
        }

        // 追加メソッド，「開始」ボタン
        private void bStart_Click(object sender, EventArgs e)
        {
            System.Int32 loop;

            try
            {
                int[] iArray = new int[3];              // 1次元配列

                arraySub(iArray);
```

```csharp
            lB.Items.Clear();

            for (loop = 0; loop < iArray.Length; loop++)
            {
                lB.Items.Add("iArray[" + loop.ToString() + "]=" +
                                            ↳ iArray[loop].ToString());

                lB.SetSelected(lB.Items.Count - 1, true);    //最後尾へスクロール
                lB.SetSelected(lB.Items.Count - 1, false);
            }
        }
        catch (Exception ex)
        {
            MessageBox.Show(ex.Message);
        }
    }

    // 追加メソッド，「閉じる」ボタン
    private void bClose_Click(object sender, EventArgs e)
    {
        this.Close();
    }
 }
}
```

実行結果を次に示します。

図1.13●実行例

リスト 1.37 は、多次元配列を引数に持つ例です。特に説明の必要はないでしょう。ソースコードと動作結果を比較してください。

リスト1.37●ch01¥05args¥07array02¥array02¥Form1.cs

```csharp
using System;
using System.Windows.Forms;

namespace array02
```

```csharp
{
    public partial class Form1 : Form
    {
        public Form1()
        {
            InitializeComponent();
        }

        // 追加メソッド，引数は配列
        private void arraySub(int[, ,] array)
        {
            int x, y, z;

            for (x = 0; x < array.GetLength(0); x++)
                for (y = 0; y < array.GetLength(1); y++)
                    for (z = 0; z < array.GetLength(2); z++)
                        array[x, y, z] = x + y + z + 100;
        }

        // 追加メソッド，「開始」ボタン
        private void bStart_Click(object sender, EventArgs e)
        {
            int x, y, z;

            try
            {
                int[, ,] iArray = new int[2, 3, 4];  // 多次元配列

                arraySub(iArray);
                lB.Items.Clear();

                for (x = 0; x < iArray.GetLength(0); x++)
                {
                    for (y = 0; y < iArray.GetLength(1); y++)
                    {
                        for (z = 0; z < iArray.GetLength(2); z++)
                        {
                            lB.Items.Add("iArray["
                                + x.ToString() + ","
                                + y.ToString() + ","
                                + z.ToString() + "]="
                                + iArray[x, y, z].ToString());
                        }
                    }
                }
            }
            catch (Exception ex)
```

```
            {
                MessageBox.Show(ex.Message);
            }
        }

        // 追加メソッド,「閉じる」ボタン
        private void bClose_Click(object sender, EventArgs e)
        {
            this.Close();
        }
    }
}
```

実行結果を次に示します。

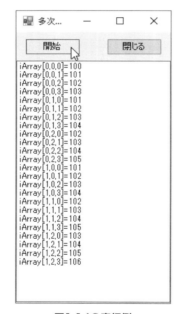

図1.14●実行例

1-11 デリゲート入門

　デリゲートは、C# の新しいオブジェクト型と考えることができます。デリゲートを理解するには少し時間を要するでしょう。最も単純な理解の早道は、C 言語の関数ポインタと同じようなものだと思うことです。実際は関数ポインタとは異なりますが、ほぼ同じような用途に使用できます。デリゲートを使うと、メソッドを引数として渡すことが可能になります。デリゲートはラムダ式や Task Parallel Library（TPL）などで重要な役割を担います。

　デリゲートについては、最初から詳細を説明すると混乱の元となるので、ここでは初歩的な説明に留めます。本書のサンプルプログラムを使って学習を進めていけば、自ずと理解が深まるでしょう。

■ 単純な例

　デリゲートを使用した簡単なプログラムを、リスト 1.38 に示します。

リスト1.38●ch01¥06delegate¥01simple¥simple¥Program.cs

```csharp
using System;

namespace simple
{
    class Program
    {
        // デリゲートの宣言：引数はint、関数はvoid
        private delegate void delegateCodePrint(int code);

        // テストメソッド
        private static void codePrint(int code)
        {
            Console.WriteLine("コード={0}.", code);
        }

        // メイン
        static void Main(string[] args)
        {
            // オブジェクトの作成
            delegateCodePrint callback = new delegateCodePrint(codePrint);

            codePrint(10);
            callback(10);
        }
    }
}
```

codePrint メソッドは、引数の int 型の値を表示するメソッドです。デリゲートは、引数にメソッドを与え、メソッドをオブジェクト化したものです。クラスの場合は、オブジェクト化したものをインスタンス、あるいはオブジェクトと呼び、クラス（定義）とオブジェクト（実体）を区別できますが、デリゲートは宣言も実体もデリゲートと呼ぶため、どちらを指しているのかを文脈から判断しなければなりません。

クラスを使用する準備として定義とオブジェクト作成を行うように、デリゲートの使用においても、次の2段階の処理を行う必要があります。

①デリゲートの宣言

デリゲートがどのようなメソッドを表すかを、コンパイラに知らせます。リスト 1.38 では、デリゲート delegateCodePrint が、1つの int 型引数を持つ返却値のないメソッドであることをコンパイラに伝えます。構文は実体のないメソッドの宣言で、delegate キーワードを付けるだけです。

②デリゲートのオブジェクトの作成

リスト 1.38 では、callback がデリゲート delegateCodePrint の実体になります。デリゲートのコンストラクタにメソッドを渡します。ここで渡すメソッドは、デリゲートと同じ形式（シグネチャ）でなければなりません。

デリゲートのオブジェクトを作成後、codePrint メソッドと callback デリゲートを順に呼び出しています。この例では、callback デリゲートの呼び出しは codePrint メソッドとまったく同じです。callback デリゲートが表すメソッドは、実行時に入れ替えることができます。このように、デリゲートはメソッドをオブジェクト化できます。少し違いますが、C 言語の関数ポインタのような捉え方もできます。ただし、このように表現したのは理解を助けるためであり、実際はデリゲートと関数ポインタは別物です。プログラムの実行結果を次に示します。

```
コード=10.
コード=10.
```

■ 定義済みデリゲート

.NET Framework のバージョンアップに伴い、一般的なデリゲートはシステムで最初から定義されるようになりました。ここでは、そのような定義済みデリゲートを使って、前述のプログラムを書き直したものを示します。リスト 1.39 に、Action デリゲートを使用した簡単なプログラムを示します。

リスト1.39●ch01¥06delegate¥02Action¥Action¥Program.cs

```csharp
using System;

namespace Action
{
    class Program
    {
        // テストメソッド
        private static void codePrint(int code)
        {
            Console.WriteLine("コード={0}.", code);
        }

        static void Main(string[] args)
        {
            Action<int> callback = codePrint;

            codePrint(10);
            callback(10);
        }
    }
}
```

このように定義済みデリゲートを使用すると、デリゲートの宣言が不要になりコードを簡略化できます。また、同じようなデリゲートをプログラムがあちこちで定義する必要がなくなるため、ソフトウェアのメンテナンス性も向上するでしょう。

■ デリゲートを引数で渡す

これまでの例は単にデリゲートの使用法について紹介するものでしたので、デリゲートが何であるかは分かっても、デリゲートの何が便利なのかは分かりにくいでしょう。そこで、ここではデリゲートを使用することによって可能になる例をいくつか紹介します。デリゲートを使用する利点はここで紹介する以外にもたくさんありますが、それらについての詳細は後の章で並列処理などと一緒に説明します。

次に示すのは、デリゲートを引数にしてメソッドを呼び出し、当該メソッドからデリゲートを使用して、渡されたメソッドをデリゲート経由で呼び出す例です。つまり、あるメソッドは、呼び出すメソッドを自身で決定せず外部から受け取り、かつダイナミックに呼び出すメソッドを変更できます。

デリゲートを引数に指定したプログラムを、リスト1.40に示します。

リスト1.40 ●ch01¥06delegate¥03ActionArg¥ActionArg¥Program.cs

```
using System;

namespace ActionArg
{
    class Program
    {
        // メソッド1
        private static void codePrint1(int code)
        {
            Console.WriteLine("コード={0}.", code);
        }

        // メソッド2
        private static void codePrint2(int code)
        {
            Console.WriteLine("コード={0}.", code+10);
        }

        // デリゲートを受け取るメソッド
        private static void delegatePrint(Action<int> cb)
        {
            cb(10);
        }

        static void Main(string[] args)
        {
            delegatePrint(new Action<int>(codePrint1));
            delegatePrint(new Action<int>(codePrint2));
        }
    }
}
```

　Mainメソッドで、デリゲートを引数とするdelegatePrintを複数回呼び出します。ここで使用するデリゲートは、1つのint型を引数とするvoid型で、Action<int>の定義済みデリゲートです。

　delegatePrintメソッドは、デリゲートcbにリテラル値を引数として呼び出します。このデリゲートはメソッドの引数で渡されたものです。このため、同じcbを呼び出しますが、実際に呼び出されるメソッドは異なります。この例で、多少デリゲートの利用法を体験できるでしょう。

　プログラムの実行結果を次に示します。

```
コード=10.
コード=20.
```

■ コマンド解析の例

Cで関数ポインタを用いたコマンド解析プログラムと、C#でデリゲートを用いたコマンド解析プログラムを対比させて紹介します。まず、Cで開発したプログラムをリスト1.41に示します。

リスト1.41 ● ch01¥06delegate¥04jmpTbl¥jmpTbl¥jmpTbl¥fPtr.cpp

```cpp
//
// C/C++アンマネージドコードによる関数ポインタの例.
//
#include <stdio.h>
#include <stdlib.h>
#include <string.h>

#pragma warning(disable : 4996)

static bool bRun = true;


typedef struct
{
    char* szOperator;               // command
    void(*SubFunction   (void);     // routine entry address
} FuncPtr;                          // 構造体宣言

void fpOpen(void)                   // fpOpen
{
    puts("fpOpen.¥n");
}

void fpClose(void)                  // fpClose
{
    puts("fpClose.¥n" ;
}

void fpWrite(void)                  // fpWrite
{
    puts("fpWrite.¥n" ;
}

void fpRead(void)                   // fpRead
{
    puts("fpRead.¥n"):
}

void fpExit(void)                   // exit
{
```

1 C# 概論

```c
        puts("fpExit.\n");
        bRun = false;
}


// メイン
int main(void)
{
    const FuncPtr jmpTbl[] =
    {
        { "OPEN",  fpOpen  },
        { "CLOSE", fpClose },
        { "WRITE", fpWrite },
        { "READ",  fpRead  },
        { "EXIT",  fpExit  },
        { NULL,    NULL,   }      // terminator
    };                            // テーブル宣言
    int index;
    char szBuffer[256], szOp[256];

    puts("関数ポインタテスト・プログラム\n");

    bRun = true;
    while (bRun)
    {
        printf("command>>");      // プロンプト

                                  // コマンド読み込み
        fgets(szBuffer, sizeof szBuffer, stdin);
        sscanf(szBuffer, "%s", szOp);
        _strupr(szOp);

        // コマンド解析
        index = 0;
        while (jmpTbl[index].szOperator != NULL)
        {
            if (strcmp(szOp, jmpTbl[index].szOperator) == 0)
            {
                jmpTbl[index].SubFunction();    //対応関数へ
                break;
            }
            index++;
        }
    }
    return 0;
}
```

これは、コンソールからコマンドを与えて、対応する関数を呼び出すプログラムです。コマンドと関数を1つの構造体にまとめます。FuncPtrが構造体の宣言です。この構造体は文字ポインタと関数ポインタから成り立ちます。実際の定義は、jmpTblの名前でFuncPtr構造体の配列を宣言し、コマンドと対応する関数でjmpTblを初期化します。

コンソールから入力した文字列と同じものがjmpTbl配列に存在したら、関数ポインタを使用して対応する関数を呼び出します。

このプログラムの実行例を示します。

```
C:\>jmpTbl
関数ポインタテスト・プログラム

command>>open
fpOpen.

command>>close
fpClose.

command>>exit
fpExit.


C:\>
```

次に示すリスト1.42は、リスト1.41と同じ動作をするプログラムをC#で書き直したものです。

リスト1.42●ch01¥06delegate¥04jmpTbl¥jmpTbl¥jmpTblCs¥jmpTbl¥Program.cs

```csharp
using System;

namespace jmpTbl
{
    public struct FuncPtr
    {
        public string szOperator;
        public Action SubFunction;

        public FuncPtr(string szOperator, Action SubFunction)
        {
            this.szOperator = szOperator;
            this.SubFunction = SubFunction;
        }
    }                       // 構造体宣言
```

```csharp
class Program
{
    private static Boolean bRun = true;

    private static void fpOpen()          // fpOpen
    {
        Console.WriteLine("fpOpen.¥n");
    }

    private static void fpClose()         // fpClose
    {
        Console.WriteLine("fpClose.¥n");
    }

    private static void fpWrite()         // fpWrite
    {
        Console.WriteLine("fpWrite.¥n");
    }


    private static void fpRead()          // fpRead
    {
        Console.WriteLine("fpRead.¥n");
    }

    private static void fpExit()          // exit
    {
        Console.WriteLine("fpExit.¥n");
        bRun = false;
    }

    // メイン
    static void Main()
    {
        FuncPtr[] jmpTbl =
        {
            new FuncPtr( "OPEN",  new Action(fpOpen)),
            new FuncPtr( "CLOSE", new Action(fpClose)),
            new FuncPtr( "WRITE", new Action(fpWrite)),
            new FuncPtr( "READ",  new Action(fpRead)),
            new FuncPtr( "EXIT",  new Action(fpExit)),
            new FuncPtr( null,null)
        };              // テーブル宣言
        int index;
        string cmd;
```

```
                    Console.WriteLine("デリゲート・プログラム");

                    bRun = true;
                    while (bRun)
                    {
                        Console.Write("command>>"); // プロンプト
                        cmd = Console.ReadLine().ToUpper();

                        // コマンド解析
                        index = 0;
                        while (jmpTbl[index].szOperator != null)
                        {
                            if (cmd == jmpTbl[index].szOperator)
                            {
                                jmpTbl[index].SubFunction();    //対応メソッドへ
                                break;
                            }
                            index++;
                        }
                    }
                }
            }
        }
```

C/C++ の関数ポインタの代わりにデリゲートを使用します。コマンド文字列（string 型）とデリゲート（Action 型）の組で構成される FuncPtr 構造体を定義し、その配列を jmpTbl の名前で宣言します。jmpTbl の各要素は、FuncPtr 構造体のコンストラクタを使用して初期化します。

コンソールから入力した文字列と同じものが jmpTbl 配列に存在したら、デリゲートを使用して対応するメソッドを呼び出します。

このプログラムの実行例を示します。

```
C:¥>jmpTbl
デリゲート・プログラム
command>>open
fpOpen.

command>>close
fpClose.

command>>exit
fpExit.


C:¥>
```

これで、デリゲートの有効性が多少理解できたと思います。デリゲートは同じメソッドを指している必要はないので、状態遷移を持つようなプログラムに強力な機能を提供します。また、スレッド、イベント、および非同期呼び出しなどでも使用されます。本来のデリゲートの有用性は、本書を読み進むうちに理解が進むでしょう。しばらくは、デリゲートとは、こういうものという程度の理解で十分です。

マネージドとアンマネージド

マネージドコードとアンマネージドコード間で制御移行やデータを相互交換する方法を解説します。

2-1 アンマネージド呼び出しの概要

　C# などの .NET Framework コードから C や C++ で開発したプログラムを呼び出したい場合があります。たとえば、Windows API、過去に C や C++ で開発した DLL、そしてオープンソースとして提供されている各種ライブラリなどです。ここでは、自分で開発したダイナミックリンクライブラリ（DLL）を、C# から呼び出す例を紹介します。基本的に各種ライブラリや API も、ここで紹介する方法で呼び出すことが可能です。

　DLL は、関数の共有ライブラリが入った実行ファイルです。Windows の API や各種ライブラリ（オープンソースなども）なども DLL として実装されている場合が多いです。DLL を利用すると、自身のプログラムに含まれない機能を使用することができます。関数の実行コードは、その関数を使用するプログラムとは別の DLL に納められています。DLL は関数の共有だけでなく、データやリソースの共有にも利用できます。

　C# を使用するにあたり、積極的に DLL を利用する必然性はありません。ただし、それはシステム全体を作り直す場合であり、過去の資産を活用したい、あるいはオープンソースなどを使用したい場合、マネージドからアンマネージドを利用することは十分考えられます。DLL の概念図を次に示します。

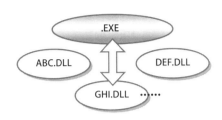

図2.1 ● EXEとDLLの関係

■ 関数名のエクスポート

ダイナミックリンクライブラリ（DLL）のレイアウトは実行ファイルと似ています。大きな違いは、DLLファイルにはエクスポートテーブルが含まれている点です。エクスポートテーブルには、DLLが外部に対してエクスポートする関数の名前が含まれています。エクスポートテーブルに記述された関数のみが、外部からアクセスできます。DLL内のエクスポートしていない関数は、そのDLL内でしか使えません。

DLLから関数をエクスポートする方法には、次の2つがあります。

- モジュール定義ファイル（.DEF）を作成して、DLLのビルド時に.DEFファイルを使う方法
- 関数の定義に `__declspec(dllexport)` キーワードを使う方法

関数をエクスポートする場合、`__stdcall` 呼び出し規約を使うのが一般的です。

.NET Framework環境（以降C#と記述）でシステムを開発する際に、マネージドからアンマネージド関数（以降DLLと略す）を直接利用することは多くありません。C#には十分なクラスが用意されているため、DLLやWindows APIなどを呼び出す必然性がないためです。ただ、これはC#で、まったく新しいアプリケーションソフトウェアを開発するケースや、各種既存のライブラリなどを使用しない場合に限定されます。実際のシステム開発現場においては、システム全体をC#ですべて作り直すことは希です。たいていのシステムは、多くのソフトウェアと連携しながら動作しています。このような背景から、C#で開発したプログラムと従来の資産を連携させる、あるいはオープンソースや有償のアンマネージドライブラリと共存させる必要性は少なくありません。

本章では、従来のソフトウェア資産をDLLとして利用する方法を解説します。DLLはWindows APIと読み替えても良いし、あるいはオープンソースとして提供されるDLL群と考えても構いません。マネージドコードであるC#で作成したGUIアプリケーションソフトウェアから、従来の手法で開発したアンマネージドDLLを呼び出す例を解説します。

2-2 マネージドプログラムとアンマネージドプログラムの連携

　本節では、簡単な例題プログラムを示しながら、C# プログラムからアンマネージド DLL の関数を呼び出す方法について解説します。
　C# のプログラムからアンマネージドコードを直接呼び出す方法には、次の 2 つの方法があります。

①DLL からエクスポートされた関数を直接呼び出す。
②COM オブジェクトのインターフェースメソッドを呼び出す。

　どちらの方法でも、C# コンパイラに対してアンマネージド関数を宣言しなければなりません。さらに、アンマネージドコードとやり取りする引数と戻り値のマーシャリング方法を記述する必要があります。ここでは、①の方法で呼び出しを行います。
　DLL エクスポートに実装されたメソッドを宣言するには、次の処理を行います。

①C# キーワードの `static`、および `extern` を使用してメソッドを宣言します。
②`DllImport` 属性をメソッドに追加します。

　`DllImport` 属性を使用することで、メソッド（関数名）を含む DLL の名前を指定できます。通常は、C# メソッドとエクスポートされたメソッド（関数）に同じ名前を付けますが、C# メソッドに別の名前を付けることもできます。

> **note**
>
> **引数と戻り値にカスタムマーシャリング**
>
> 　オプションで、メソッドの引数と戻り値にカスタムマーシャリング情報を指定することもできます。これにより、.NET Framework の既定のマーシャリングがオーバーライドされます。なお、本書ではマーシャリングについて解説しません。

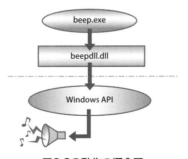

図2.2●動作の概念図

■ DLL の開発

まず、DLL の開発を行います。本書では Visual Studio Community 2015 を使用します。Visual Visual C++ 2008 Express Edition などの古いバージョンでも開発できますが、詳しく確認は行っていません。

ここで紹介する例は、すでに述べたように C# と過去の遺産を融合させることを主眼としています。新規に .NET Framework で開発する場合、豊富なクラスがあらかじめ提供されているので、それらの利用をお勧めします。

DLL から各関数をエクスポートするには、__declspec キーワードを使用する方法と .DEF ファイルを使用する方法があります。本節では __declspec キーワードを使用します。このキーワードは関数宣言に追加する形で記述します。追加する位置は厳密に決められているわけではないため、たとえば、

```
void __declspec(dllexport) beep( int counter ) ;
```

としても、

```
__declspec(dllexport) void beep( int counter ) ;
```

としてもかまいません。

__declspec の利点

__declspec キーワードの使用による利点は、.DEF ファイルを保守する必要がなくなることです。ただし、コンパイラが生成するエクスポート序数の管理はできません。DLL を呼び出す場合、名前でなく序数を使用する方法がありますが、__declspec キーワードを使用して関数をエクスポートした場合、序数を管理できません。本書では序数による呼び出しを行わないので、__declspec キーワードを使用します。

実際のエクスポートを覗くと、__stdcall が付加されています。

リスト2.1● __stdcallが付加されたエクスポート

```
void __declspec(dllexport) __stdcall beep( int counter ) ;
```

__stdcall 呼び出し規約は、Windows API や DLL プロシージャを呼び出す際に使用します。通常、関数をエクスポートするときは __stdcall 規約を使用します。さもないと、スタックの処理に不都合が発生し、プログラムは正常に動作しません。__stdcall 規約では、呼び出された

側の関数がレジスタをポップすることで、スタックのクリアを行います。

また、関数名は、アンダースコア（_）の後に名前、アットマーク（@）、引数リストのバイト数（10 進数）という形に装飾されます。したがって、リスト 2.1 の宣言による関数名は、装飾の結果「_beep@4」となります。デフォルトでは、Visual C++ は常に __cdecl 規約を使用しますが、オプションを変更することによって、デフォルトを __stdcall 規約に変更することも可能です。

リスト 2.2 に DLL のプログラムソースリストを示します。非常に短いです。beep 関数は、引数 counter の回数だけ Beep API を使用して音を出します。

リスト2.2 ● ch02¥01beep¥beepdll¥beepdll¥Source.cpp

```cpp
#include <windows.h>

//   DLL エクスポート関数プロトタイプ宣言
extern "C" void __declspec(dllexport) __stdcall beep(const int counter);

// Entry Point
BOOL WINAPI DllMain(HINSTANCE hDLL, DWORD dwReason, LPVOID lpReserved)
{
    return TRUE;
}

// beep
void __declspec(dllexport) __stdcall beep(const int counter)
{
    for (int loop = 0; loop<counter; loop++)
    {
        Beep(400, 100);
        Sleep(1000);
    }
}
```

関数のエクスポート

この例では、エクスポートする関数が 1 つしかないため簡便な方法を採用しています。いろいろな状況に対応するなら、以下のように記述するとよいでしょう。

```cpp
#ifdef __cplusplus
extern "C"
{
#endif /* __cplusplus */

void __declspec(dllexport) __stdcall beep( int counter ) ;
```

```
#ifdef __cplusplus
}
#endif /* __cplusplus */
```

前後に #ifdef 文などがあります。C++ では、C と同じ呼び出し規約とパラメータの引き渡し方法を採用しています。しかし、C++ では外部シンボルを装飾するため、名前付け規約が異なります。この規約はバージョンによっても異なるため、少々やっかいな問題を引き起こします。そこで、extern "C" 構文により、C++ の名前の装飾を取りやめる方法を採用します。extern "C" 構文は、C++ から他の言語への呼び出しを整合させたり、他の言語から呼び出される C++ プロシージャの名前付け規約を変えるために使用します。

ただし、extern "C" は C++ の中からしか使用できません。C++ コードが extern "C" を使用していない場合、名前の装飾を調べてそれを使用しないかぎり、他の言語から該当する C++ プロシージャを呼び出すことができません。

装飾された関数名は、dumpbin ユーティリティなどを使用して調べることができます。繰り返しますが、装飾の方法はバージョンによって異なることがあるので、extern "C" 構文によらず装飾名を使用して呼び出す方法は非常手段と考えてください。__cplusplus は、C++ プログラムに対してのみ定義されます。よって、extern "C" は C++ の時のみ有効になります。

関数のエクスポートに __declspec キーワードを使用すると、コンパイラが生成するエクスポート序数の管理はできませんが、.DEF ファイルを保守する必要がなくなります。DLL を呼び出す場合、名前でなく序数を使用する方法がありますが、本書では序数による呼び出しを行わないので、__declspec キーワードを使用します。

実際のプログラム開発をステップバイステップで解説します。

① Visual Studio Community 2015 を起動し、メニューから[ファイル▶新規作成▶プロジェクト]を選びます。

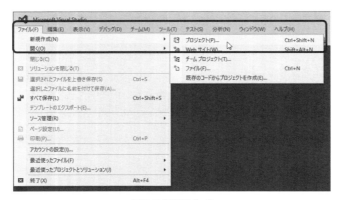

図2.3●新規作成

② Visual Studio Community 2015 ではさまざまな言語を使用できますが、ここでは C++ を選んでください。「Visual C++」の「Win32 プロジェクト」を選択し、「場所」と「名前」を入力します。

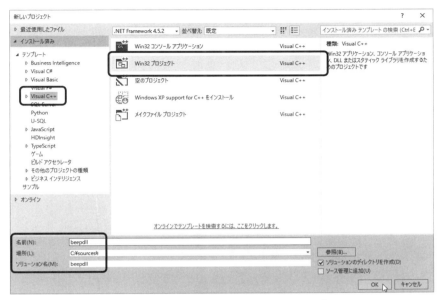

図2.4● 「新しいプロジェクト」ダイアログ

③「Win32 アプリケーションウィザード」が現れます。ここでは［完了］を押さず、［次へ］を押します。

図2.5●Win32アプリケーションウィザード

④「アプリケーションの設定」ダイアログが現れます。「アプリケーションの種類」は「DLL」を選択します。「追加のオプション」で「空のプロジェクト」にチェックを付け、［完了］ボタンを押します。

図2.6●Win32アプリケーションウィザードの設定

　すると、プロジェクトが作成されます。このプロジェクトは、ファイルを含まない空のプロジェクトです。

⑤このプロジェクトにDLLのソースファイルを追加します。ソリューションエクスプローラのソースファイル上でマウスの右ボタンを押し、［追加▶新しい項目］を選びます。

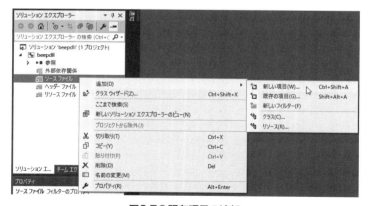

図2.7●既存項目の追加

⑥「新しい項目の追加」ダイアログで「C++ ファイル (.cpp)」を選び、ソースファイル名を指定します。ここではデフォルトのファイル名を使用します。

図2.8●ソースファイルを追加

⑦追加したソースファイルに、コードを記述した様子を示します。

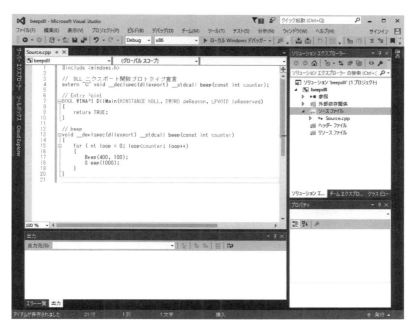

図2.9●コードを記述

⑧メニューから［ビルド▶ソリューションのリビルド］を選択して、DLL をリビルドします。

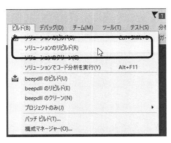

図2.10●リビルド

　デフォルトの状態ではデバッグ情報が付加されます。デバッグ情報は必要ないので、構成を変更します。メニューから［ビルド▶構成マネージャ］を選択すると「構成マネージャ」ダイアログが現れますので、アクティブソリューション構成を「Release」に変更します。プロジェクトの標準構成を変更したので、安全のためリビルド（メニューから［ビルド▶ソリューションのリビルド］を選択）します。

　これで DLL が完成しました。スタートメニューから［Visual Studio 2015 ▶開発者コマンドプロンプト 2015］を開き、dumpbin ユーティリティを /exports オプションを付けて使用すると、DLL がエクスポートしている関数を調べることができます。

```
>dumpbin beepdll.dll /exports
Microsoft (R) COFF/PE Dumper Version 14.00.23918.0
Copyright (C) Microsoft Corporation.  All rights reserved.


Dump of file beepdll.dll

File Type: DLL

  Section contains the following exports for beepdll.dll

    00000000 characteristics
    578338FD time date stamp Mon Jul 11 15:13:17 2016
        0.00 version
           1 ordinal base
           1 number of functions
           1 number of names

    ordinal hint RVA      name

          1    0 00001010 _beep@4 = _beep@4
```

```
    Summary

        1000 .data
        1000 .gfids
        1000 .rdata
        1000 .reloc
        1000 .rsrc
        1000 .text
```

このように、_beep@4 でエクスポートされていることが分かります。

■ 呼び出し側の開発

次に、DLL を呼び出す側のプログラムを開発します。呼び出し側は C# で開発します。プログラムは GUI を持ちます。プログラム開発は以下の手順で行います。

① Visual Studio Community 2015 を起動し、メニューから［ファイル▶新しいプロジェクト］を選択します。

②「新しいプロジェクト」ダイアログで「Visual C#」の「Windows フォーム アプリケーション」を選択し、「名前」を入力して［OK］ボタンを押します。

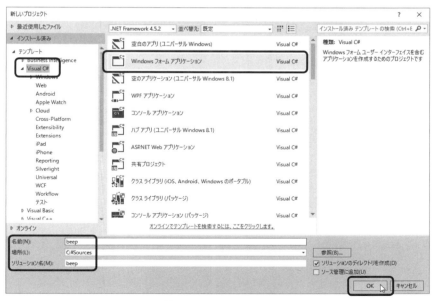

図2.11● 「新しいプロジェクト」ダイアログ

③すると、枠のみのフォームといくつかのファイルが自動的に生成されます。

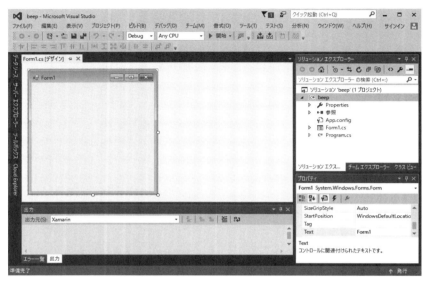

図2.12●自動的に作成される

④このフォームに、ツールボックスから各種コントロールを追加して GUI を作り上げます。今回は Button コントロールを配置するだけです。

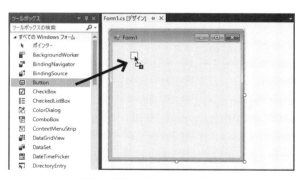

図2.13●コントロールを追加

⑤フォーム上にボタンコントロールを配置し、それをダブルクリックします。

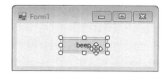

図2.14●ボタンコントロールをダブルクリック

⑥すると、ボタンのクリック時に実行されるメソッドが追加され、コードを記述する位置にカーソルが移動します。

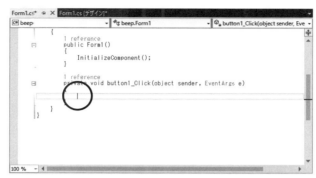

図2.15●カーソルが自動的に移動

⑦必要なコードを追加します。ここでは、DLLの呼び出しを追加します。

図2.16●必要なコードを追加

⑧これで準備完了です。ツールバーの［ソリューションのビルド］を押して、ビルドします。

図2.17●ビルドする

これでアプリケーションの完成です。呼び出し側のソースリストをリスト2.3に示します。beep関数は、引数の回数だけBeep APIを使用して音を出します。

リスト2.3●呼び出し側のソースプログラム（ch02¥01beep¥beep¥beep¥Form1.cs）

```
using System;
using System.Windows.Forms;

namespace beep
{
    public partial class Form1 : Form
    {
        public Form1()
        {
            InitializeComponent();
        }

        // DllImport属性
        [System.Runtime.InteropServices.DllImport("beepdll.dll")]
        static extern void beep(int counter);

        private void button1_Click(object sender, EventArgs e)
        {
            beep(5);        // dllの呼び出し
        }
    }
}
```

■実行

beep.exe と beepdll.dll を同じフォルダにコピーし、beep.exe を実行します。表示されたウィンドウ上の［beep］ボタンを押すと、ビープ音が5回発生します。

図2.18●実行画面

DLLが見つからないとエラーが発生します。

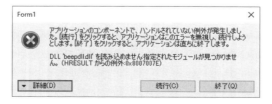

図2.19●DLLが見つからない

独自の DLL を作成しても、そのファイルをプロジェクトのディレクトリに置いたままでは他のプログラムから利用できません。他のプログラムから探し出せる位置に DLL を置くか、そうでなければ、他のプログラムに DLL の位置を知らせる必要があります。プログラムを直接実行する場合、それと同じディレクトリに DLL を置くのが最も簡単な方法です。しかし、Visual Studio からプログラムを実行する場合は少々複雑になります。Visual Studio をどのように起動したかによって現在のディレクトリが異なるためです。

　Visual Studio では作業ディレクトリを指定できますので、DLL の存在するディレクトリを指定するのもよいでしょう。最も一般的な方法は、DLL が存在するフォルダを環境変数 PATH へ追加しておく方法です。いずれにしても、Visual Studio などの開発環境からプログラム実行する場合、現在のフォルダがどこになるかは明確ではありません。デバッグ時や実行時に DLL が見つからないようなことにならないよう、注意してください。面倒な場合は、

- パスを通す
- Windows をインストールした場所（Windows ディレクトリ）に DLL をコピーする

のいずれかが有効です。Windows ディレクトリにコピーした場合、バージョンの管理や、不要になった際に削除することを忘れないでください。なお、DLL は次に示す順序で検索されます。

　①実行ファイルを含むディレクトリ
　②現在のディレクトリ
　③Windows のシステムディレクトリ
　④Windows のディレクトリ

　本書は入門書ではないため、ソリューションなどの説明は行いません。本節のプログラムのように複数のプログラムの連携を必要とする場合は、新たに空のソリューションを作成して、それに EXE と DLL のプロジェクトを追加すると管理も楽になります。この場合、スタートプロジェクトに EXE 側のプロジェクトを指定してください。

2-3 DLL のメソッド名を変更する

前節では、DLL でエクスポートした関数を、C# のプログラムで名前を変えずにインポートして使用しました。

リスト2.4● リスト2.3一部再掲

```
        [System.Runtime.InteropServices.DllImport("beepdll.dll")]
        static extern void beep(int counter);
```

この DllImport 属性に EntryPoint の指定を追加すると、C# プログラムからの呼び出しに使用するメソッド名を変更することができます。例として、前節で作成した DLL の beep 関数を beepAlias というメソッド名で呼び出すプログラムを、リスト 2.5 に示します。

リスト2.5● ch02¥02beepAlias¥beep¥beep¥Form1.cs

```
using System;
using System.Windows.Forms;
using System.Runtime.InteropServices;    // 追加コード

namespace beep
{
    public partial class Form1 : Form
    {
        public Form1()
        {
            InitializeComponent();
        }

        // DllImport属性
        [DllImport("beepdll.dll", EntryPoint = "beep")]
        static extern void beepAlias(int counter);

        private void button1_Click(object sender, EventArgs e)
        {
            beepAlias(5);    // dllの呼び出し
        }
    }
}
```

呼び出し側のプログラムで、DLL の関数をエクスポート名とは異なる名前のメソッドで使

用する場合は、DllImport 属性の EntryPoint にエクスポート名を指定します。この指定を省略すると、呼び出し側で宣言したメソッドの名前をもとに、DLL 内の関数が呼び出されます。この例では、DllImport の宣言を短くしたかったため、「using System.Runtime.InteropServices;」を先頭に追加します。呼び出し側が使用するメソッド名と DLL のエクスポート名の関係を、図 2.20 に示します。

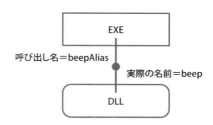

図2.20●呼び出し側が使用するメソッド名とDLLエクスポート名との関係

実行結果は前節のプログラムと同じなので省略します。

2-4　.DEF ファイルを使ったエクスポート

　引き続き、DLL をアンマネージドコードで開発し、C# のマネージドコードから呼び出す方法を解説します。前節では __declspec キーワードを使用しましたが、本節ではモジュール定義ファイル（.DEF ファイル）を使用して関数をエクスポートする方法を解説します。

　.DEF ファイルは、DLL のさまざまな属性を記述したテキストファイルです。DLL の関数を __declspec キーワードを使用せずにエクスポートするにはこのファイルが必要です。.DEF ファイルには最低限以下の情報を記述します。

- ファイルの先頭に LIBRARY 文を記述する。
- EXPORTS 文に DLL のエクスポート関数名を指定する。

　LIBRARY 文の引数に、その .DEF ファイルが所属する DLL の名前を指定します。EXPORTS 文には、オプションで序数値を指定することができます。序数値は、アットマーク（@）の後に数字で指定します。序数を使用しない（値を制御しない）場合は省略できます。本節では使用しませんが、序数の割り当ては行っています。

2 マネージドとアンマネージド

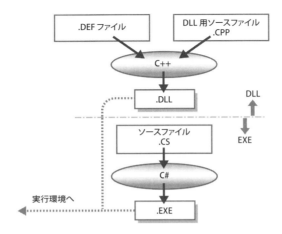

図2.21●.DEFファイルを使用したエクスポート

■ DLLの開発

2-1節で作成したものと同じ動作をするDLLを開発します。エクスポートに関する情報は、プログラムの本体から分離して.DEFファイルに記述します。プログラム本体をリスト2.6に示します。

リスト2.6●02mngUnmng¥03beepDef¥beepdll¥beepdll¥Source.cpp

```cpp
#include <windows.h>

// Entry Point
BOOL WINAPI DllMain(HINSTANCE hDLL, DWORD dwReason, LPVOID lpReserved)
{
    return TRUE;
}

// beep
void __stdcall beep(int counter)
{
    for (int loop = 0; loop<counter; loop++)
    {
        Beep(400, 100);
        Sleep(1000);
    }
}
```

関数の宣言には __stdcall を付けるくらいで、__declspec も extern "C" 構文も不要で

す。プログラムの開発手順については 2-1 節の記述を参照してください。エクスポート名の制御は、.DEF ファイル（リスト 2.7）で行います。

リスト2.7●02mngUnmng¥03beepDef¥beepdll¥beepdll¥beep.def

```
;
; beep.def
;
LIBRARY    beepdll

EXPORTS
    beep    @1
```

.DEF ファイルで指定するモジュール定義文の大半は、link コマンドのオプションでも指定できるので、Win32 の標準的なプログラムでは .DEF ファイルは必要ありません。しかし、.DEF ファイルを使用するとエクスポート名の制御が容易になります。

EXPORTS 文

この文では、1 つ以上の定義をエクスポートし、他のプログラムから利用できるようにします。EXPORTS キーワードは、エクスポートを指定する引数の先頭に置きます。エクスポート名は、それぞれ別の行に記述します。.DEF ファイルには複数の EXPORTS 文を記述できます。以下にエクスポート定義の構文を示します。

entryname[=internalname] [@ordinal[NONAME]] [DATA] [PRIVATE]

定義をエクスポートする方法には、次の 3 通りの方法（推奨順）があります。

- ソースコードでキーワード __declspec(dllexport) を使用する。
- DEF ファイル内で EXPORTS 文を使用する。
- link コマンドの /EXPORT オプションで指定する。

いずれの方法も、同じプログラムで使用できます。エクスポートを含むプログラムを link コマンドでビルドすると、インポートライブラリも同時に作成されます。

構文から分かるように、内部名と外部名をまったく異なる名前にすることもできます。たとえば、beep 関数の名前を ring に変更するには、

```
ring = beep                    @1
```

と指定します。

本節では、.DEF ファイルをプロジェクトに直接加えるのではなく、プロジェクトのプロパティ

で設定しました。[プロジェクト] メニューから [プロパティ] を選びます。プロパティページが現れますので、[リンカー▶入力] を選択し、「モジュール定義ファイル」欄にモジュールファイル名を指定します。

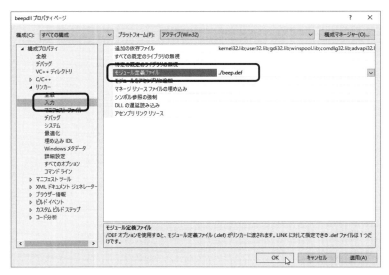

図2.22●モジュールファイル名の指定

.DEF ファイルの指定には、プロパティの [リンカ▶コマンドライン] で /DEF オプションを使用する方法もあります。

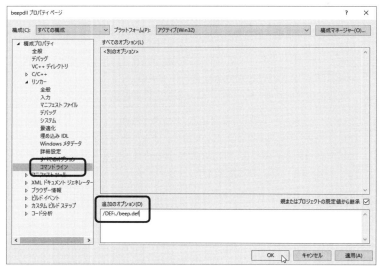

図2.23●コマンドラインで、モジュールファイル名指定

では、この例では外部名がどのような名前でエクスポートされているか、dumpbin を使って調べてみます。

```
>dumpbin /exports beepdll.dll
Microsoft (R) COFF/PE Dumper Version 14.00.23918.0
Copyright (C) Microsoft Corporation.  All rights reserved.


Dump of file beepdll.dll

File Type: DLL

  Section contains the following exports for beepdll.dll

    00000000 characteristics
    578444CA time date stamp Tue Jul 12 10:15:54 2016
        0.00 version
           1 ordinal base
           1 number of functions
           1 number of names

    ordinal hint RVA      name

          1    0 00001010 beep = ?beep@@YGXH@Z (void __stdcall beep(int))

  Summary

        1000 .data
        1000 .gfids
        1000 .rdata
        1000 .reloc
        1000 .rsrc
        1000 .text
```

beep という関数がエクスポートされていることが分かります。また、序数にも、指定どおりに 1 が割り当てられています。このプロジェクトから DEF ファイルを取り除くと、単に beep がエクスポートされていない DLL となります。DEF ファイルの指定を取り除きビルドし、dumpbin でエクスポート関数を調べると、エクスポートされている関数はなくなります。

■呼び出し側の開発

DLL の呼び出し側となるプログラムは、.DEF ファイルを使用する場合と __declspec キーワードを使用する場合とで、なんら違いはありません。リスト 2.2 とまったく同じものを使用します。

実行結果については 2-1 節の記述を参照してください。

■ .DEF ファイルを使う場合の利点と欠点

　.DEF ファイルを使用して関数をエクスポートすると、エクスポート序数を制御できます。エクスポート関数を、新規に DLL に追加する場合、その関数には高い（多い）序数値を割り当てます。こうすると、暗黙的なリンクを使用するアプリケーションを、新しい関数を含む新しいインポートライブラリとリンクしなおす必要がありません。多くのアプリケーションで使用する DLL を設計する場合、既存のアプリケーションは、新しい DLL を引き続き適切に利用しながら、機能を追加することによって DLL の機能を向上できます。つまり、互換性を保ちながら、新規の機能を提供できます。

　.DEF ファイルを使用するもう 1 つの利点は、NONAME 属性を使用して関数をエクスポートできることです。NONAME 属性は、DLL のエクスポートテーブル内の序数のみを配置します。序数だけを使用すれば、DLL ファイルのサイズが小さくなります。

　ただ、C# から呼び出す場合、序数は使用していません。もし、C# のみで使用する DLL なら、.DEF ファイルを使用する必要性は低いと思われるので、開発者の使いやすい方を選択すればよいでしょう。

2-5 アンマネージドからマネージドを利用

　これまでマネージドからアンマネージドを利用する方法について解説しました。ここでは、コールバック関数を利用してアンマネージドからマネージドを呼び出す方法を紹介します。

> ここで紹介する方法は、あくまでも技術的に可能であることを紹介するだけです。アンマネージドからマネージドを呼び出すのは、マネージドからアンマネージドを呼び出すことより危険です。.NET Framework には多くの機能が用意されていますので、いろいろ方法を検討した上で他に方法が見つからないときに、ここで紹介した方法を採用してください。

　本節では関数ポインタを使用した、いわゆるコールバック関数と呼ばれるものを利用します。コールバックとは名前が示すように、アプリケーションプログラムに含まれるメソッド（関数）が、DLL から呼び出され（コールバック）ます。つまり、アプリケーションの関数アドレス（メソッ

ド位置）を DLL に渡す必要があります。このようなコールバックを使う Windows API も多数存在しますので、API 呼び出しの参考にもなるでしょう。

　まず、マネージドコード側にコールバック関数を定義します。この関数に対応するデリゲートを生成します。そのデリゲートを DLL 関数の引数として渡します。DLL 側では、普通の関数ポインタと変わりません。必要に応じてコールバック関数を呼び出します。動作の概念図を次に示します。

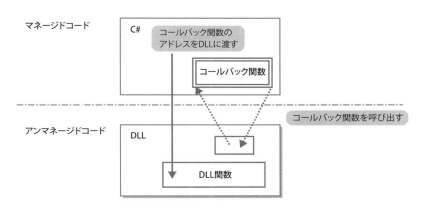

図2.24●動作の概念図

　C# では、リソースの解放はガーベジコレクタによって自動的に行われるため、コールバック関数を DLL が呼び出す期間はデリゲートが破棄されないようにしなければなりません。つまり、デリゲートを引数で渡した場合、そのデリゲートは DLL からの呼び出しの可能性のある期間は、オブジェクトとして存在している必要があります。コールバック関数が存在していてもデリゲートが破棄されていると例外が発生しますので、デリゲートの寿命には気をつけてください。本節のプログラムでは、DLL からのコールバック呼び出しが DLL 呼び出しと同期しているため、デリゲートの寿命は当該メソッドの寿命と同じです。ところが、ほとんどのコールバック関数は非同期に呼び出されることが多いです。そのような場合、デリゲートはメソッド内で宣言せず、クラスのフィールドとして宣言した方がよいでしょう。C や C++ であれば、関数ポインタでコールバック関数を受け渡せるため、あまり気にすることもないですが、C# からアンマネージドの DLL に関数ポインタを渡す場合、デリゲートを使用しますのでデリゲートの寿命にも注意が必要です。

　DLL にコールバック関数を渡し、DLL からコールバック関数を呼び出すサンプルプログラムを以降に示します。

■DLLの開発

DLLに含まれる関数は、引数を関数のポインタとして解釈します。以降に示すdllCallBack関数は、関数のポインタを引数として受け取ります。この関数ポインタを利用して関数を呼び出しします。

リスト2.8●ch02¥04callBack¥dllCallBack¥dllCallBack¥dllCallBack.cpp

```cpp
#include <windows.h>

//  DLL エクスポート関数プロトタイプ宣言
#ifdef __cplusplus
extern "C"
{
#endif  /*  __cplusplus */
void __declspec(dllexport) __stdcall dllCallBack(BOOL (*callBack) (void));
#ifdef __cplusplus
}
#endif  /*  __cplusplus */


// Entry Point
BOOL WINAPI DllMain( HINSTANCE hDLL, DWORD dwReason, LPVOID lpReserved )
{
    return TRUE ;
}


// DLL関数
void __declspec(dllexport) __stdcall dllCallBack(BOOL (*callBack) (void))
{
    callBack();
}
```

■呼び出し側の開発

コールバック関数をDLLへ渡すC#のソースリストを示します。DLLから呼び出されたコールバック関数はメッセージを表示します。

リスト2.9●C:¥sources¥02mngUnmng¥04callBack¥callBack¥callBack¥Program.cs

```csharp
using System;
using System.Runtime.InteropServices;
```

```csharp
namespace callBack
{
    // デリゲート
    public delegate bool CallBack();

    class Program
    {
        // DllImport属性
        [DllImport("dllCallBack.dll")]
        static extern bool dllCallBack(CallBack a);

        // main
        static void Main(string[] args)
        {
            // 生成場所をよく考えること，GCでクリアされると困るときは
            // 外部で宣言すること
            CallBack myCB = new CallBack(cb);

            Console.WriteLine("DLLを呼び出す。");

            dllCallBack(myCB);

            Console.WriteLine("DLLから戻ってきた。");
        }

        // DLLから呼び出されるコールバック
        public static bool cb()
        {
            Console.WriteLine("DLL内から呼び出されました。");
            return true;
        }
    }
}
```

実行結果を示します。DLL 呼び出しの前後メッセージに挟まれて、DLL から呼び出されたコールバック関数のメッセージが表示されます。

```
>callback
DLLを呼び出す。
DLL内から呼び出されました。
DLLから戻ってきた。
```

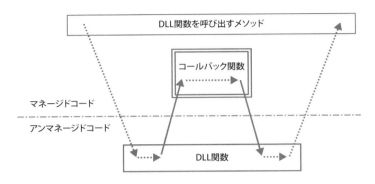

図2.25●呼び出しのシーケンス

なお、ここで重要なことがあります。マネージド側をAny CPUでコンパイルした場合、アンマネージド（DLL）側はOSのビット数に合わせてビルドしてください。具体的には、OSが64ビットならば、アンマネージド（DLL）側もx64でビルドしてください。それ以外で、明示的にビット数を指定する場合、マネージド側・アンマネージド側ともにビット数を合わせてください。

マネージドからアンマネージドを呼び出す説明を終わります。

2-6 マネージド／アンマネージド間のデータ交換

マネージドコードとアンマネージドコード間でデータを相互交換する方法を説明します。アンマネージドのデータを、.NET Frameworkのアプリケーションへ渡す、あるいは受け取る場合、複雑なメカニズムが働きます。ただ、通常のアプリケーション開発者が内部動作を知る必要も興味もないでしょう。ここでは、C#とアンマネージドプログラム間のデータ受け渡し方法について簡単に解説します。unsafeコードなどを使用するとポインタなどを使用できますが、本書では扱いません。

■ C#とアンマネージド間のデータ型対応

表2.1にC#の型とアンマネージド間のデータ型の対応を示します。C#の組み込み型のキーワードは、System名前空間に組み込まれた型のAlias（エイリアス、別名）であるため、C#側はどちらを使っても構いません。

Windowsには32ビットシステムと64ビットシステムがあり、またマネージドコードはCPUを特定しないでビルドできるため組み合わせは複雑です。ただ、すべての組み合わせに対応させることも可能です。ここで、簡単に各データ型の対応を示します。

表2.1 ● C#とDLLのデータ型対応表（C#はAny CPU、アンマネージドはx64）

マネージド		アンマネージド
C# 表現	.NET Framework 表現	
bool	Boolean	long
byte	Byte	unsigned char
char	Char	char
short	Int16	short
ushort	UInt16	unsigned short
int	Int32	int
		long
uint	UInt32	unsigned int
		unsigned long
		unsigned long
long	Int64	long long
float	Single	float
double	Double	double
byte[]	Byte[]	unsigned char*
T []	T []	T *
UInt64	Uint64	size_t
―	Text.StringBuilder	char *
string	String	const char *

　問題をややこしくするのは、Windowsには32ビットシステムと64ビットシステムが存在することに、またC#などのマネージドコードは、x86とx64の他にCPUを意識しないAny CPUを選択できることです。

■ マネージドとアンマネージドのデータサイズ

　通常のデータ型はそれぞれ1対1で対応しますが、ポインタや size_t など OS のビット数に影響を受けるもの、あるいはポインタやコールバックなど、通常のマネージドコードでは扱わないデータ交換には注意を払う必要があります。

　また、データ型とは直接関係しませんが、マネージドコード側からオブジェクトのアドレスを渡し、そのオブジェクトをアンマネージドコードが操作する場合、ガーベジコレクタの動作に注意しなければなりません。マネージドコードは、開発者にメモリ配置やリソース管理を意識させません。しかし、アンマネージドコードは、アドレスやリソースを強く意識します。たとえば、アンマネージドでは、メモリを割り付け、そのアドレスを他者に渡し、受け取った側はアドレスを使ってオブジェクトを操作することは日常的なことです。

　しかし、これをマネージドコードとアンマネージドコード間で行うと不都合が生じます。マ

ネージドコードでは、基本的にアドレスを意識しませんし、オブジェクトがある特定の物理的位置に行儀よく存在するという保証はありません。このため、マネージド側のリソースをアンマネージド側から操作する場合、マネージド側でリソースにアンカーを打って移動しないようにするなど、オブジェクトをガーベジコレクタの対象から外すような操作が必要です。

■データモデル

本書で紹介するプログラムは、いろいろな条件でビルド・実行できます。OS はそれぞれ異なるデータモデルを持っています。データモデルは当然プログラムに影響を与えます。また、C# はマネージドコードですので、CPU を意識しない Any CPU でビルドできます。Any CPU でビルドした場合、OS のビット数によってデータモデルが変わってしまいます。

int や long といったデータ型やポインタのサイズなどを、OS の抽象化データモデルと呼びます。採用するデータモデルによってデータサイズが変わるため、当然構造体宣言にも影響が発生します。抽象化データモデルの例を次表に示します。

表2.2●抽象化データモデル

OS のビット数	データモデル	int（ビット）	long（ビット）	ポインタ（ビット）
32 ビット	ILP32	32	32	32
64 ビット	IL32P64（LLP64）	32	32	64
	I32LP64（LP64）	32	64	64
	ILP64	64	64	64

ほとんどの 32 ビットシステムでは ILP32 が採用されています。I は int、L は long、P はポインタを指し、それぞれすべてが 32 ビット、つまり 4 バイトで構成されることを示します。64 ビットシステムでは、IL32P64 を採用するものと I32LP64 を採用するものが多いです。IL32P64 は LLP64 と表現される場合もあります。IL32P64 は、文字どおり、int と long が 32 ビットでポインタが 64 ビットです。64 ビットの Windows はこのモデルを採用しています。そのため、32 ビットシステムと 64 ビットシステムともに long が 4 バイトです。

ところが、マネージドコードが上記とまったく同じかというと、そうでもなく問題をややこしくします。C# などのマネージドコードはデータの抽象化がさらに高く、通常はオブジェクトのサイズなどは意識しません。したがって、アンマネージドコードなどと連携させる場合、マネージドコードでのオブジェクトの扱われ方について知っておく必要があります。

■データサイズの比較

論より証拠と言いますが、実際にデータサイズを表示するプログラムを作って、それぞれの環境で動作させてみます。

(1) アンマネージドのデータサイズ

まず、C言語で記述したプログラムをx86/x64の両方でコンパイルし、32ビットWindows、64ビットWindowsの両方で動作させてみます。プログラムのソースリストを次に示します。

リスト2.10●アンマネージドのソースリスト

```c
int
main()
{
    printf("sizeof(char)   = %d\n", sizeof(char));
    printf("sizeof(short)) = %d\n", sizeof(short));
    printf("sizeof(int))   = %d\n", sizeof(int));
    printf("sizeof(long))  = %d\n", sizeof(long));
    printf("sizeof(float)) = %d\n", sizeof(float));
    printf("sizeof(double)) = %d\n", sizeof(double));
    printf("sizeof(size_t)) = %d\n", sizeof(size_t));
    printf("sizeof(void*)) = %d\n", sizeof(void*));

    return 0;
}
```

このプログラムをx86（Win32）とx64でビルドし、実行した結果を表に示します。

表2.3●32ビットWindowsで実行

データ型	x86でビルド	x64でビルド
char	1	実行不可
short	2	実行不可
int	4	実行不可
long	4	実行不可
float	4	実行不可
double	8	実行不可
size_t	4	実行不可
void*	4	実行不可

表2.4●64ビットWindowsで実行

データ型	x86でビルド	x64でビルド
char	1	1
short	2	2
int	4	4
long	4	4
float	4	4
double	8	8
size_t	4	8
void*	4	8

表から分かるように、size_tやポインタのサイズが32ビットWindowsでは4バイト、64ビットWindowsでは8バイトとサイズが異なります。

(2) マネージドのデータサイズ

さて、今度はマネージドコードで同じ実験を行ってみましょう。プログラムのC#ソースリストを次に示します。

リスト2.11●マネージドのソースリスト

```
using System;
using System.Runtime.InteropServices;

class Program
{
    static void Main(string[] args)
    {
        Console.WriteLine("Marshal.SizeOf(type(byte))={0}",
                                Marshal.SizeOf(typeof(byte)));
        Console.WriteLine("Marshal.SizeOf(type(short))={0}",
                                Marshal.SizeOf(typeof(short)));
        Console.WriteLine("Marshal.SizeOf(type(int))={0}",
                                Marshal.SizeOf(typeof(int)));
        Console.WriteLine("Marshal.SizeOf(type(long))={0}",
                                Marshal.SizeOf(typeof(long)));
        Console.WriteLine("Marshal.SizeOf(type(float))={0}",
                                Marshal.SizeOf(typeof(float)));
        Console.WriteLine("Marshal.SizeOf(type(double))={0}",
                                Marshal.SizeOf(typeof(double)));
        Console.WriteLine("Marshal.SizeOf(type(IntPtr))={0}",
                                Marshal.SizeOf(typeof(IntPtr)));
    }
}
```

このプログラムを x86（Win32）、x64、Any CPU のそれぞれでビルドし、実行した結果を表に示します。

表2.5●32ビットWindowsで実行

データ型	x86 でビルド	x64 でビルド	Any CPU でビルド
byte	1	実行不可	1
short	2	実行不可	2
int	4	実行不可	4
long	8	実行不可	8
float	4	実行不可	4
double	8	実行不可	8
IntPtr	4	実行不可	4

表2.6●64ビットWindowsで実行

データ型	x86 でビルド	x64 でビルド	Any CPU でビルド
byte	1	1	1
short	2	2	2

データ型	x86 でビルド	x64 でビルド	Any CPU でビルド
int	4	4	4
long	8	8	8
float	4	4	4
double	8	8	8
IntPtr	4	8	8

マネージドでは、x86（Win32）と x64 に加え Any CPU が増えます。組み合わせが面倒ですが、基本的にマネージドコードは Any CPU でビルドし、アンマネージドの size_t やポインタを IntPtr に対応させれば整合性が取れます。また、long は使用せず、int を使用しましょう。Any CPU でビルドしておけば、実行形式は仮想マシン上で動作するため、リコンパイルする必要もなく、32/64 ビット Windows で問題なく動作するでしょう。

long に関しては、64 ビット Windows が IL32P64 を採用しているらしいのに、.NET Framework は I32LP64 のような振る舞いをします。ですので、マネージドとアンマネージド間データを交換する場合、なるべく long の使用は止めた方がよさそうです。

なお、動作させる Windows のビット数があらかじめ固定されている場合、size_t などを IntPtr にせず、Uint64 を使用しても支障はありません。ポインタに関しても同様です。もし、自身の動作環境が固定される場合、都合のよい型を採用しても構いません。本書は基本的に C# 側は Any CPU でビルド、Windows は 64 ビットと考えて解説します。

2-7 マネージドからアンマネージドへデータを渡す

マネージドとアンマネージド間でデータを交換する具体例をいくつか紹介します。

■ Byte 型と Char 型

マネージドの Byte 型と Char 型をアンマネージドへ渡す例を示します。C# の byte 型、もしくは Byte 型に対応するアンマネージドの型は unsigned char 型と char 型です。C# の byte 型は、0 〜 255 を格納できる符号なし 8 ビット整数型です。また、マネージドからアンマネージドの char 型に情報を渡す方法を考えてみましょう。アンマネージドの char 型に対応する C# の型は Char です。C# の Char 型は C/C++ 言語の char とは異なります。8 ビットではなく、16 ビットで Unicode 文字を格納できます。ここで示すプログラムはワイド文字へは対応していません。ワイド文字を扱いたい場合、2-9 節「文字列の受け渡し」を参照してください。

呼び出され側（アンマネージド）の C/C++ ソースリストを次に示します。

リスト2.12●呼び出され側（アンマネージド）のソースリスト

```c
#include <windows.h>
#include <stdio.h>


//-----------------------------------------------------------------
//   DLL エクスポート関数プロトタイプ宣言
#ifdef __cplusplus
extern "C"
{
#endif  /*  __cplusplus */
void __declspec(dllexport) __stdcall dllbyte(unsigned char inByte);
void __declspec(dllexport) __stdcall dllchar(char inChar);
#ifdef __cplusplus
}
#endif  /*  __cplusplus */


//-----------------------------------------------------------------
// Entry Point
BOOL WINAPI DllMain(HINSTANCE hDLL, DWORD dwReason, LPVOID lpReserved)
{
    return TRUE;
}


//-----------------------------------------------------------------
// unsigned char / byte
void __declspec(dllexport) __stdcall dllbyte(unsigned char inByte)
{
    printf("inByte=%C, %d\n", inByte, (int)inByte);
}

//-----------------------------------------------------------------
// Char受け取り
void __declspec(dllexport) __stdcall dllchar(char inChar)
{
    printf("inChar=%C\n", inChar);
}
```

DLLを呼び出す（マネージドの）C#ソースリストを次に示します。

リスト2.13●呼び出し側（マネージド）のソースリスト

```csharp
using System;
using System.Runtime.InteropServices;

//-------------------------------------------------------------
// class Program
class Program
{
    //-------------------------------------------------------------
    // DllImport属性
    [DllImport("dll.dll")]
    private static extern void dllbyte(byte inByte);

    [DllImport("dll.dll")]
    private static extern void dllchar(char inChar);

    //-------------------------------------------------------------
    // Main
    static void Main(string[] args)
    {
        byte data = 0x41;              // A, 65d
        dllbyte(data);

        Char inChar = 'B';
        dllchar(inChar);
    }
}
```

　実行結果を次に示します。C#の値がDLLへ正常に渡されています。実行するときは、実行ファイルとDLLファイルを同一ディレクトリにコピーしてください。C#のプログラムはAny CPUでビルドし、DLLはx64でビルドします。動作確認は64ビットWindowsを使用します。

```
>CsMain
inByte=A, 65d
inChar=B
```

■いろいろな整数型

　いくつかの整数型をマネージドからアンマネージドへ渡す方法を示します。C#の`int`型、`uint`型、`short`型、および、`long`型をアンマネージドへ渡す例を示します。それぞれの型をDLLの`int`型、`unsigned int`型、`short`型、および、`long long`型で受け取ります。

呼び出され側（アンマネージド）の C/C++ ソースリストを次に示します。

リスト2.14●呼び出され側（アンマネージド）のソースリスト

```
    ：
void __declspec(dllexport) __stdcall dllint(int inInt);
void __declspec(dllexport) __stdcall dlluint(unsigned int inUint);
void __declspec(dllexport) __stdcall dllshort(short inShort);
void __declspec(dllexport) __stdcall dlllong(long long inLong);
    ：
//-----------------------------------------------------------------
// int
void __declspec(dllexport) __stdcall dllint(int inInt)
{
    printf("inInt=%d\n", inInt);
}


//-----------------------------------------------------------------
// unsigned int
void __declspec(dllexport) __stdcall dlluint(unsigned int inUint)
{
    printf("inUint=%u\n", (int)inUint);
}


//-----------------------------------------------------------------
// short
void __declspec(dllexport) __stdcall dllshort(short inShort)
{
    printf("inShort=%d\n", (int)inShort);
}


//-----------------------------------------------------------------
// long long
void __declspec(dllexport) __stdcall dlllong(long long inLong)
{
    printf("inLong=%d\n", (int)inLong);
}
```

DLL を呼び出す（マネージドの）C# ソースリストを次に示します。

リスト2.15●呼び出し側（マネージド）のソースリスト

```
using System;
using System.Runtime.InteropServices;
```

```csharp
//---------------------------------------------------------------
// class Program
class Program
{
    //---------------------------------------------------------------
    // DllImport属性
        [DllImport("dll.dll")]
        private static extern void dllint(int inInt);

        [DllImport("dll.dll")]
        private static extern void dlluint(uint inUint);

        [DllImport("dll.dll")]
        private static extern void dllshort(short inShort);

        [DllImport("dll.dll")]
        private static extern void dlllong(long inLong);

    //---------------------------------------------------------------
    // Main
    static void Main(string[] args)
    {
        int inInt = -3;            //int
        dllint(inInt);

        uint inUint = 32767;       //uint
        dlluint(inUint);



        short inShort = -444;      //short
        dllshort(inShort);

        Int16 inInt16 = 333;
        dllshort(inInt16);



        long inLong = -32767;      //long (注意：x86/x64で異なる)
        dlllong(inLong);
    }
}
```

実行結果を示します。C# の値が DLL へ正常に渡されています。実行するときは、実行ファイルと DLL ファイルを同一ディレクトリにコピーしてください。C# のプログラムは Any CPU でビ

ルドし、DLLはx64でビルドします。動作確認は64ビットWindowsを使用します。

実行結果を次に示します。

```
inInt=-3
inUint=32767
inShort=-444
inShort=333
inLong=-32767
```

■ 浮動小数点型

いくつかの浮動小数点型をマネージドからアンマネージドへ渡す方法を示します。C#のfloat型、Single型、およびdouble型をアンマネージドへ渡す例を示します。それぞれの型をDLLのfloat型、float型、およびdouble型で受け取ります。

呼び出され側（アンマネージド）のC/C++ソースリストを次に示します。

リスト2.16●呼び出され側（アンマネージド）のソースリスト

```c
    ⋮
void __declspec(dllexport) __stdcall dllfloat(float inFloat);
void __declspec(dllexport) __stdcall dlldouble(double inDouble);
    ⋮
//---------------------------------------------------------------------
// float
void __declspec(dllexport) __stdcall dllfloat(float inFloat)
{
    printf("inFloat=%.12lf¥n", inFloat);
}

//---------------------------------------------------------------------
// double
void __declspec(dllexport) __stdcall dlldouble(double inDouble)
{
    printf("inDouble=%.12lf¥n", inDouble);
}
```

DLLを呼び出す（マネージドの）C#ソースリストを次に示します。

リスト2.17●呼び出し側（マネージド）のソースリスト

```csharp
using System;
using System.Runtime.InteropServices;
```

```csharp
//---------------------------------------------------------------
// class Program
class Program
{
    //---------------------------------------------------------------
    // DllImport属性
    [DllImport("dll.dll")]
    private static extern void dllfloat(float inFloat);

    [DllImport("dll.dll")]
    private static extern void dlldouble(double inDouble);

    //---------------------------------------------------------------
    // Main
    static void Main(string[] args)
    {
        float inFloat = 3.14159265358979323846f;      //float
        dllfloat(inFloat);

        Single inSingle = 3.14159265358979323846f;
        dllfloat(inSingle);


        double inDouble = 3.14159265358979323846d;    //double
        dlldouble(inDouble);
    }
}
```

　C# の float（Single）型は、32 ビットの浮動小数点数です。代入演算子の右側にある実数値リテラルは double 値として扱われます。このため、float 型として扱いたい場合は、サフィックスに f または F を指定しなければなりません。C# の float（Single）型は DLL の float 型に対応します。

　C# の double 型は、64 ビットの浮動小数点数です。C# では、代入演算子の右側にある実数値リテラルは double 値として扱われます。明示的に数値を double 型として扱いたい場合は、サフィックスに d または D を指定します。C# の double 型は DLL の double 型に対応します。

　実行結果を次に示します。

```
inFloat=3.1415927410130
inFloat=3.1415927410130
inDouble=3.1415926535590
```

ソースコードでは同じ値を代入していますが、double が float より精度が高いため、より正確な値を保持できます。

2-8 アンマネージドからマネージドへデータを返す

前節まではマネージドからアンマネージドへ情報を渡す方法を解説しました。本節ではデータをアンマネージドからマネージドへ返す例を解説します。すでに第 1 章で out を付けて引数に値を返す方法は示しています。C や C++ からは ref や out を付けた引数は、アドレス（ポインタ）渡しと等価です。本節ではいくつかのデータ型を選んで解説します。解説しない型についても同様の方法でデータをアンマネージドからマネージドへ返すことができます。動作の概念図を次に示します。

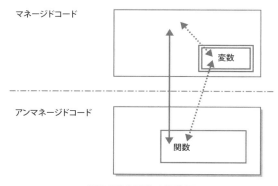

図2.26●動作の概念図

■byte 型と int 型

マネージドからアンマネージドの byte 型と int 型で情報を渡し、アンマネージドからマネージド側にデータを返す方法を考えてみましょう。アンマネージドの unsigned char* 型に対応する C# の型は ref を付けた byte です。C# の byte 型は、0 〜 255 を格納できる符号なし 8 ビット整数型です。値を返してもらうため ref を付けて DLL を呼び出す必要があります。アンマネージドの int* 型に対応する C# の型は ref を付けた int です。C# の int 型は符号ありの 32 ビット整数型です。

DLL の C/C++ ソースリストを次に示します。

リスト2.18●呼び出され側(アンマネージド)のソースリスト

```c
    ⋮
void __declspec(dllexport) __stdcall dllbyte(unsigned char* inByte);
void __declspec(dllexport) __stdcall dllInt(int* inInt);
    ⋮
//-------------------------------------------------------------------------
// unsigned char*
void __declspec(dllexport) __stdcall dllbyte(unsigned char* inByte)
{
    printf("inByte=%c\n", (int)(*inByte));
    (*inByte)+=5;
}

//-------------------------------------------------------------------------
// int*
void __declspec(dllexport) __stdcall dllInt(int* inInt)
{
    printf("inInt=%d\n", *inInt);
    (*inInt)+=24;
}
```

C#のref付きのbyte型をunsigned char*型で、ref付きのint型をint*型で受け取ります。

DLLを呼び出すC#のソースリストを次に示します。

リスト2.19●呼び出し側(マネージド)のソースリスト

```csharp
using System;
using System.Runtime.InteropServices;

//------------------------------------------------------------------
// class Program
class Program
{
    //------------------------------------------------------------------
    // DllImport属性
    [DllImport("dll.dll")]
    static extern void dllbyte(ref byte byteData);

    [DllImport("dll.dll")]
    static extern void dllInt(ref int intData);

    //------------------------------------------------------------------
    // Main
```

```
    static void Main(string[] args)
    {
        // byte
        byte byteData = 65;

        Console.WriteLine("before dll call, data = {0}", byteData);
        dllbyte(ref byteData);
        Console.WriteLine("after  dll call, data = {0}", byteData);


        Console.WriteLine("----------------");

        //int
        int intData = 1000;

        Console.WriteLine("before dll call, data = {0}", intData);
        dllInt(ref intData);
        Console.WriteLine("after  dll call, data = {0}", intData);
    }
}
```

実行結果を次に示します。

```
before dll call, data = 65
inByte=65
after  dll call, data = 70
----------------
before dll call, data = 1000
inInt=1000
after  dll call, data = 1024
```

2-9 文字列の受け渡し

　マネージドとアンマネージド間で文字列を受け渡す方法を考えてみましょう。文字列といっても、C/C++ 言語には文字列型が存在しませんので、C/C++ 言語では文字型の配列で処理します。マネージドの String 型に対応する C/C++ 言語のデータ型は文字配列です。C# は文字コードに Unicode を使用します。DLL では ANSI コードや Unicode などどのような文字コードが採用されるか分かりません。このため、C# 側で明示的に文字セットを指定する場合もあります。本節のプ

ログラムは、文字列をC#とDLL間でやり取りします。

DLLのC/C++ ソースリストを次に示します。

リスト2.20●呼び出され側（アンマネージド）のソースリスト

```
    ⋮
void __declspec(dllexport) __stdcall dllString(const char* constString);
void __declspec(dllexport) __stdcall dllRetString(char* string);
    ⋮
//---------------------------------------------------------------------------
// const char*
void __declspec(dllexport) __stdcall dllString(const char* constString)
{
    printf("受け取った文字列=[%s]\n", constString);
}

//---------------------------------------------------------------------------
// return string
void __declspec(dllexport) __stdcall dllRetString(char* string)
{
    strcpy(string, "DLLからC#へ文字列を返す。");
}
```

単に文字列を受け取る場合は`const char*`で受け取ります。DLLからマネージド側へ文字列を返す必要がある場合は`char*`で受け取ります。`dllString`関数は、C#から文字列情報を受け取るだけです。この関数は受け取った文字列を標準出力に表示します。`dllRetString`関数は、アンマネージド側からマネージド側へ文字列を渡す関数です。もちろん、C#から文字列情報を受け取ることも可能です。C#の`StringBuilder`型へアンマネージドのDLLから正常に返されます。DLL側は`strcpy`関数で文字列を書き込みますが、文字列長に気をつけオーバーフローを起こさないようにしてください。

DLLを呼び出すC#のソースリストを次に示します。

リスト2.21●呼び出し側（マネージド）のソースリスト

```
using System;
using System.Text;                          //追加
using System.Runtime.InteropServices;

//---------------------------------------------------------------
// class Program
class Program
{
```

```
    //--------------------------------------------------------------
    // DllImport属性
    [DllImport("dll.dll", CharSet = CharSet.Ansi)]
    static extern void dllString(String inString);

    [DllImport("dll.dll", CharSet = CharSet.Ansi)]
    static extern void dllRetString(StringBuilder inStringBuilder);

    //--------------------------------------------------------------
    // Main
    static void Main(string[] args)
    {
        String inString = "C#へ文字列を渡す例です.";
        dllString(inString);

        StringBuilder inStringBuilder = new StringBuilder(255);
        dllRetString(inStringBuilder);
        Console.WriteLine(inStringBuilder);
    }
}
```

単に文字列をマネージドからアンマネージドへ渡す場合は String 型を、アンマネージドからマネージドへ文字列を返す必要がある場合は StringBuilder 型を指定します。

文字コードは、環境やアプリケーションによってさまざまなコードが使用されます。本例はANSI を使用しますので、DllImport に文字エンコード情報を明示的に CharSet.Ansi と指定します。もし、異なるエンコードを使用する場合、双方で使用する文字コードに合わせるとともに、C# 側で文字セットを明示してください。

実行結果を次に示します。

```
受け取った文字列=[C#へ文字列を渡す例です.]
DLLからC#へ文字列を返す.
```

以上で、マネージドコードとアンマネージドコード間で文字列を受け渡す方法の解説を終わります。

2-10 構造体の受け渡し

　単純な数値や文字列ではなく、構造体をマネージドコードとアンマネージドコード間で受け渡ししたいことも少なくありません。本節では構造体の受け渡しについて解説します。

　マネージドコードとアンマネージドコード間ではメモリの変換が行われます。ですので、C# の構造体と DLL 側の構造体は同じメモリ配置でなければなりません。ところが、.NET Framework では性能などが向上するように CLR が各メンバを適当に配置します。これでは C# と DLL 間で構造体をうまく受け渡すことができなくなります。C# で単純に構造体を宣言しても、各メンバの配置をプログラムが意識したように配置することは不可能です。

　このような場合、C# の StructLayout 属性に LayoutKind.Sequential を指定します。LayoutKind.Sequential は構造体のメンバが、宣言された順に配置されるよう C# に指示します。

　DLL の C/C++ ソースリストを示します。DLL 側の引数は構造体のポインタとします。

リスト2.22●呼び出され側（アンマネージド）のソースリスト

```
        ⋮
//----------------------------------------------------------------
// struct
typedef struct _structSample
{
    int     width;
    int     height;
    int     pixels;
}
structSample;

typedef structSample*   pStructSample;
        ⋮
void __declspec(dllexport) __stdcall dllStruct(pStructSample format);
        ⋮
//----------------------------------------------------------------
// get/ret struct
void __declspec(dllexport) __stdcall dllStruct(pStructSample format)
{
    fprintf(stdout, "img->width  = %d¥n", format->width);
    fprintf(stdout, "img->height = %d¥n", format->height);
    fprintf(stdout, "img->pixels = %d¥n", format->pixels);

    format->width=320;
    format->height=240;
```

```
        format->pixels=32;
}
```

　ごく普通に構造体のポインタを受け取ったようにコードを記述します。ポインタで受け取りますので、構造体で値を貰うことも返すことも可能です。
　構造体を引数に DLL を呼び出す C# のソースリストを示します。

リスト2.23●呼び出し側（マネージド）のソースリスト

```
using System;
using System.Runtime.InteropServices;

//------------------------------------------------------------------
// class Program
class Program
{
    //------------------------------------------------------------------
    // struct
    [StructLayout(LayoutKind.Sequential)]
    private struct structSample
    {
        public int width;
        public int height;
        public int pixels;

        public structSample(int init)
        {
            width = init;
            height = init;
            pixels = init;
        }
    }

    //------------------------------------------------------------------
    // Dll
    [DllImport("dll.dll")]
    static extern void dllStruct(ref structSample format);


    //------------------------------------------------------------------
    // Main
    static void Main(string[] args)
    {
        structSample format = new structSample(5);
```

```
            dllStruct(ref format);

            Console.WriteLine("format.width   = {0}", format.width);
            Console.WriteLine("format.height  = {0}", format.height);
            Console.WriteLine("format.pixcels = {0}", format.pixels);
        }
    }
```

構造体を DLL へ渡す場合、ref を付けて呼び出してください。これによって、情報を渡すことも、受け取ることも可能です。

実行結果を次に示します。

```
img->width   = 5
img->height  = 5
img->pixels  = 5
format.width   = 320
format.height  = 240
format.pixcels = 32
```

以上で、マネージドコードとアンマネージドコード間で構造体を受け渡す方法の解説を終わります。

2-11　配列の受け渡し

　配列をマネージドコードとアンマネージドコード間で受け渡したいことも少なくありません。本節では配列の受け渡しについて解説します。配列を使えば、バッファを受け渡すこともできます。

　DLL の C/C++ ソースリストを次に示します。

リスト2.24●呼び出され側（アンマネージド）のソースリスト

```
    :
void __declspec(dllexport) __stdcall dllByteArray(unsigned char buffer[], int size);
void __declspec(dllexport) __stdcall dllFloatArray(float buffer[], int size);
    :
//-----------------------------------------------------------------
// get/ret unsigned char[]
void __declspec(dllexport) __stdcall dllByteArray(unsigned char buffer[], int size)
```

```
{
    for(int i=0; i<size; i++)
        printf("buffer[%d] = %d\n", i, (int)buffer[i]);

    for(int i=0; i<size; i++)
        buffer[i]+=(unsigned char)1;
}

//------------------------------------------------------------------
// get/ret unsigned char[]
void __declspec(dllexport) __stdcall dllFloatArray(float buffer[], int size)
{
    for(int i=0; i<size; i++)
        printf("buffer[%d] = %f\n", i, buffer[i]);

    for(int i=0; i<size; i++)
        buffer[i]+=1.11f;
}
```

C# の byte 配列を unsigned char[] で受け取ります。このような方法を採用すると、バッファなどを受け渡すことが可能です。この例では、バッファオーバーランなどが起きないように、バッファサイズも渡します。また、C# の float 配列を float[] で受け受け取って、内容を変更後 C# へ返す例も示します。

DLL を呼び出す C# のソースリストを次に示します。

リスト2.25●呼び出し側（マネージド）のソースリスト

```
using System;
using System.Runtime.InteropServices;

//------------------------------------------------------------------
// class Program
class Program
{
    //------------------------------------------------------------------
    // Dll
    [DllImport("dll.dll")]
    static extern void dllByteArray(byte[] buffer, int size);

    [DllImport("dll.dll")]
    static extern void dllFloatArray(float[] buffer, int size);


    //------------------------------------------------------------------
```

```csharp
    // Main
    static void Main(string[] args)
    {
        // byte[]/ unsigned char[] ....................
        byte[] byteArray = new byte[10];
        for (int i = 0; i < byteArray.Length; i++)
            byteArray[i] = (byte)i;

        Console.WriteLine("=====< byte[]/ unsigned char[]>====");
        dllByteArray(byteArray, byteArray.Length);

        Console.WriteLine("------------");

        for (int i = 0; i < byteArray.Length; i++)
            Console.WriteLine("byteArray[{0}] = {1}", i, byteArray[i]);


        // float[] . ..................................
        float[] floatArray = new float[10];
        for (int i = 0; i < floatArray.Length; i++)
            floatArray[i] = (float)i+0.12f;

        Console.WriteLine("=====< float[] >===================");
        dllFloatArray(floatArray, floatArray.Length);

        Console.WriteLine("------------");

        for (int i = 0; i < floatArray.Length; i++)
            Console.WriteLine("dllFloatArray[{0}] = {1,2:F2}", i, floatArray[i]);
    }
}
```

実行結果を次に示します。

```
=====< byte[]/ unsigned char[]>====
buffer[0] = 0
buffer[1] = 1
buffer[2] = 2
buffer[3] = 3
buffer[4] = 4
buffer[5] = 5
buffer[6] = 6
buffer[7] = 7
buffer[8] = 8
buffer[9] = 9
```

```
------------
byteArray[0] = 1
byteArray[1] = 2
byteArray[2] = 3
byteArray[3] = 4
byteArray[4] = 5
byteArray[5] = 6
byteArray[6] = 7
byteArray[7] = 8
byteArray[8] = 9
byteArray[9] = 10
=====< float[] >====================
buffer[0] = 0.120000
buffer[1] = 1.120000
buffer[2] = 2.120000
buffer[3] = 3.120000
buffer[4] = 4.120000
buffer[5] = 5.120000
buffer[6] = 6.120000
buffer[7] = 7.120000
buffer[8] = 8.120000
buffer[9] = 9.120000
------------
dllFloatArray[0] = 1.23
dllFloatArray[1] = 2.23
dllFloatArray[2] = 3.23
dllFloatArray[3] = 4.23
dllFloatArray[4] = 5.23
dllFloatArray[5] = 6.23
dllFloatArray[6] = 7.23
dllFloatArray[7] = 8.23
dllFloatArray[8] = 9.23
dllFloatArray[9] = 10.23
```

配列をマネージド側から渡し、その値をアンマネージド側で参照および更新し、再びマネージド側へ返します。

3

並列処理

　近年のパーソナルコンピュータ、あるいはサーバ用のワークステーションのCPUは複数のCPUコアを搭載しています。これまではマルチコアと呼んでいましたが、すでにメニーコアと呼ばれるCPUが一般的になりました。このようなCPUを装備したコンピュータは、複数のスレッドを効率よく実行できます。.NET Frameworkもハードウェアの進化に合わせた形で、並列処理の機能が追加されています。本章では、並列処理、特にスレッドについて解説します。

3-1 　並列処理の概要

■並列化する目的

　プログラムを並列化する理由は1つではありません。たとえば、初期のスレッドを使用したプログラムの目的は、UI（ユーザーインターフェース）の向上にありました。シングルスレッドのプログラムは、1つの作業を行っている際に別の要求を受け付けることができません。これではプログラムの使い勝手に制限が出てしまうため、スレッドを多重起動することによって回避します。

　また、通信プログラムなどでは、極端に遅い外部I/Oがプログラムをブロックしてしまわないように、その部分をスレッド化してコールバックやシグナルによって処理の完了を捕捉するという方法が採用されます。このように、プログラムの複数の場所で長期間の待ちが発生するプログラムでも、並列化は有効に作用します。

　最後に、本書の目的と重なりますが、性能向上を目的とした並列化です。一昔前まで、コン

ピュータの CPU は基本的に 1 つでした。正確には、大型コンピュータでは複数の CPU を搭載したものは古くからありましたし、デスクトップコンピュータでも複数の CPU を搭載したものは存在しましたが、それらはほんのわずかでした。しかし、現在では、一般の人々が使用するデスクトップコンピュータやノート PC にも複数の CPU が搭載されるのは普通のことです。このような環境で、すべての CPU を有効に活用できれば処理速度を驚異的に向上させることができます。CPU コア数は 2、4、6、8 と増え続け、すでにマルチコアよりもメニーコアと呼ぶべきものへと変わっています。これに伴って、プログラムの並列化はますます重要な位置を占めることとなりました。

■オーバーヘッド

並列化は夢のように素晴らしい技術ですが、よいことずくめとはいきません。プログラムを並列化するには、それに先立って準備が必要です。これを一般的に並列化のオーバーヘッドと呼びます。本章でオーバーヘッドと記述した場合、並列化のためのオーバーヘッドを指します。あまりにもオーバーヘッドが大きいと、並列化による速度の向上分が打ち消され、結果的に並列化したために遅くなってしまうこともあります。本章ではその点についても解説します。

■データ競合

プログラムの並列化された部分でデータアクセスを行う場合、並列化されていない通常のプログラムでは必要のないことに注意を払わなければなりません。通常のプログラムを単純に並列化するだけでは、性能向上を云々する以前に、正しい処理が行われないプログラムになってしまう場合があります。

たとえば、並列に処理する部分で共通のデータを使用する場合、次に示すような方法でコードやデータが競合しないようにする必要があります。

- 各並列化されたコードから排他的にアクセスする
- データを複製し、各並列化部を隔離する
- 並列化コードを順番に動作させる

本章では、このようなデータ競合についても解説します。

■スケーラビリティ

.NET Framework の機能を使用して開発したプログラムはスケーラビリティを持ちます。たとえば、CPU が 2 つあるパソコンで並列化したプログラムを実行すると、CPU が 1 つのパソコン上で実行した場合の 2 倍の性能を示します。さらに CPU が 16 個のパソコンで並列化したプロ

グラムを実行すると、CPUが1つのパソコン上で実行した場合の16倍の性能を示します。ただし、これは理想的な場合であり、実際にはまずこれほどの性能向上は達成できません。ただ、.NET Frameworkを使用して開発したプログラムは、並列化した部分に関しては搭載CPU数にほぼ比例して高速化されます。

もっとも、プログラム全体では、ほとんどの場合でCPU数に比例して高速化することはありません。この原因の最も大きな理由は、並列化されているコードがプログラム全体の一部に留まるためです。これを示す理論が、有名なアムダールの法則です。また、並列化したコードであっても、オーバーヘッドやデータ競合などによってプログラムの性能は低下する場合があります。

■スレッド

並列処理の話題になると真っ先に浮かぶのがスレッドです。並列化にはたくさんの手法が存在しますが、本書は主にスレッド、並びにスレッドを包含したクラスを使用したプログラミングについて解説します。

スレッドとはプログラムの実行単位のことです。ただ1つのスレッドを持つプログラムはシングルスレッドプログラムと呼びます。シングルスレッドプログラムは単純ですが、性能改善が難しく、また操作性の劣るプログラムになる傾向が強いです。

シングルスレッドプログラムに対して、プロセス内で複数の実行単位が並行して動作するプログラムをマルチスレッドプログラムと呼びます。

図3.1は、通常の手続き型プログラムの流れを時間軸に対してモデル化したものです。ループが存在したとしても、プログラムの時間に対する流れは連続した1本の線を形成します。

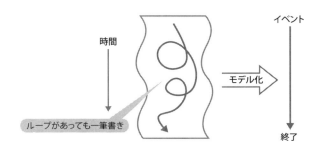

図3.1●通常の手続きプログラミング

一見すると並行して動作しているようにみえるプログラムも、実際は、発生したイベントを順番に1つずつ処理するという作業を高速で行っているものも少なくありません。個々の処理に注目すれば、それらは一般的な手続き型プログラムと同じものです。

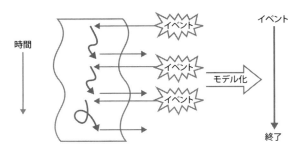

図3.2●Windowsプログラムの場合

　このような並列処理しているようなプログラムも、モデル化すると分かるように時間軸に対しプログラムは一本のつながった線となり、一般の手続き型プログラムと違いはありません。単にイベントに対する処理が細切れになっているだけです。

　マルチスレッドプログラムでは、実行単位であるスレッドを明示的に起動します。元のスレッドをメインスレッドと呼び、起動された側のスレッドをワーカスレッドと呼びます。メインスレッドとワーカスレッドは並行して動作し、必要に応じてスレッド間の同期を取るなどの処理が行われます。

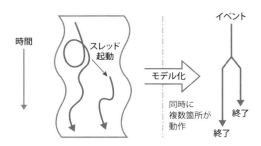

図3.3●マルチスレッドプログラム

スレッドの呼び方

　比較的単純なプログラムでは、元のスレッドをメインスレッドと呼び、起動された側のスレッドをワーカスレッドと呼びます。しかし、ワーカスレッドが多数存在するような場合、元のスレッドをマスタースレッドと呼び、起動された側のスレッドをスレーブスレッドと呼ぶ場合もあります。特に粒度の小さなスレッドを多数起動するような場合、後者の呼び方を採用することが多いです。

■ **スレッドの応用**

スレッドを応用することで効果の上がるアプリケーションの例を、以下に列挙します。

- 処理部（エンジン部）の処理量が多く、フロントエンド（GUI 部など）がフリーズするようなアプリケーション。たとえば、CG などのレンダリング部と GUI 部に別々のスレッドを割り振ることによって、レンダリングをバックグラウンドで実行し、GUI 部をフロントで動作させる。これによってレスポンスのよいアプリケーションとなるとともに、プロセッサが複数ある場合は性能も向上する。
- 通信プログラムのように、受信部と送信部が別々に、かつ高速に動作しなければならないプログラム。たとえば、非同期 I/O でファイルを読み出しながら、非同期で TCP/IP を使用し画像データを送るようなシステム。
- 特定の処理を最優先しなければならないアプリケーション。各スレッドには、それぞれ優先順位を割り当てることができるので、処理を迅速に行う必要のある部分に、優先度の高いスレッドを割り当てる。
- 粒度の小さな処理がたくさん存在し、計算量の多いプログラム。たとえば、近年話題のビッグデータなどを解析するプログラム。.NET Framework も粒度の小さな並列処理に対応したライブラリを提供するようになり、for 文のイテレータを並列処理できるようになった。

スレッドはプロセスと異なり、並列に動作するコードが同一プロセス内に存在します。したがって、実行コードの切り替えにプロセスの切り替えは必要ありません。プロセスは 1 つ 1 つが独立した空間で動作しているため、スレッド切り替えと比較して、多くのコンテキストを切り替えなければなりません。並列プログラムを作るには、プロセスを分離する方法とスレッドに分ける方法がありますが、スレッドの方がコードの切り替え時のオーバーヘッドが少なくなります。ただ、同じプロセスの中に並行動作するプログラムが同居するため、その分プログラムが複雑になりがちです。

3-2 シンプルスレッド

本節では、C# でスレッドを使用する最も簡単なプログラムについて解説します。Thread クラスを宣言し、スレッドを生成します。このプログラムを実行すると、メインスレッドとワーカスレッドが並列動作します。プログラムのソースリストを次に示します。

リスト3.1●ch03¥01simple01thread¥simple¥Program.cs

```csharp
using System;
using System.Threading;

namespace simple
{
    class Program
    {
        private static void threadSub()
        {
            Console.WriteLine("ワーカスレッド開始.");
            System.Threading.Thread.Sleep(1000);         // 待つ
        }

        static void Main(string[] args)
        {
            Thread thread = new Thread(new ThreadStart(threadSub));

            thread.Start();            // スレッドを開始する

            Console.WriteLine("メインスレッド.");
        }
    }
}
```

まず、Mainメソッドに制御が渡り、直ちにスレッドの生成が行われます。コンストラクタにThreadStartデリゲートを指定します。スレッドが作成されると、Threadクラスの新しいインスタンスは、ThreadStartデリゲートを唯一の引数とするコンストラクタを使用して作成されます。

スレッドは、Startメソッドが呼び出されるまで停止しています。Startメソッドが呼び出されると、ThreadStartデリゲートで参照されるメソッドの最初の行から、実行が開始されます。

> 慣れるまでは、この説明では分かりにくいかもしれません。とりあえずは、スレッド生成のために必要な呪文であると考えてしまってもかまいません。あるいは単純に、ThreadStartの引数にスレッド化したいメソッド名を指定し、これらをThreadコンストラクタの引数と憶えるのもよいでしょう。ThreadStartがデリゲートである意味は、本書を読み進めるうちに理解できるようになります。

このプログラムでは、Startメソッドの呼び出しによってthreadSubが動作を開始します。

起動されたワーカスレッドは、まずConsole.WriteLineでメッセージを表示してから、Sleepメソッドで1秒間停止します。

このため、ワーカスレッドのメッセージが先に表示されてから、メインスレッドのメッセージが表示される場合が多くなります。Sleepメソッドの性質から、必ず同じ結果になるとはかぎらないという点に注意してください。スレッド間の同期処理については第7章で解説します。

　Sleepメソッドは静的メソッドなので、Threadオブジェクトのインスタンスから呼び出すことはできません。つまり、自分自身以外を一時停止することはできません。したがって、スレッド間の同期やスケジュール調整に使用することはできません。Thread.Sleepメソッドは、CurrentThreadメソッドを呼び出し、そのスレッドを一時停止させます。

このプログラムでは、using文でSystem.Threading名前空間を指定していないので、System.Threadingの省略はできません。using文でSystem.Threading名前空間を指定した例は後述します。

　.NET Frameworkのすべてのpublic staticなメソッド、プロパティ、フィールド、およびイベントは、マルチスレッド環境における同時アクセスをサポートします。このため、.NET Frameworkのすべての静的メンバは2つのスレッドから同時に呼び出すことができます。競合状態、デッドロック、またはクラッシュが発生することはありません。

　.NET Frameworkのすべてのクラスと構造体については、リファレンスドキュメントでスレッドセーフに関するセクションを調べ、スレッドセーフであるかを確認してください。スレッドセーフでないクラスをマルチスレッド環境で使用する場合、必要な同期構造を実現するコードでそのクラスのインスタンスをラップする必要があります。

　コントコールは一般的にスレッドセーフでないため、フォームを生成したスレッド以外からのアクセスには注意が必要です。これについては後述します。

このプログラムの動作シーケンスを、図3.4に示します。プログラムからは、どちらのメッセージが先に出力されるかは分かりません。また、プログラム終了に向かうときに、ワーカスレッドが生き残っている場合もあります。このプログラムは非常に単純で、同期などはまったく行いません。

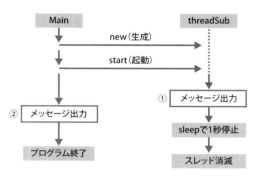

図3.4●動作シーケンス概要

staticメソッドからは、staticでないメソッドを参照できません。Mainメソッドがstaticメソッドなので、ワーカスレッド（threadSub）もstaticメソッドです。

■実行

本節のプログラムは、コマンドプロンプト上で実行します。

```
メインスレッド.
ワーカスレッド開始.
```

この例ではワーカスレッドのメッセージが先に表示されています。すでに述べましたが、この順番が保証されているわけではありません。CPUの負荷などにより、メインスレッドのメッセージが先に表示される場合もあります。

3-3 Taskで記述

前述のThreadクラスを使用して並列プログラムを開発する方法は、初期の頃から使われている方法です。カプセル化を進めたい場合、Threadクラスを使用するのも悪くありません。ただし、複雑な並列プログラムを開発しようとすると、いろいろ面倒も発生します。

Threadクラスを利用する方が有効な場合もありますが、現在では後述するタスク並列ライブラリ（Task Parallel Library、TPL）を使用することを推奨します。ここでは、直前のプログラムをTPLで書き直したプログラムを紹介します。このような単純なプログラムでは、Threadクラスを使用した場合と、TPLを使用した場合の違いは、ほとんどありませんがTPLを使用する方が簡単に記述できるのが分かるでしょう。ThreadクラスとTPLを対比するのに良いサンプルです。

リスト3.2● ch03¥01simple02TaskMethod¥simple¥Program.cs

```csharp
using System;
using System.Threading;
using System.Threading.Tasks;

namespace simple
{
    class Program
    {
        private static void threadSub()
        {
            Console.WriteLine("ワーカスレッド開始.");
            Thread.Sleep(1000);          // 待つ
        }

        static void Main(string[] args)
        {
            Task task = new Task(new Action(threadSub));

            task.Start();

            Console.WriteLine("メインスレッド.");
        }
    }
}
```

　このプログラムでは、using 文で System.Threading 名前空間を指定したので、System.Threading を省略できます。また、Task クラスを使用するため、System.Threading.Tasks 名前空間も指定します。ほとんど先のプログラムと同様ですが、スレッドを Thread クラスで生成せず TPL で生成します。

```
Task task = new Task(new Action(threadSub));
```

　Task の引数にはデリゲートを与えますが、次のように省略して記述することも可能です。

```
Task task = new Task(threadSub);
```

　先の例と同様に、同期処理などは行っていませんので、メッセージの順序は不定です。かつ、メインスレッドがワーカスレッドの出力前に終了すると、ワーカスレッドのメッセージは表示されない場合もあります。

■タスク並列ライブラリ概論

.NET Framework 4 でタスク並列ライブラリ（Task Parallel Library、TPL）が追加されました。これまでもタスクやスレッドに対応したクラスは存在しましたが、.NET Framework 4 以降では、マルチスレッドや並列処理プログラムの開発では TPL の利用を推奨します。

TPL は、.NET Framework 4 の System.Threading 名前空間および System.Threading.Tasks 名前空間におけるパブリック型と API のセットです。TPL は、並列処理プログラムをより容易に、かつ柔軟に記述できるように用意され、プログラマの生産性とプログラムの性能、スケーラビリティを向上させます。TPL は、並列化すべきかどうかの判断および並列化数を自動で決定し、プロセッサの処理能力を有効に活用します。プログラマは決められた作法にのっとって TPL を利用することで、最適なプログラムを開発することができます。

TPL によって、タスク並列では記述や起動負荷を軽減し、データ並列ではスケーラビリティや粒度の小さな並列化へ容易に対応できます。

3-4 暗黙的な起動

これまでのプログラムは、スレッドを明示的に起動しています。ここでは暗黙的に起動する例を紹介します。

リスト3.3●ch03¥01simple03TaskMethodRun¥simple¥Program.cs（一部）

```csharp
        :
        static void Main(string[] args)
        {
            Task.Run(new Action(threadSub));

            Console.WriteLine("メインスレッド.");
        }
        :
```

ほとんど先のプログラムと同様です。先のプログラムの

```
Task task = new Task(new Action(threadSub));

task.Start();
```

を

```
Task.Run(new Action(threadSub));
```

へ変更するのみです。このようにすると、Task.Run の部分で threadSub メソッドがスレッドとして起動されます。

3-5 ラムダ式で記述

現在の C# では、短い処理であればラムダ式で記述した方が簡素化されます。あるいはスレッド内からメソッドの変数にアクセスしたい場合、ラムダ式を用いれば各スレッドから、そのままアクセスできます。このようにメソッドを分離して記述する必要がなくなり、直接 Task の引数に処理を記述できます。先のプログラムをラムダ式で記述したサンプルを示します。

まずメソッドで記述したソースリストを示します。

リスト3.4●ch03¥01simple03TaskMethodRun¥simple¥Program.cs

```
using System;
using System.Threading;
using System.Threading.Tasks;

namespace simple
{
    class Program
    {
        private static void threadSub()
        {
            Console.WriteLine("ワーカスレッド開始.");
            Thread.Sleep(1000);         // 待つ
        }

        static void Main(string[] args)
        {
            Task.Run(new Action(threadSub));

            Console.WriteLine("メインスレッド.");
        }
    }
}
```

この threadSub メソッドを、引数とする例をラムダ式で書き換えてみましょう。

リスト3.5●ch03¥01simple04lambda¥simple¥Program.cs

```
using System;
using System.Threading;
using System.Threading.Tasks;

namespace simple
{
    class Program
    {
        static void Main(string[] args)
        {
            Task.Run(() => {
                Console.WriteLine("ワーカスレッド開始.");
                Thread.Sleep(1000);          // 待つ
            });
            Console.WriteLine("メインスレッド.");
        }
    }
}
```

　このようにラムダ式を使用すると、スレッドとして動作するメソッドを記述する必要はなく、直接Task.Runの引数として与えることが可能となります。最初、このような記述を見ると戸惑います。網掛した部分はTaskのRunメソッド呼び出しを行っており、処理が引数として直接記述されています。ラムダ式はデリゲートを指定する部分に記述できますので、メソッドを分離して記述する方法に比べコード量を低減できます。さらに、ラムダ式を用いるとメソッド内の変数をアクセスできるため、パラメータの引き渡しや返却値にメソッド内の変数を使用できます。これは後述するデータ並列などで大きな効果を発揮します。便利な機能ですが、カプセル化を阻害しますし、データアクセスの競合も引き起こしますので、必ずしもメリットだけではありません。よく理解せず使用すると、容易にデータ衝突によるバグを埋め込みます。

■ 匿名メソッド

　以前はラムダ式の部分を匿名メソッドで記述する場合もありましたが、ラムダ式を使えるようになったため、匿名メソッドを使用する機会は少ないと思います。念のため、ラムダ式を匿名メソッドで書き直したものも参考のために示します。

リスト3.6●ch03¥01simple05noname¥simple¥Program.cs（一部）

```
            ⋮
            Task.Run(
            delegate
```

```
            {
                Console.WriteLine("ワーカスレッド開始.");
                System.Threading.Thread.Sleep(1000);
            });
            ⋮
```

3-6 スレッドに値を渡す

　まず、Threadクラスを使用する例を紹介します。直接スレッドにデータを渡すことはできません。このような場合、共通のメンバ（フィールド）を同期しながら参照する方法もありますが、よりスマートな方法を本節で説明します。それは、スレッドを呼び出すメソッドと、スレッドとして実行するメソッドを同一クラス内のメソッドとせず、データを保持するオブジェクト（クラス）とスレッドメソッドを共存させた別クラスとする方法です。つまり、スレッドクラスをインスタンス化する際に、コンストラクタでデータを渡し、オブジェクト内のメソッドをスレッドとして起動します。データはコンストラクタを介してオブジェクト内のメンバに保存され、スレッドはそのメンバを参照します。プログラムのソースリストを次に示します。

リスト3.7●ch03¥02args01thread¥args¥Program.cs

```
using System;
using System.Threading;

namespace args
{
    // スレッドクラス
    public class threadClass
    {
        private string msg;

        // コンストラクタ
        public threadClass(string msg)
        {
            this.msg = msg;
        }

        public void wThread()
        {
            Console.WriteLine(this.msg);
```

```csharp
                Thread.Sleep(1000);         // 待つ
        }
    }

    class Program
    {
        static void Main(string[] args)
        {
            string msg = "ワーカスレッド開始.";

            // オブジェクトの作成
            threadClass ObjThread = new threadClass(msg);

            // スレッドを作成
            Thread thread = new Thread(new ThreadStart(ObjThread.wThread));

            thread.Start();            // スレッドを開始する

            Console.WriteLine("メインスレッド.");
        }
    }
}
```

　このプログラムはスレッドを、同一クラス内のメソッドとしてではなく、独立したクラスとして実装します。Main メソッドに制御が渡ると、最初にクラスのオブジェクトを生成します。このとき、クラスをオブジェクト化する際のコンストラクタに値を渡します。クラスのコンストラクタは、渡された引数を内部メンバに保存します。この後、クラスのオブジェクトに含まれるメソッドをスレッドとして生成します。スレッドは、コンストラクタで渡された値をメソッドから参照します。このような方法を採用すると、スレッドに値を渡すことができます。

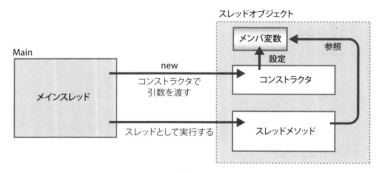

図3.5●オブジェクトの概要

■実行

実行例を示します。コマンドプロンプトで実行してください。

```
ワーカスレッド開始．
メインスレッド．
```

　この例では、ワーカスレッドのメッセージが先に表示されています。なお、このメッセージはワーカスレッドで作成したものではなく、メインスレッドがクラスのオブジェクトを生成するときに、コンストラクタ経由で渡したものです。その値をスレッド化されたメソッド内から参照します。

　実行時に表示されるメッセージの出力シーケンスは保証されません。CPUの負荷などにより、メインスレッドのメッセージがワーカスレッドのメッセージより先に表示される場合もあります。

3-7 スレッドに値を渡す（Taskで記述）

　先のプログラムをTPLで書き直してみましょう。TaskクラスのRunメソッドのデリゲートにラムダ式を与えると、自身のフィールドをラムダ式から参照できます。このため、ラムダ式へ特別な引数を渡さず、呼び出し側に含まれるフィールドを直接参照する方法を採用します。プログラムのソースリストを次に示します。

リスト3.8●ch03¥02args02lambda¥args¥Program.cs

```csharp
          :
        static void Main(string[] args)
        {
            string msg = "ワーカスレッド開始．";

            Task.Run(() => {
                Console.WriteLine(msg);
                Thread.Sleep(1000);         // 待つ
            });
            Console.WriteLine("メインスレッド．");
        }
          :
```

　さきのThreadクラスを使用するプログラムでは、msgフィールドをワーカスレッドから直

接参照できないため、ワーカスレッドが含まれるクラスのコンストラクタへ値を渡しました。その後、そのクラスのメソッドをスレッドとして起動します。TPLとラムダ式を使用すると、msgフィールドを直接参照できるため、メインスレッドと並行実行される部分から直接フィールドを参照できます。実行例は示しませんが、先のThreadクラスを用いたプログラムと同様に動作します。先のプログラムと本プログラムは厳密には異なります。先のプログラムでは、クラスをオブジェクト化したときに渡された値が評価されます。本プログラムでは、フィールドを参照したときに値が評価されます。つまり、本プログラムは、スレッドを起動したときの値と、スレッドがフィールドを参照したときの値が異なっている場合があります。

この現象を観察するために、msgの評価が呼び出し時ではなく参照時に行われることを分かりやすく示す例を紹介します。プログラムのソースリストを次に示します。

リスト3.9●ch03¥02args03lambda¥args¥Program.cs

```
    ︙
    static void Main(string[] args)
    {
        string msg = "ワーカスレッド.";

        Task.Run(() => {
            for (int i = 0; i < 10; i++)
            {
                Console.WriteLine("{0}", msg);
                Thread.Sleep(100);
            }
        });
        Thread.Sleep(300);
        msg = "変更.";
        Thread.Sleep(1000);

        Console.WriteLine("メインスレッド.");
    }
    ︙
```

ワーカスレッドは、Sleep(100)を使用し、100ミリ秒間隔でmsgの内容を表示します。メインスレッドは、ワーカスレッド起動後、300ミリ秒待ち、その後msgフィールドの内容を変更します。さらに1000ミリ秒待ち、メッセージを表示後終了します。文章で説明しても分かりにくいため、実行例を次に示します。コマンドプロンプトで実行してください。

```
ワーカスレッド.
ワーカスレッド.
ワーカスレッド.
```

```
変更.
変更.
変更.
変更.
変更.
変更.
変更.
メインスレッド.
```

　最初の10行はワーカスレッドが表示したものです。先頭の3行と、それ以降は表示内容が変わります。つまり、msgフィールドはメインスレッドとワーカスレッドの両方から参照されるため、メインスレッドがmsgフィールドを変更すると表示内容も変わってしまいます。

　msgの変更のタイミングはSleepメソッドを使用しているため、スレッド間で同期しません。このため上記の表示内容は保証されませんが、ほとんどの場合同じ結果になります。ここで示したかったことは、msgフィールドは両方のスレッドで共有されると言うことです。これは便利なときもあれば、逆にバグの原因となる場合もあります。

■ラムダ式に引数を渡す

　さて、ここまでの方法ではmsgフィールドはメインスレッドとワーカスレッドの両方から参照されます。このため、msgの内容を変更すると両方のスレッドが影響を受けます。最初のThreadを使用した方法では、渡されたmsgの値が他のスレッドで変更されても、ワーカスレッドはその影響を受けません。つまり、先のThreadクラスを用いたプログラムと、ここで紹介したTaskクラスを用いたプログラムは、厳密には等価ではありません。そこで、今度はラムダ式に引数を与え、厳密にThreadクラスを用いたプログラムと等価な例を紹介します。紹介する例はラムダ式にString型の引数を与えます。

リスト3.10●ch03¥02args04lambda¥args¥Program.cs

```
using System;
using System.Threading;
using System.Threading.Tasks;

namespace simple
{
    class Program
    {
        static void Main(string[] args)
        {
            string msg = "ワーカスレッド開始.";
```

```csharp
            Task t = new Task((word) =>
            {
                Console.WriteLine("{0}", word);
            }, msg);

            t.Start();

            Console.WriteLine("メインスレッド.");
        }
    }
}
```

　この例は、記述方法が Thread クラスと Task クラスの違いだけで、プログラムとしては最初の例と同じです。実行例は示しません、最初の Thread クラスを用いたプログラムと同様に動作します。

　msg の評価が実行時点ではなく呼び出し時であることを示す例を紹介します。プログラムのソースリストを次に示します。

リスト3.11●ch03¥02args05lambda¥args¥Program.cs

```csharp
        ⋮
        static void Main(string[] args)
        {
            string msg = "ワーカスレッド.";

            Task t = new Task((word) =>
            {
                for (int i = 0; i < 10; i++)
                {
                    Console.WriteLine("{0}", word);
                    Thread.Sleep(100);
                }
            }, msg);

            t.Start();
            Thread.Sleep(300);
            msg = "変更.";
            Thread.Sleep(1000);

            Console.WriteLine("メインスレッド.");
        }
        ⋮
```

先の例と同様に、ワーカスレッドは Sleep(100) を使用し、100 ミリ秒間隔で msg の内容を表示します。メインスレッドは、ワーカスレッド起動後、300 ミリ秒待ち、その後 msg フィールドの内容を変更します。さらに 1000 ミリ秒待ち、メッセージを表示後終了します。文章で説明しても分かりにくいため、実行例を次に示します。コマンドプロンプトで実行してください。

```
ワーカスレッド.
ワーカスレッド.
ワーカスレッド.
ワーカスレッド.
ワーカスレッド.
ワーカスレッド.
ワーカスレッド.
ワーカスレッド.
ワーカスレッド.
メインスレッド.
```

この例では、ワーカスレッド生成時に msg フィールドは評価されます。このため、スレッド生成後に msg フィールドを変更しても、ワーカスレッドが保持しているフィールドに影響はありません。実行結果を以前のものと比較すると動作の理解が容易でしょう。

3-8 スレッドから情報を受け取る

本節では、スレッドからデータを受け取る方法について説明します。従来は Thread クラスを使用しなければならず、ワーカスレッドへ引数を渡したり返却値を貰うのは面倒でしたが、新しくサポートされた TPL を使用すると非常に簡単に記述できます。スレッドから結果を受け取るプログラムを次に示します。

リスト3.12●ch03¥03return01Task¥simple¥Program.cs

```csharp
using System;
using System.Threading;
using System.Threading.Tasks;

namespace simple
{
    class Program
    {
```

```csharp
        static void Main(string[] args)
        {
            int wait=1000;

            Task<int> task = Task.Run(new Func<int>(() =>
            {
                Console.WriteLine("ワーカスレッド開始.");
                Thread.Sleep(wait);
                return wait + 10;
            }));

            Console.WriteLine("メインスレッド.");

            Console.WriteLine("完了コード={0}.", task.Result);
        }
    }
}
```

　Task<int> は、返却値を返します。int を指定していますので、返却値は int 型です。返却値は「タスク名」.Result（この例では task.Result）へ格納されます。この例では、Console.WriteLine で task.Result を表示しますが、この task.Result 読み込みはスレッドの終了までブロックされます。ですので、必ずワーカスレッドが終了してから、ワーカスレッドが返した値を表示後、メインスレッドが終了します。ワーカスレッドと同期したい場合、スレッドの返却値を必要な時点で参照すると、自動で同期処理が行われますので、void で構わなくても返却値を持った Task とするのも良い方法です。

　実行結果を次に示します。コマンドプロンプトで実行してください。

```
ワーカスレッド開始.
メインスレッド.
完了コード=1010.
```

　この例ではワーカスレッドのメッセージが先に表示されていますが、CPU の負荷などにより、メインスレッドのメッセージが先に表示される場合もあります。つまり、先頭 2 行の順序に規則性はありません。完了コードの表示は、ワーカスレッドを待ちますので、必ず最後に表示されます。

■Thread クラスで記述

　リスト 3.12 と同じ内容のプログラムを従来の Thread クラスで開発してみましょう。スレッドからデータを取得するには、コールバックメソッドを使用します。スレッドメソッドを、呼び出

し側と同一クラスで実装せず、独立したクラスのメソッドとして実装します。このプログラムでは、スレッドクラス（オブジェクト）のコンストラクタで、通知メソッドを表すデリゲートを受け取ります。

スレッドメソッドの最後で通知デリゲートを呼び出し、メインスレッドへ通知します。デリゲートを呼び出すときに null かどうかチェックした方がよいのですが、このメソッドでは例外を捕捉しているため null チェックは省略します。デリゲートの生成はメインスレッドで行います。プログラムのソースリストを次に示します。

リスト3.13● ch03¥03return02Thread¥simple¥Program.cs

```
using System;
using System.Threading;

namespace simple
{
    // スレッドクラス
    public class threadClass
    {
        private int wait;
        private Action<int> callback;


        // コンストラクタ
        public threadClass(int wait, Action<int> callbackProcDelegate)
        {
            this.wait = wait;
            callback = callbackProcDelegate;
        }

        public void wThread()
        {
            try
            {
                Console.WriteLine("ワーカスレッド開始.");
                Thread.Sleep(this.wait);        // 待つ

                callback(wait + 10);    // nullチェックは省略
            }
            catch (ThreadAbortException)
            {
                Console.WriteLine("スレッドが停止した", "メッセージ");
            }
        }
    }
```

```csharp
    // メインスレッド
    class Program
    {
        static void Main(string[] args)
        {
            // オブジェクトの作成
            threadClass ObjThread = new threadClass(1000,
                                        ↳ new Action<int>(completeCode));

            // スレッドを作成
            Thread thread = new Thread(new ThreadStart(ObjThread.wThread));

            // スレッドを開始する
            thread.Start();

            Console.WriteLine("メインスレッド.");
        }

        // コールバックメソッド
        public static void completeCode(int completeCode)
        {
            Console.WriteLine("完了コード={0}.", completeCode);
        }
    }
```

　Mainメソッドではまず、スレッドオブジェクトの生成を行います。このとき、スレッドオブジェクトのコンストラクタにデータとデリゲートを渡します。スレッドオブジェクトのコンストラクタは、渡された情報を内部メンバに保存します。この値をスレッドメソッドから参照するとともに、デリゲートを使用してスレッドの処理結果をメインスレッドに通知します。このような方法を採用すると、メインスレッドからワーカスレッドへ、そして逆方向のワーカスレッドからメインスレッドへ情報を渡すことができます。

　メインスレッドとワーカスレッド間のデータの受け渡しにクラスの内部メンバを使用すると、スレッド間の同期が必要になります。本節のようなシンプルなプログラムでは簡単に実装できますが、多数のスレッドを生成するようなプログラムでは、同期処理が複雑になって処理がブロックされやすくなり、性能低下を招きます。

　図3.6に、このプログラムの動作シーケンスを示します。プログラムからは、どちらのメッセージが先に出力されるかは分かりません。また、プログラム終了時にワーカスレッドが生き残っている場合もあります。このプログラムは非常に単純で、同期などは何も行っていません。

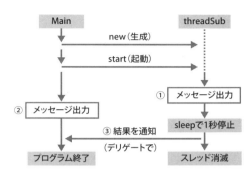

図3.6●動作シーケンス概要

オブジェクト間の概念図を次に示します。

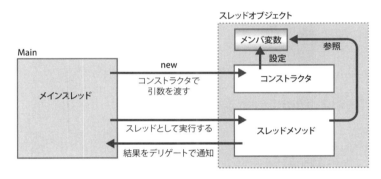

図3.7●オブジェクト間の概念図

■実行

実行例を示します。コマンドプロンプトで実行してください。

```
メインスレッド.
ワーカスレッド開始.
完了コード=1010.
```

　この例ではメインスレッドのメッセージが先に表示されています。先のプログラムと同様に、先頭2行のメッセージの順序は不定です。CPUの負荷などにより、ワーカスレッドのメッセージが先に表示される場合もあります。また場合によっては、メインスレッドのメッセージよりもワーカスレッドの完了コードが先に通知されることもあります。これは、スレッド間の同期処理をまったく行っていないためです。同期については第7章で解説します。

　なお、当然ですが、単一のスレッド内のシーケンスは一定なので、ワーカスレッドのメッセージシーケンスは守られます。

3-9 タスク配列

本節では、タスク配列と、タスク配列が返す値を参照するプログラムを紹介します。

■ 単純なタスク配列

最も単純と思われるタスク配列のプログラムを紹介します。ここで紹介するタスク配列は値を返しません。リスト3.14にソースリストを示します。

リスト3.14 ●ch03¥04arrayTask¥simple¥Program.cs

```
using System;
using System.Threading.Tasks;

namespace pgm
{
    class Program
    {
        static void Main(string[] args)
        {
            Task[] arrayTask = new Task[]
            {
                Task.Factory.StartNew(() =>
                {
                    Console.WriteLine("task-0.");
                }),
                Task.Factory.StartNew(() =>
                {
                    Console.WriteLine("task-1.");
                }),
                Task.Factory.StartNew(() =>
                {
                    Console.WriteLine("task-2.");
                })
            };

            Task.WaitAll(arrayTask);
        }
    }
}
```

異なる処理をタスク配列で記述します。各タスクで異なる処理を行います。Taskは返却値を持ちませんので、明示的に全タスクの終了を待機します。当然ですが、それぞれのタスクは並列に

動作し、かつ同期しませんので実行順は不定です。実行例を次に示します。

```
task-1.
task-0.
task-2.
```

■ タスク配列と返却値参照

返却値を持つタスク配列のプログラムを紹介します。リスト 3.15 にソースリストを示します。

リスト3.15 ● ch03¥05arrayTaskReturn¥simple¥Program.cs

```csharp
using System;
using System.Threading.Tasks;

namespace pgm
{
    class Program
    {
        static void Main(string[] args)
        {
            Task<float>[] arrayTask = new Task<float>[]
            {
                Task<float>.Factory.StartNew(() =>
                {
                    return 1.0f;
                }),
                Task<float>.Factory.StartNew(() =>
                {
                    return 2.0f;
                }),
                Task<float>.Factory.StartNew(() =>
                {
                    return 3.0f;
                })
            };

            for (int i = 0; i < arrayTask.Length; i++)
                Console.WriteLine("results[{0}]={1}.", i, arrayTask[i].Result);
        }
    }
}
```

これは、タスクの返却値を参照する例です。タスクは Task<float> の配列ですので、各タス

クは処理完了後floatの値を返します。それぞれのタスクは非同期に動作し、完了順も不定です。直前のプログラムでは、タスクの終了を待たずにメインスレッドが完了することがあるため、全タスクの終了をTask.WaitAllメソッドで監視しました。しかし、このプログラムでは、メインスレッドで各タスクの返却値を参照するため、その値が有効になるまでメインスレッドの制御がブロックされます。したがって、タスク配列の処理結果を必ず得ることができます。実行例を次に示します。

```
results[0]=1.
results[1]=2.
results[2]=3.
```

処理の実行順は不定ですが、表示部分は逐次処理で行っているので、プログラムの出力は必ず上に示した順番どおりです。表示する値が確定する前に表示部に制御が移ったときは、そのスレッド（タスク）が完了するまでメインスレッドの実行はブロックされます。

このような単純なプログラムは、以下のように省略して記述できます。

リスト3.16●ch03¥05arrayTaskReturnSimple¥simple¥Program.cs

```csharp
using System;
using System.Threading.Tasks;

namespace pgm
{
    class Program
    {
        static void Main(string[] args)
        {
            Task<float>[] arrayTask = new Task<float>[]
            {
                Task<float>.Factory.StartNew(() => 1.0f),
                Task<float>.Factory.StartNew(() => 2.0f),
                Task<float>.Factory.StartNew(() => 3.0f)
            };

            for (int i = 0; i < arrayTask.Length; i++)
                Console.WriteLine("results[{0}]={1}.", i, arrayTask[i].Result);
        }
    }
}
```

■全タスクの処理が同じ

タスク配列とするが、すべてのタスクが同じ処理を行う場合のプログラムを紹介します。リスト3.17に、ソースリストを示します。

リスト3.17●ch03¥06arrayTaskReturn2¥simple¥Program.cs

```csharp
using System;
using System.Threading;
using System.Threading.Tasks;

namespace pgm
{
    class Program
    {
        static void Main(string[] args)
        {
            int total = 0;
            Task<int>[] arrayTask = new Task<int>[10];

            for (int i = 0; i < arrayTask.Length; i++)
            {
                arrayTask[i] = Task.Run(() =>
                {
                    int result = Interlocked.Increment(ref total);
                    Console.WriteLine("total = {0}.", result);
                    return result;
                });
            }

            for (int i = 0; i < arrayTask.Length; i++)
                Console.WriteLine("arrayTask[{0}]={1}.", i, arrayTask[i].Result);

            Console.WriteLine("total = {0}.", total);
        }
    }
}
```

このタスクはTask<int>で、配列です。Task<int>ですので、タスクは処理完了後intの値を返します。それぞれのタスクは同じ処理を行います。このような方法は、負荷を分散したいときに使用すると良いでしょう。このプログラムは、変数totalをスレッドでインクリメントします。先の例と同様、非同期に動作し、完了順も不定です。各スレッドが共通変数totalへアクセスするため、変数のインクリメントはInterlocked.Incrementを使用しアクセス競合を避けます。実行例を次に示します。

```
total = 1.
total = 5.
total = 3.
total = 2.
total = 4.
total = 7.
total = 10.
arrayTask[0]=4.
arrayTask[1]=1.
arrayTask[2]=3.
arrayTask[3]=2.
arrayTask[4]=5.
total = 8.
total = 6.
arrayTask[5]=6.
arrayTask[6]=7.
arrayTask[7]=8.
total = 9.
arrayTask[8]=9.
arrayTask[9]=10.
total = 10.
```

表示の順序は毎回異なります。ただし、「total = 10.」の表示は必ず最後になり、かつ値は必ず 10 となります。

3-10 タスク継続

　非同期プログラミングでは、タスク間やスレッド間の同期が必須です。非同期プログラミングで処理順に規則性が必要な場合、これまでは同期機構やコールバックを用いるのが一般的でした。しかし .NET Framework 4.0 のタスク並列ライブラリ（TPL）では、継続タスクで同じ機能を提供しています。継続タスク（単に継続ともいいます）とは、前のタスクが完了したときに、他のタスク（継続元と呼ばれます）によって呼び出されるタスクのことです。

　TaskContinueWith メソッドを使用すると、タスクの処理順を指定できます。このメソッドを使用すると、継続元タスクが完了したときに開始されるタスクを指定できます。継続タスクは、継続元タスクの状態を調べることができます。継続元タスクの出力を継続タスクの入力として使用できるように、Result プロパティで継続元タスクから継続タスクに情報を渡すことができます。TaskContinueWith メソッドでは、最初に動作するタスクと、そのタスクが完了時に開始するタスクを指定します。なお、6-7 節「非同期メソッド」で解説する async 修飾子と await 演算子を

用いると、本節で紹介する継続タスクは不要になる場合もあります。そちらも学習し、適切な方法を選んでください。

■ 単純なタスク継続

単純なタスク継続の例をリスト3.18に示します。

リスト3.18●ch03¥07taskContinueWith¥simple¥Program.cs

```csharp
using System;
using System.Threading.Tasks;

namespace pgm
{
    class Program
    {
        static void Main(string[] args)
        {
            // antecedentタスクです、Task.Factory.StartNewで生成しても同じです。
            Task<int> task = new Task<int>(() =>
            {
                return 1 + 1;
            });

            // continuationタスクです。taskのContinueWithで値をもらう。
            Task<string> continuation = task.ContinueWith((antecedent) =>
            {
                return String.Format("1 + 1 = {0}.",
                                    antecedent.Result);
            });

            // antecedentタスクを開始
            task.Start();

            // contuationタスクの結果を使う
            Console.WriteLine(continuation.Result);
        }
    }
}
```

この例では、最初のタスク完了を待ってcontinuationタスクが起動されます。このようにタスクの動作順に規則がある場合、TaskContinueWithメソッドを使用すると同期処理やコールバックを使用する必要がありません。実行例を次に示します。

```
1 + 1 = 2.
```

　この例では、taskオブジェクトのStartメソッドでtaskタスクが起動されます。このタスクが完了するとcontinuationタスクが起動されます。continuationタスクはtaskタスクが完了しないと起動しません。taskタスクをStartメソッドで起動せず、Task.Factory.StartNewで生成・起動してもかまいません。その方法によるプログラム（のMain部）をリスト3.19に示します。

リスト3.19●ch03¥08taskContinueWith2¥simple¥Program.cs

```csharp
using System;
using System.Threading.Tasks;

namespace pgm
{
    class Program
    {
        static void Main(string[] args)
        {
            //タスク生成・起動
            Task<int> task = Task.Factory.StartNew(() =>
            {
                return 1 + 1;
            });

            Task<string> continuation = task.ContinueWith((antecedent) =>
            {
                return String.Format("1 + 1 = {0}.",
                                    antecedent.Result);
            });

            Console.WriteLine(continuation.Result);
        }
    }
}
```

　このプログラムはtaskタスクの起動タイミングが異なりますが、リスト3.18のプログラムと基本的に等価です。実行結果も変わりません。タスクの起動順を図3.8に示します。

図3.8●タスク起動の関係

■ 複数のタスクの継続

タスクの配列のすべてが完了したときに実行する、複数のタスク継続を作成することもできます。プログラム例をリスト3.20に示します。

リスト3.20●ch03¥09multiTaskContinuation¥simple¥Program.cs

```csharp
using System;
using System.Threading.Tasks;

namespace pgm
{
    class Program
    {
        static void Main(string[] args)
        {
            Task<int>[] tasks = new Task<int>[3];

            tasks[0] = new Task<int>(() =>
            {
                return 1 + 2;
            });
            tasks[1] = new Task<int>(() =>
            {
                return 1 + 3;
            });
            tasks[2] = new Task<int>(() =>
            {
                return 1 + 4;
            });

            Task continuation = Task.Factory.ContinueWhenAll(
                              tasks, ante =>
                              {
                                  int ans = tasks[0].Result
                                          + tasks[1].Result
                                              + tasks[2].Result;
```

```
                                    Console.WriteLine("結果は {0} です.", ans);

                            });
            for (int i = 0; i < tasks.Length; i++)
                tasks[i].Start();

            continuation.Wait();
        }
    }
}
```

ContinueWhenAll メソッドを使用すると、tasks 配列のすべてのタスクが完了したときに continuation タスクが起動されます。実行例を次に示します。

結果は 12です．

task[0]、task[1]、task[2] はそれぞれ 3、4、5 を返します。これをすべて加算しますので、結果は 12 になります。このように、ContinueWhenAll メソッドを使用すると、すべての継続元タスクが完了したときに開始されるタスクを指定できます。タスクの起動順を図 3.9 に示します。

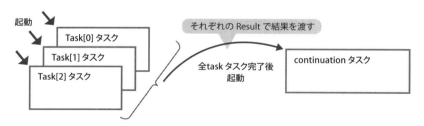

図3.9●タスク起動の関係

ContinueWhenAny メソッドを使用すると、いずれかの継続元タスクが完了したときに開始されるタスクを指定できます。こちらの例は省略します。ContinueWhenAll メソッドを使用したプログラムを少し修正するだけでサンプルプログラムを作ることができるでしょう。

3-11 入れ子タスクと子タスク

本節では、**入れ子タスク**（ネストされたタスク）と、子タスクのプログラムを紹介します。入れ子タスクとは、別のタスクからデリゲートによって生成されたタスクを指します。**子タスク**とは、AttachedToParent オプションで生成され、入れ子になったタスクを指します。タスクは、任意の数の子タスク、あるいはネストされたタスクを生成できます。生成可能なタスクの数は、システムリソースによってのみ制限を受けます。

入れ子タスクと子タスクの違い

ネストされたタスク（入れ子タスク）は、別のタスクからデリゲートによって生成されたタスクのことで、子タスクは、AttachedToParent オプションで生成されて入れ子になったタスクのことです。

子タスクと入れ子のタスクに関して重要なことは、入れ子のタスクは親タスクまたは外側のタスクからは独立しており、それに対して、子タスクは親タスクと緊密に同期していることです。つまり、両方とも入れ子を形成しますが、子タスクは AttachedToParent オプションの指定によって、親（外側）タスクとネストされたタスクの同期処理が異なります。

■入れ子タスク

まず、入れ子タスクの例を紹介します。入れ子タスクは AttachedToParent オプションを指定しないため、親タスク（生成・起動元タスク）に対し子タスクとはならず、親タスクとは非同期に動作します。このようなタスクを**デタッチされたタスク**と表現する場合もあります。リスト3.21に示すのは、親タスクが単純にネストされたタスクを生成する例です。擬似的に重い処理(待ち)を挿入し、動作が分かるようにしました。実行中のタスクから、AttachedToParent オプションを指定しないタスクを新規に生成します。この生成されたタスクは外部のタスクと同期しません。このようなタスクを**入れ子タスク**、あるいは**デタッチされたネストタスク**と呼びます。

リスト3.21●ch03¥10detachedNestedTasks¥simple¥Program.cs

```
using System;
using System.Threading;
using System.Threading.Tasks;

namespace pgm
```

```
{
    class Program
    {
        static void Main(string[] args)
        {
            // 外側のタスク生成
            var outer = Task.Factory.StartNew(() =>
            {
                Console.WriteLine("外側のタスク走行中.");

                var nested = Task.Factory.StartNew(() =>
                {
                    Console.WriteLine("  内側のタスク走行中.");
                    Thread.SpinWait(5000000);
                    Console.WriteLine("  内側のタスク完了間近.");
                });

                Thread.SpinWait(1000000);
                Console.WriteLine("外側のタスク完了間近.");
            });

            outer.Wait();
            Console.WriteLine("外側のタスク完了.");
        }
    }
}
```

ネストされたタスクと親タスクは非同期に動作します。つまり、入れ子タスクと親タスクはそれぞれ独立して動作するため、親タスクが終了したときに入れ子タスクが終了する保証はありません。2つの実行例を次に示します。

実行例1

```
外側のタスク走行中.
  内側のタスク走行中.
外側のタスク完了間近.
外側のタスク完了.
```

この例では、ネストされたタスクが走行中である旨のメッセージは表示されますが、終了メッセージは表示されません。つまり、入れ子タスクは終了していないのに、親タスクが先に終了しています。

実行例 2

```
外側のタスク走行中.
外側のタスク完了間近.
    内側のタスク走行中.
外側のタスク完了.
```

同様に、ネストされたタスクが走行中である旨のメッセージは表示されますが、終了メッセージは表示されません。ただし、先の例と違い、親タスクとネストされたタスクのメッセージ順序が異なります。これは、入れ子タスクと親タスクが非同期で動作するためです。

■子タスク

AttachedToParent オプションを指定した子タスクの例を、リスト 3.22 に示します。親タスクにアタッチされた子タスクは、親タスクと緊密に同期します。

リスト3.22●ch03¥11attachedChildtask¥simple¥Program.cs

```csharp
using System;
using System.Threading;
using System.Threading.Tasks;

namespace pgm
{
    class Program
    {
        static void Main(string[] args)
        {
            Task parent = Task.Factory.StartNew(() =>
            {
                Console.WriteLine("親タスク開始.");

                Task child = Task.Factory.StartNew(() =>
                {
                    Console.WriteLine(" 子タスク開始.");
                    for (int i = 0; i < 1000; i++)
                        Thread.SpinWait(200);
                    Console.WriteLine(" 子タスク終了.");
                },
                TaskCreationOptions.AttachedToParent);
            });

            parent.Wait();
            Console.WriteLine("親タスク終了.");
```

```
            }
        }
}
```

子タスクは親タスクと同期します。実行例を次に示します。

```
親タスク開始.
子タスク開始.
子タスク終了.
親タスク終了.
```

すべてのメッセージが順序よく表示されます。このプログラムを実行すると、必ずこの順序でメッセージが表示されます。ネストされた子タスクは、親タスクにアタッチされているため、子タスクが起動されると、親タスクは子タスクの終了を待ちます。したがって、子タスクのメッセージは親タスクのメッセージに必ずネストされます。

4

デリゲートとラムダ式

　これまでデリゲートやラムダ式が何回も出現しましたが、これらについて細かい説明を行っていません。本章でデリゲートやラムダ式を整理して説明します。C# のプログラミングにおいて、デリゲート、ならびにデリゲートの記述を簡易にしたラムダ式の理解は重要です。そこで、デリゲートとラムダ式について、あらためて整理して解説します。

4-1　デリゲート

　デリゲートは、C# の新しいオブジェクト型と考えることができます。デリゲートを使用すると、メソッドを直接呼び出すのではなく、デリゲート経由で呼び出すことができます。デリゲートは、異なるメソッドを呼び出すことができるため、同じコードで異なるメソッドを呼び出すことができます。

■デリゲートとは

　まず、最も単純なデリゲートの例を紹介します。次に示すプログラムでは、printNumber メソッドを直接呼び出し、続けてデリゲート経由で呼び出します。機能的に何の意味もありませんが、デリゲートの使用法に理解できるでしょう。

4 デリゲートとラムダ式

リスト4.1● ch04¥01delegate¥01basicDelegate¥simple¥Program.cs

```csharp
using System;

namespace simple
{
    class Program
    {
        //メソッド
        public static void printNumber(int number)
        {
            Console.WriteLine("number = {0}", number);
        }

        //デリゲート定義
        public delegate void actionSample(int num);

        // main
        static void Main(string[] args)
        {
            actionSample deleSample = printNumber;     //デリゲート生成

            deleSample(10);      //デリゲート呼び出し
            printNumber(20);     //メソッド呼び出し
        }
    }
}
```

printNumberメソッドは、int型引数の値を表示するメソッドです。一般的なメソッドは、このように引数を持つ場合が少なくありません。デリゲートは、引数にメソッドを与えてオブジェクト化したものです。クラスの場合は、オブジェクト化したものをインスタンス、あるいはオブジェクトと呼び、クラス（定義）とオブジェクト（実体）を区別できますが、デリゲートは宣言も実体もデリゲートと呼ぶため、どちらを指しているのかは文脈から判断しなければなりません。クラスを使用する準備として、まずクラスを定義し、さらにオブジェクト化するように、デリゲートの使用においても次の3段階の処理を行う必要があります。

①メソッドの実装

デリゲートだけで何らかの処理を行うことはできません。まず、何かを実現するメソッドを実装します。

②デリゲートの宣言

デリゲートがどのようなメソッドを表すかを、コンパイラに知らせます。構文は実体のない

メソッド宣言で、delegateキーワードを付けるだけです。デリゲートと実際のメソッドは、同じ形式（シグネチャ）でなければなりません。

③デリゲートのオブジェクトの作成

リスト4.1で、deleSampleはデリゲートです。そして、deleSampleはprintNumberメソッドをオブジェクト化します。

デリゲートを使用するためには、デリゲート型を定義します。デリゲート型の定義はdelegateキーワードを用いて行います。構文を次に示します。

delegate 戻り値の型 デリゲート型名 (引数リスト);

このようにして定義したデリゲート型は、ユーザー定義の「型」として扱われ、自動的にSystem.Delegateクラスの派生クラスになります。デリゲートに格納されたメソッドは、デリゲートを介して呼び出すことができます。

プログラムのMainメソッドを参照してください。デリゲートのオブジェクトを作成後、deleSampleデリゲートとprintNumberメソッドを順に呼び出します。この例では、deleSampleデリゲート呼び出しはprintNumberメソッド呼び出しと等価です。

deleSampleデリゲートが表すメソッドは、実行時に入れ替えることができます。これが、デリゲートはC言語の関数ポインタと同等であるという説明の根拠です。ただし、このように表現したのは理解を助けるためであり、実際はC#のデリゲートとC言語の関数ポインタは別物です。

詳細については順次説明しますが、当面デリゲートは、関数ポインタ（特定の関数を指す変数）のようなもの思っておくとよいでしょう。プログラムの実行結果を次に示します。

```
number = 10
number = 20
```

このプログラムの動作の概要を図4.1に示します。

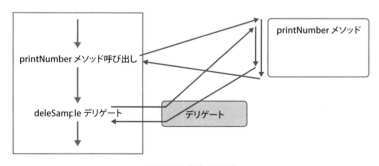

図4.1●動作の概要

これはあくまでも概念図です。デリゲートがメソッドのポインタのように動作することを示します。

■ 定義済みデリゲート

さて、デリゲートを使用するには、メソッドと同じシグネチャで毎回デリゲートを宣言しなければなりません。毎回デリゲートを宣言するのは面倒なため、.NET Framework は一般的に使用するデリゲートを最初から定義しています。これを、**定義済みデリゲート**と呼びます。リスト 4.1 のプログラムを、定義済みデリゲートで書き直してみましょう。リスト 4.2 に、定義済みデリゲートを使用したプログラムを示します。

リスト4.2●ch04¥01delegate¥02definedAction¥simple¥Program.cs

```
using System;

namespace simple
{
    class Program
    {
        //メソッド
        public static void printNumber(int number)
        {
            Console.WriteLine("number = {0}", number);
        }

        // main
        static void Main(string[] args)
        {
            Action<int> deleSample = printNumber;      //デリゲート生成

            deleSample(10);      //デリゲート呼び出し
            printNumber(20);     //メソッド呼び出し
        }
    }
}
```

このプログラムは、リスト 4.1 のプログラムと等価です。当然ですが、実行結果も同じです。リスト 4.1 のプログラムはデリゲートを自身で定義していましたが、このプログラムは、.NET Framework が定義している Action デリゲートを使用します。

.NET Framework があらかじめ定義している Action デリゲートの代表的なものを表 4.1 に示します。ここで紹介するプログラムは Action(T) デリゲートを使用します。Action デリゲートは値を返さないデリゲートです。

表4.1●定義済みのActionデリゲート

定義済デリゲート	説明
Action	引数も戻り値も持たないメソッドをカプセル化します。
Action<T>	単一の引数を受け取り、戻り値を持たないメソッドをカプセル化します。
Action<T1, T2>	2つの引数を受け取り、戻り値を持たないメソッドをカプセル化します。
Action<T1, T2, T3>	3つの引数を受け取り、戻り値を持たないメソッドをカプセル化します。
Action<T1, T2, T3, T4>	4つの引数を受け取り、戻り値を持たないメソッドをカプセル化します。

　リスト4.1のプログラムではデリゲートの定義も行いましたが、リスト4.2のプログラムでは定義済みのデリゲートを使用します。このため、プログラムが単純化されます。しかし、Actionデリゲートが定義済みのデリゲートであることを知らないと、プログラムコードを参照しても何をやっているのか分かりにくいでしょう。

　値を返すデリゲートが必要になる場合も少なくありません。これらも.NET Frameworkで定義されています。値を返すFuncデリゲートを表4.2に示します。

表4.2●定義済みのFuncデリゲート

定義済デリゲート	説明
Func<TResult>	引数を受け取らずに、TResult引数に指定された型の値を返すメソッドをカプセル化します。
Func<T, TResult>	1つの引数を受け取ってTResult引数に指定された型の値を返すメソッドをカプセル化します。
Func<T1, T2, TResult>	2つの引数を受け取ってTResult引数に指定された型の値を返すメソッドをカプセル化します。
Func<T1, T2, T3, TResult>	3つの引数を受け取ってTResult引数に指定された型の値を返すメソッドをカプセル化します。
Func<T1, T2, T3, T4, TResult>	4つの引数を受け取ってTResult引数に指定された型の値を返すメソッドをカプセル化します。

　値を返すデリゲートを使用したプログラム例をリスト4.3に示します。

リスト4.3●ch04¥01delegate¥03definedFunc¥simple¥Program.cs

```
using System;

namespace simple
{
    class Program
    {
        //メソッド
        public static int increment(int num)
        {
            return ++num;
```

```
            }

            // main
            static void Main(string[] args)
            {
                Func<int, int> deleSamp = increment;       //定義済みデリゲート
                int result = deleSamp(1);                  //デリゲート呼び出し

                Console.WriteLine("result={0}", result);
            }
        }
    }
```

increment メソッドを deleSamp デリゲート経由で呼び出します。この例のように、引数も返却値も同じデータ型の場合、返却値と引数の型が同じなので、どちらが引数で、どちらが返却値の型か特に注意する必要はありません。ところが、引数と返却値の型が異なる場合、どちらが引数でどちらが返却値か明確に理解しておく必要があります。返却値を持つ定義済みデリゲートは、返却値の型は必ず最後に指定すると憶えておくとよいでしょう。プログラムの実行結果を次に示します。

```
result=2
```

■デリゲートの実用例

これまでデリゲートの説明を読んで、何故デリゲートが必要か分かりにくいと思います。これまでの例はデリゲートの使い方の説明であって、デリゲートの必要性を説明していません。ここでは、引数にデリゲートを使用することによって、引数で受け取ったデリゲートを使用し、いろいろなメソッド呼び出す例を示します。もし、デリゲートが使えないと、このようなプログラムを開発するのは非常に困難でしょう。

リスト4.4●ch04¥01delegate¥04diffrentMethods¥simple¥Program.cs

```
using System;

namespace simple
{
    class Program
    {
        public static int increment(int num)
        {
            return ++num;
```

```csharp
        }

        public static int decrement(int num)
        {
            return --num;
        }

        public static int callMetod(int num, Func<int, int> deleSamp)
        {
            int result = deleSamp(num);
            Console.WriteLine("result={0}", result);
            return result;
        }

        static void Main(string[] args)
        {
            int num = 10;

            Func<int, int> inc = increment;
            Func<int, int> dec = decrement;

            callMetod(num, inc);
            callMetod(num, dec);
        }
    }
}
```

　Mainメソッドでデリゲートを2つ生成します。それぞれのデリゲートは、異なるメソッドをオブジェクト化したものです。このデリゲートを引数にしてcallMetodメソッドを呼び出します。callMetodメソッドは、渡されたデリゲートを使用してメソッドを呼び出します。つまり、callMetodメソッドは何らかの演算を行うメソッドですが、どのような演算を行うかは渡されたデリゲートによって決定されます。デリゲートは、引数にメソッドを与えてオブジェクト化したものですので、このようなことを実現できます。動作の概念図を次に示します。

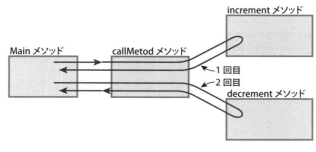

図4.2●動作の概念図

プログラムの実行結果を次に示します。

```
result=11
result=9
```

なお、デリゲートの生成は次のように記述します。

```
Func<int, int> inc = increment;
Func<int, int> dec = decrement;
```

これは次のように記述しても同じです。

```
Func<int, int> inc = new Func<int, int>(increment);
Func<int, int> dec = new Func<int, int>(decrement);
```

したがって、リスト 4.4 の Main メソッドは次のように記述しても構いません。今回は簡単な記述を選択します。

リスト4.5●リスト4.4のMainメソッドの書き直し例

```
static void Main(string[] args)
{
    int num = 10;

    callMetod(num, new Func<int, int>(increment));
    callMetod(num, new Func<int, int>(decrement));
}
```

■インスタンスのメソッド

これまでの例は、デリゲートの引数に static メソッドを与えてオブジェクト化しました。デリゲートは、インスタンスの識別まで行いますので、ここではクラスをインスタンス化し、そのメソッドを引数にしたデリゲートの生成例を紹介します。

リスト4.6●ch04¥01delegate¥05instanceMethods¥simple¥Program.cs

```
using System;

namespace simple
{
    class Incdec
    {
```

```
        private int i;

        public Incdec() this(0)
        {
        }

        public Incdec(int i)
        {
            this.i = i;
        }

        public int increment(int num)
        {
            return num+i;
        }

        public int decrement(int num)
        {
            return num-i;
        }
    }

    class Program
    {
        public static int callMetod(int num, Func<int, int> deleSamp)
        {
            int result = deleSamp(num);
            Console.WriteLine("result={0}", result);
            return result;
        }

        static void Main(string[] args)
        {
            int num = 10;
            Incdec id0 = new Incdec(1);
            Incdec id1 = new Incdec(-1);

            callMetod(num, new Func<int, int>(id0.increment));
            callMetod(num, new Func<int, int>(id1.decrement));
        }
    }
}
```

異なるインスタンスに含まれるスレッドをデリゲート化し、呼び出す例を示します。それぞれのデリゲートは、Incdec クラスをインスタンス化し、そのインスタンスのメソッドをオブジェク

ト化します。それぞれのデリゲートは、異なるインスタンスの異なるメソッドをオブジェクト化します。インスタンスが異なることが分かりやすいように、コンストラクタに引数を与えてインスタンスごとにフィールドの値を変更します。

まず、MainメソッドでIncdecのインスタンスid0を生成します。その際に、コンストラクタへ1を指定します。この値は、Incdecオブジェクトのフィールドiへ格納されます。次に、もう1つIncdecのインスタンスid1を生成します。今度は、コンストラクタへ-1を指定します。

次に、callMetodメソッドを呼び出します。その際に、先ほど生成したIncdecのインスタンスid0のincrementメソッドをオブジェクト化したデリゲート引数にします。次に、もう1回callMetodメソッドを呼び出しますが、今度はIncdecのインスタンスid1のdecrementメソッドをオブジェクト化したデリゲート引数にします。つまり、このcallMetodメソッド呼び出しの引数に使われたデリゲートは、異なるインスタンスの異なるメソッドをオブジェクト化したものです。

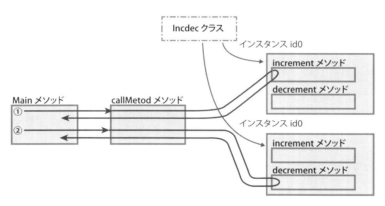

図4.3●動作の概念図

プログラムの実行結果を次に示します。コンストラクタに与える引数が異なるため、incrementメソッドとdecrementメソッドを呼び出しますが、結果は同じ値となります。これからデリゲートはインスタンスのメソッドをオブジェクト化していることを理解できるでしょう。

```
result=11
result=11
```

■マルチキャストデリゲート

今までの例は、1つのメソッドを1つのデリゲートを使用して呼び出していました。デリゲートは、複数のメソッドを1つのデリゲートから呼び出すことができます。これをマルチキャスト

デリゲートと呼びます。リスト 4.7 にプログラムを示します。

リスト4.7 ●ch04¥01delegate¥06multiDele¥multiDele¥Program.cs

```csharp
using System;

namespace multiDele
{
    class Program
    {
        // addメソッド
        private static void add(int op1, int op2)
        {
            int result = op1 + op2;
            Console.WriteLine("{0}+{1}={2}", op1, op2, result);
        }

        // subメソッド
        private static void sub(int op1, int op2)
        {
            int result = op1 - op2;
            Console.WriteLine("{0}-{1}={2}", op1, op2, result);
        }

        //メイン
        static void Main(string[] args)
        {
            Action<int, int> deleAddSub = add;
            deleAddSub += sub;

            // これ一回で1、add()の後にsub()も呼び出す
            deleAddSub(10, 5);
        }
    }
}
```

　デリゲートは、+= 演算子と + 演算子を認識します。つまり、1 つのデリゲートで複数のメソッドをラップすることが可能です。このプログラムでは、add メソッドと sub メソッドを deleAddSub デリゲートにラップします。
　deleAddSub デリゲートを呼び出せば、add メソッドと sub メソッドが順に呼び出されます。これをマルチキャストデリゲートと呼びます。このとき注意しなければならないのは、メソッドの形式が同じでなければならないのは当然として、返却値も持たない void 型とした方がよいことです。返却値を持ってもかまいませんが、受け取れる返却値は 1 つしかないため、すべての返

却値を受け取ることはできません。

このプログラムの実行例を示します。1回の呼び出しで加算と減算が行われているのが分かります。

```
10+5=15
10-5=5
```

4-2 ラムダ式

.NET Framework の並列処理などを理解するには、ラムダ式の理解が不可欠です。ラムダ式は、デリゲートや匿名メソッドを簡略化した記述方式と考えて良いでしょう。TPL などを使用するときに、直接メソッドの引数に処理を記述できます。また、ラムダ式を用いると呼び出し側のフィールド参照などを直接行うことができます。これは、データ並列などで強力な機能となります。

ラムダ式を一言で説明するなら、匿名メソッドを簡単に記述する構文と言えます。匿名メソッドを理解していればラムダ式を理解するのも難しくはありませんが、そうでない場合に突然ラムダ式が現れると面食らってしまいます。ここでは、簡単な例を示しながら順を追って説明します。

通常のプログラム

まず、デリゲートやラムダ式を用いない一般的なプログラムを示します。

リスト4.8●ch04¥11lambda¥01simple¥simple¥Program.cs

```csharp
using System;

namespace simple
{
    class Program
    {
        private static int add(int i)
        {
            return i + 2;
        }

        private static void printNumber(int i)
        {
```

```
            int r = add(i);
            Console.WriteLine("code = {0}", r);
        }

        static void Main(string[] args)
        {
            printNumber(10);
        }
    }
}
```

何の変哲もないプログラムです。Main メソッド→ printNumber メソッド→ add メソッドの順に呼び出すプログラムです。プログラムの実行結果を次に示します。

```
code = 12
```

■デリゲートで記述

先のプログラムを、定義済みデリゲートで記述してみましょう。

リスト4.9●ch04¥11lambda¥02delegate¥simple¥Program.cs

```
using System;

namespace simple
{
    class Program
    {
        private static int add(int i)
        {
            return i + 2;
        }

        private static void printNumber(int i, Func<int,int> dele)
        {
            int r = dele(i);
            Console.WriteLine("code = {0}", r);
        }

        static void Main(string[] args)
        {
            Func<int, int> deleAdd = add;
            printNumber(10, deleAdd);
        }
```

4 デリゲートとラムダ式

```
        }
}
```

　これまでに解説したとおり、デリゲート add を生成し、それを引数に printNumber メソッドを呼び出します。printNumber メソッドは add メソッドを呼び出さず、引数で受け取ったデリゲートを使ってメソッドを呼び出します。

■匿名メソッド

　先のプログラムを、匿名メソッドを使用して記述してみましょう。

リスト4.10●ch04¥11lambda¥03noname¥simple¥Program.cs

```
using System;

namespace simple
{
    class Program
    {
        private static void printNumber(int i, Func<int, int> dele)
        {
            int r = dele(i);
            Console.WriteLine("code = {0}", r);
        }

        static void Main(string[] args)
        {
            printNumber(10, delegate (int i) { return i + 2;});
        }
    }
}
```

　先のプログラムでは printNumber メソッドの引数にデリゲートを渡していますが、ここでは匿名メソッドを渡します。匿名メソッドを使用すると、呼び出されるメソッド定義が不要になります。

■ラムダ式(1)

前節で解説したプログラムを、ラムダ式で記述してみましょう。

リスト4.11●ch04¥11lambda¥04lambda¥simple¥Program.cs

```
using System;

namespace simple
{
    class Program
    {
        private static void printNumber(int i, Func<int, int> dele)
        {
            int r = dele(i);
            Console.WriteLine("code = {0}", r);
        }

        static void Main(string[] args)
        {
            printNumber(10, (int i) => { return i + 2; });
        }
    }
}
```

匿名メソッドではメソッド名が消えましたが、ラムダ式では delegate も消えます。つまり、ラムダ式は、匿名メソッドを次に示す方法で簡易に記述する方法と言って良いでしょう。

　　(引数) => 処理内容

この例では、処理内容が一行しかありませんが、処理内容が複数行に渡る場合、次に示すように波括弧で囲みます。

　　(引数) => { 処理内容 }

一言で示すと、「delegate」が「=>」に変わったといえるでしょう。

■ラムダ式(2)

先のプログラムをもう少し簡略化します。先の

```
printNumber(10, (int i) => { return i + 2; });
```

は、(int i) を (i) と記述できるので

```
printNumber(10, (i) => { return i + 2; });
```

と簡略化できます。また、引数が1つしか存在しないため、さらに次のように簡略化できます。

```
printNumber(10, i => i + 2);
```

　この例では、iを囲んでいた括弧さえなくなってしまいます。ラムダ式を知らない人がこのコードを参照したら面食らうでしょう。iは宣言さえなく突然現れています。ラムダ式は分かってしまえば簡単で、iは引数ですので当然宣言は必要ありません。しかし、当然ですが処理部でiを使用することは可能です。ラムダ式を知らない人がこのコードを見て戸惑うのは自然なことです。

　さて、順を追って最後の式が何を表すか示してみましょう。まず、定義済みデリゲートFuncを使った記述を示します。

```
private static int add(int i)
{
    return i + 2;
}
 :
    Func<int, int> deleAdd = add;
    printNumber(10, deleAdd);
```

次に、匿名メソッド使用した例を示します。

```
printNumber(10, delegate (int i) { return i + 2;});
```

ラムダ式で記述した例を示します。

```
printNumber(10, (int i) => { return i + 2; });
```

引数の型を省略した例を示します。

```
printNumber(10, (i) => { return i + 2; });
```

引数が1つのため、引数の括弧を外した例を示します。

```
printNumber(10, i => i + 2);
```

　いきなりこのようなコードに出くわすと戸惑いますが、徐々に慣れていくしかありません。本書ではラムダ式やデリゲートを多用しますので、それらのプログラムを参照するにつれて理解が進むでしょう。ここまでの解説で納得できなくてもそのまま読み進めてください。

5 データ並列化

　データの並列化とは、コレクションや配列などの要素に対し、繰り返し同じ処理を並列に行うことを指します。データの並列化は、System.Threading.Tasks.Parallel クラスの For メソッド（あるいは ForEach メソッド、以下同様）でサポートされます。これらは多数のオーバーロードメソッドが存在します。

　System.Threading.Tasks.Parallel クラスの For メソッドでデータの並列化を行うと、for 文（foreach 文）で形成するループを並列実装できます。本章では、データ並列について解説します。

　本章では、ループと表現していますが、イテレータ、あるいはスレッドと表現するのが正しい場合でも、説明に便宜上ループと表現する場合や、イテレータをスレッドと表現する場合もあります。本来なら用語を統一すべきですが、逐次プログラムの for 文と、System.Threading.Tasks.Parallel クラスの For メソッドを対応させて説明するため、このような表現とします。

5-1 データ並列の基礎

　ここでは、データを並列に処理するデータ並列について解説します。OpenMP や OpenCL の登場によって、粒度の小さな並列化が容易に実現できるようになりました。それにともない、C# などにも同様の機能が追加されました。従来の並列化というと、スレッドプログラミングを中心としたタスク並列化が主でしたが、近年はタスク並列化だけでなくデータ並列化も盛んに使用されています。これらは、GFGPU の登場や CPU のメニーコア化が背景にあるのでしょう。

5 データ並列化

ここでは、C#でデータ並列の記述について紹介します。まず、一次元の配列に処理を行い、その結果を一次元の配列に格納するプログラムを例にして解説します。並列化されていないループと、並列化されたループの違いを示し、単純なデータ並列を解説します。

■ 単純な Parallel.For ループ

まず、一次元配列の要素に 2 を乗じ、その結果を別の一次元配列に格納するプログラムを逐次プログラムで示します。処理内容を次に図で示します。

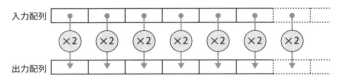

図5.1●処理内容

通常の for 文で開発したプログラムのソースリストを次に示します。

リスト5.1●ch05¥01simpleForS¥simple¥Program.cs

```
using System;

namespace simple
{
    class Program
    {
        static void Main(string[] args)
        {
            int[] input = new int[] { 1, 2, 3, 4, 5, 6, 7, 8, 9 };
            int[] output = new int[input.Length];

            for (int i = 0; i < input.Length; i++)
            {
                output[i] = input[i] * 2;
            }

            for (int i = 0; i < input.Length; i++)
                Console.WriteLine("{0}*2 = {1} ", input[i], output[i]);
        }
    }
}
```

単に input 配列の各要素に 2 を乗じ output 配列に代入します。このプログラムを並列化して

みましょう。最も単純な Parallel.For メソッドのオーバーロードを使用して、input 配列の各要素に 2 を乗じ output 配列に代入します。ソースリストを次に示します。

リスト5.2●ch05¥02simpleForP¥simple¥Program.cs

```
            :
            System.Threading.Tasks.Parallel.For(0, input.Length, i =>
            {
                output[i] = input[i] * 2;
            });
            :
```

System.Threading.Tasks.Parallel.For メソッドを使用し、ループを並列化します。構文は異なりますが、ほぼ逐次処理プログラムと同様の記述になります。逐次処理のプログラムでは、input の要素が下位から上位に順に処理されます。ところが、Parallel.For メソッドを使用してループを並列化した場合、すべての要素が処理されますが、処理される順序は不定であり、かつ並列に実行されます。

逐次処理プログラムの処理結果も System.Threading.Tasks.Parallel.For メソッドを使用したプログラムの処理結果も必ず同じです。また、結果の表示順も同じになります。これは、配列の要素を 2 倍にする部分は並列化しましたが、表示する部分は逐次処理で行うため、結果表示順は逐次処理のプログラムと並列化したプログラムで変わりません。

この例で示すように、反復処理を取り消すとか中断する必要がない場合、かつ各スレッドが状態を維持する必要がない場合、For メソッドの最も基本的なオーバーロードを使用します。プログラムを並列化する場合、並列処理のオーバーヘッドを低減すること、および並列化が性能へ与える影響が大きい部分を見極めることが重要です。過剰に並列化すると、並列化数とプロセッサ数が乖離し、かえって性能低下を招きかねません。また、並列化部分の処理負荷が軽すぎると、1 つの処理単位に対するオーバーヘッドを無視できなくなり、これも性能低下の原因となります。このプログラムでは、そのような並列化の最適化などは考えず、単に並列化の手法を示しています。このため、並列化したプログラムの性能が逐次処理プログラムより劣る場合もあります。

For メソッドの 3 つ目のパラメータは、Action<int> 型のデリゲートです。デリゲートを作成するにはいくつかの方法がありますが、この例ではラムダ式を使用して作成しています。すべてのスレッドが完了すると、For メソッドは System.Threading.Tasks.ParallelLoopResult オブジェクトを返します。この例では、For メソッドの戻り値は使用しません。System.Threading.Tasks.ParallelLoopResult オブジェクトについては後述します。実行結果を次に示します。

```
1*2 = 2
2*2 = 4
3*2 = 6
4*2 = 8
5*2 = 10
6*2 = 12
7*2 = 14
8*2 = 16
9*2 = 18
```

単純な Parallel.ForEach ループ

foreachを使用した逐次処理プログラムと並列処理プログラムを示します。このプログラムは、配列の要素を調べて、偶数のみ表示します。まず、逐次処理プログラムのソースリストをリスト5.3に示します。

リスト5.3●ch05¥03simpleForEachS¥simple¥Program.cs

```
    ：
    static void Main(string[] args)
    {
        int[] input = new int[] { 1, 2, 3, 4, 5, 6, 7, 8, 9 };

        foreach (int data in input)
        {
            if (data % 2 == 0)
                Console.WriteLine("{0} ", data);
        }
    }
    ：
```

input 配列の各要素を 2 で割ったときの剰余がゼロなら表示します。このプログラムを並列化したソースリストをリスト 5.4 に示します。

リスト5.4●ch05¥04simpleForEachP¥simple¥Program.cs

```
    ：
    static void Main(string[] args)
    {
        int[] input = new int[] { 1, 2, 3, 4, 5, 6, 7, 8, 9 };

        Parallel.ForEach(input, data =>
```

```
            {
                if (data % 2 == 0)
                    Console.WriteLine("{0} ", data);
            });
        }
        ⋮
```

　Parallel.ForEach メソッドを使用し、ループを並列化します。並列化部分はラムダ式で記述します。構文は異なりますが、ほぼ逐次処理プログラムと同様の記述になります。

　リスト 5.3 のプログラムの処理結果を次に示します。配列に含まれる偶数が順番どおり表示されます。

```
2
4
6
8
```

　リスト 5.4 のプログラムの処理結果を次に示します。こちらも偶数だけが表示されますが、表示順は一定ではなく、動作させる度に表示順は変わります。これは、Parallel.ForEach メソッドによって並列化した部分で表示処理を行うためです。

```
2
8
4
6
```

5-2 ループからの脱出

　本節ではループから脱出する方法を解説します。プログラムを開発していると繰り返し処理が頻繁に出現します。そのループを特定の条件で脱出しなければならない場合があります。本節では、データ並列プログラムのループから脱出する方法を解説します。逐次プログラムで for ループを抜けるには、一般的に break 文を使用します。あるいは、return 文でメソッド自体を終了することもあります。ところが、並列プログラムではそれほど簡単にループを脱出できません。

イテレータ、イテレーション、ループ

ループと表現していますが、イテレーションやイテレータ（反復子や反復処理）と記述した方が正確です。しかし、本書ではfor文のループに倣ってループやループ処理などと表現する場合があります。正確には、Forメソッドのラムダ式は、ループではなく毎回起動される匿名メソッドです。しかし、便宜的にループと表現する方が全体の説明が簡単になる場合も少なくありません。ループと記述しても、実際はイテレーションやイテレータを指している場合もあります。また、イテレータとスレッドとの関係も複雑なため、なるべく逐次プログラムのfor文に沿った形で説明します。

■ Stopを使用してParallel.Forループから抜ける

0～9999まで繰り返すループの途中で脱出したい場合を考えてみましょう。逐次プログラムであれば、ループのインデックスを判断すれば良いことで特に難しいことではありません。ところがデータ並列化を行ったプログラムでは、少々複雑になります。途中で処理を中断するプログラムを次に示します。

リスト5.5●ch05¥11forStop¥simple¥Program.cs

```
using System;
using System.Threading;
using System.Threading.Tasks;

namespace simple
{
    class Program
    {
        static void Main(string[] args)
        {
            Parallel.For(0, 1000, (i, state) =>
            {
                Console.WriteLine("i={0:000}, ThreadId={1}",
                        i, Thread.CurrentThread.ManagedThreadId);

                if (i == 100)
                    state.Stop();
            });
        }
    }
}
```

Parallel.For メソッドを使用し、ループを並列化します。i が 100 ならループを抜けますが、Parallel.For メソッドでは、通常の for 文と同じ方法でループを脱出することはできません。なぜなら、ループの実行部分はメソッドであり、通常の C# ステートメントで作成した for ループではないからです。これを停止させる、あるいはここから脱出するには、ParallelLoopState の Stop あるいは Break メソッドを使用しなければなりません。

　Stop メソッドが呼ばれた後、新しいイテレータ（反復子）は開始されません。しかし、すでに並列に動作しているイテレーション（反復処理）は最後まで実行されます。イテレーションに長い時間を要する場合、他のイテレーションが Stop メソッドを呼んでいないか定期的に調べた方が効率的なプログラムになるでしょう。終了条件が成立したにもかかわらず処理を継続するのは資源の無駄遣いです。他のスレッドで Stop メソッドが呼ばれたか確認するには、ParallelLoopState.IsStopped を使用します。なお、ここで使用した Parallel.For メソッドのオーバーロードは、Parallel.For (Int32, Int32, Action(Int32, ParallelLoopState)) です。

　この例では i が 100 のときに Stop メソッドを使用して処理を終了します。つまり、いずれかのイテレータで i が 100 であれば Stop メソッドを呼び出し、ループから脱出します。i が 100 のイテレータが実行されたことは確実ですが、他にどのイテレータが処理されたかは分かりません。このようなことから、Stop メソッド呼び出しはサーチ処理などに向くことが分かるでしょう。たとえば、逐次処理プログラムの場合、i が 100 になってループを脱出するまでに、0 〜 99 までの処理は確実に行われています。ところが、並列処理プログラムではそのような保証はありません。このため、Stop メソッドは、ある事象を発見したときに脱出するという目的には向きますが、特定の範囲（たとえば 0 〜 100 まで）の処理が実行されたらループを脱出するという目的には向きません。これが、逐次処理プログラムとの大きな違いです。特定の範囲の処理を確実に行うには、後述する Break メソッドをループからの脱出に使用すべきです。

■IsStopped プロパティを調べる

　リスト 5.5 のプログラムでは、Stop メソッドが呼ばれた後も、すでに並列に実行しているイテレータは実行を続けます。Stop メソッドが呼ばれた後、他のイテレータが不要なら、IsStopped プロパティを調べ、true ならループを抜けるようにすると効率的なプログラムとなります。リスト 5.6 にソースリストを示します。

リスト5.6●ch05¥12forStopState¥simple¥Program.cs

```
        :
        if (i == 100)
            state.Stop();
```

```
                    if (state.IsStopped)          // チェックを行う
                    {
                        Console.WriteLine("return; i={0:000}, ThreadId={1}",
                            i, Thread.CurrentThread.ManagedThreadId);
                        return;
                    }
                    ︙
```

実行例を次に示します。

```
i=500, ThreadId=4
i=000, ThreadId=1
i=750, ThreadId=5
i=001, ThreadId=6
i=250, ThreadId=3
   ︙
i=094, ThreadId=6
i=095, ThreadId=6
i=096, ThreadId=6
i=097, ThreadId=6
i=098, ThreadId=6
i=099, ThreadId=6
i=100, ThreadId=6
return; i=100, ThreadId=6
i=501, ThreadId=4
return; i=501, ThreadId=4
i=753, ThreadId=5
i=269, ThreadId=3
return; i=269, ThreadId=3
i=002, ThreadId=1
return; i=002, ThreadId=1
return; i=753, ThreadId=5
```

　ループ内部でIsStoppedプロパティを調べ、他のスレッドでStopメソッドが呼ばれているか調べます。もし、他のスレッドでStopメソッドが呼ばれていたら、returnでイテレータを抜けます。

　iが100のイテレータが実行されたら、当該ループを終了し新たなループは起動されません。ただし、すでに処理に入っているループは実行を継続します。この例でも、すでに起動されているループ（イテレータ）が存在することが結果から分かります。

■ Break を使用して Parallel.For から抜ける

Breakメソッドを使用してParallel.Forメソッドから抜ける方法を解説します。Breakメソッドを解説する前に、Stopメソッドとの違いを説明しましょう。基本的にBreakメソッドもStopメソッドもParallel.Forメソッドから抜ける方法の1つです。これらの間の大きな違いを次に示します。

表5.1 ● BreakメソッドとStopメソッドの違い

メソッド	説明
Stopメソッド	呼び出された後は、新しいループを開始しない。
Breakメソッド	呼び出したループより大きな値のループは起動されないが、それより小さな値のループは開始される。

たとえば、0～100のParallel.Forループがあったとします。このうち、5のループでBreakメソッドを呼び出したとすると、6～100のループは新規に開始されることはありません。もし、1～4の間で実行していないループが存在する場合、Breakメソッドを呼び出した後でも、それらのループは起動されます。また、この時点でParallelLoopState.LowestBreakIterationに5がセットされます。並列ループでは各ループの実行順序が不定なので、0～4のループに実行していないものがあるかもしれません。もし、そのようなループが存在したら、それらのループを開始します。

Breakメソッドでも、呼び出された時点ですでに並列に動いているループは最後まで実行されます。Breakメソッドが呼び出されたか否かは、ParallelLoopState.LowestBreakIterationがnullか検査することで判断できます。ParallelLoopState.LowestBreakIterationはNullable<long>です。まず、単純なBreakメソッドを使用してParallel.Forループから抜けるプログラムのソースリストをリスト5.7に示します。

リスト5.7 ● ch05¥13forBreak¥simple¥Program.cs

```
            :
            Parallel.For(0, 1000, (i, state) =>
            {
                Console.WriteLine("i={0:000}, ThreadId={1}",
                        i, Thread.CurrentThread.ManagedThreadId);

                if (i == 100)
                    state.Break();
            });
            :
```

実行例を次に示します。

```
i=000, ThreadId=1
i=250, ThreadId=3
i=750, ThreadId=4
i=500, ThreadId=5
i=001, ThreadId=6
   ︙
i=097, ThreadId=1
i=098, ThreadId=1
i=099, ThreadId=1
i=100, ThreadId=1    ←ここでBreakメソッドを呼び出す
i=863, ThreadId=4
i=004, ThreadId=6
i=005, ThreadId=6
i=596, ThreadId=3
i=501, ThreadId=5
```

このプログラムでは、iが100のときにBreakメソッドを呼び出します。iが100未満で処理されていないループがあれば、Breakメソッド呼び出し後であっても継続してループは起動されます。実行結果を観察すると分かりますが、i=100以降で、i=863、596、501はすでに起動されていたループですが、それ以外はiが0〜99です。先のプログラムと違い当該ループで「state.Break();」を呼び出すだけで、他のループでは何も行っていませんが、iが0〜99以外のループが起動されることはありません。実行結果は、環境やスレッド数、およびBreakメソッドが呼ばれたときの状況に依存するため、必ずこのようになるとはかぎりません。確実にいえることは、Breakメソッドが呼ばれた時点で起動中のループは実行を継続する、そしてBreakメソッドを呼び出したループより小さな値で未実行のループは、Breakメソッドの呼び出し以降も起動されるということです。

■ LowestBreakIteration プロパティを調べる

Breakメソッドが呼び出された時点ですでに並列に動作しているループは、何もしなければ前述のとおり最後まで実行されます。しかし、StopメソッドのParallelLoopState.IsStoppedプロパティにあたるものとしてBreakメソッドにもParallelLoopState.LowestBreakIterationプロパティがあり、その値を調べて他のスレッドでのBreakメソッドの呼び出しを捕捉することができます。ParallelLoopState.LowestBreakIterationには、Breakメソッドを呼び出したループのインデックス値がセットされます。なお、ここで使用したParallel.Forメソッドは、Parallel.For (Int32, Int32, Action(Int32, ParallelLoopState)) です。

リスト5.8●ch05¥14forBreakState¥simple¥Program.cs

```
            :
            Parallel.For(0, 1000, (i, state) =>
            {
                Console.WriteLine("i={0:000}, ThreadId={1}",
                    i, Thread.CurrentThread.ManagedThreadId);

                if (i == 100)
                    state.Break();

                if (state.LowestBreakIteration != null) // チェックを行う
                {
                    Console.WriteLine("return; i={0:000}, ThreadId={1}",
                        i, Thread.CurrentThread.ManagedThreadId);
                    return;
                }
            });
            :
```

　この例では、i が 100 のときに Break メソッドを呼び出してループを脱出しています。つまり、いずれかのループで i が 100 に達したときにループから脱出します。ただし、脱出時点でどのループが処理済みかは不明です。0 ～ 1000 の Parallel.For ループがあって、このうちの 100 番のループで Break メソッドを呼んだとすると、Break メソッドの呼び出し以降は 101 ～ 1000 のループを実行する必要はないことが確定します。また、この時点では ParallelLoopState.LowestBreakIteration に 100 がセットされます。

　Parallel ループの実行順序は不定なので、0 ～ 99 のループで実行されていないものがあるかもしれません。もし、そのようなループが処理されず残っていたら、そのループは Break メソッド呼び出し以降であっても起動されます。Break メソッドは、順序性のある配列などをサーチする処理に利用するとよいでしょう。

　ループ内で非常に重い処理を行う場合は、ParallelLoopState.LowestBreakIteration が null かチェックし、null 以外（すでに Break メソッドが呼ばれている）ならすぐにループを脱出すると効率のよいプログラムとなるでしょう。

　リスト 5.8 のプログラムの実行例を次に示します。

```
i=000, ThreadId=1
i=500, ThreadId=4
i=750, ThreadId=5
i=250, ThreadId=3
    :
i=099, ThreadId=6
```

```
i=100, ThreadId=6        ←ここでBreak()を呼び出す
return; i=100, ThreadId=6
i=751, ThreadId=5
return; i=751, ThreadId=5
i=501, ThreadId=4
return; i=501, ThreadId=4
i=002, ThreadId=1
return; i=002, ThreadId=1
i=003, ThreadId=1
return; i=003, ThreadId=1
i=251, ThreadId=3
return; i=251, ThreadId=3
```

　ループ内で、ParallelLoopState.LowestBreakIteration が null 以外か調べ、他のスレッドで Break メソッドが呼ばれているかチェックします。もし、他のスレッドで Break メソッドが呼ばれていたら、return でループを脱出します。ただ、すでに起動されたループは実行を継続します。この例でも、すでに起動されているループがあることが結果から分かります。

　この例では、Break メソッド呼び出し以降すべてのループで return しているため、Stop メソッドを使用した場合と大差のない処理結果になります。もし、0 ～ 99 のすべてのループを処理する必要がある場合は、ParallelLoopState.LowestBreakIteration と i の値をチェックし、i が ParallelLoopState.LowestBreakIteration 以下なら、通常の処理を行うように改める必要があります。

　そのような例をリスト 5.9 に示します。

リスト5.9●ch05¥15forBreakState2¥simple¥Program.cs

```
        ︙
        Parallel.For(0, 1000, (i, state) =>
        {
            Console.WriteLine("i={0:000}, ThreadId={1}",
                    i, Thread.CurrentThread.ManagedThreadId);

            if (i == 100)
                state.Break();

            if (state.LowestBreakIteration != null) // チェックを行う
            {
                if (i >= state.LowestBreakIteration)
                {
                    Console.WriteLine("return; i={0:000}, ThreadId={1},"+
                                    " state.LowestBreakIteration={0,2}",
                            i, Thread.CurrentThread.ManagedThreadId,
                                    state.LowestBreakIteration);
```

```
                    return;
                }
            }
        });
        ：
```

　ソースコードから分かるように、ParallelLoopState.LowestBreakIteration と i の値をチェックし、i が ParallelLoopState.LowestBreakIteration 以上なら処理を終了します。

```
i=000, ThreadId=1
i=250, ThreadId=3
i=001, ThreadId=6
i=500, ThreadId=4
i=750, ThreadId=5
   ：
i=098, ThreadId=5
i=099, ThreadId=5
i=100, ThreadId=5    ←ここでBreak()を呼び出す
i=667, ThreadId=3
return; i=667, ThreadId=3, state.LowestBreakIteration=667  ←これは処理しない
i=046, ThreadId=6
i=047, ThreadId=6
i=048, ThreadId=6
i=049, ThreadId=6
i=558, ThreadId=4
return; i=558, ThreadId=4, state.LowestBreakIteration=558  ←これは処理しない
return; i=100, ThreadId=5, state.LowestBreakIteration=100  ←これは処理しない
i=002, ThreadId=1
i=003, ThreadId=1
```

　処理結果から分かるように、Break メソッドを呼び出した時点で、当該ループより大きな値のループ（667、558）が並走しています。ParallelLoopState.LowestBreakIteration が null 以外（Break メソッドがすでに呼ばれていた）ならば、i が ParallelLoopState.LowestBreakIteration 以上のループは処理を終了しますが、i がそれより小さければ処理を続行します。これによって、逐次処理の break 文と等価な処理を高速に行うことが可能になります。

5-3 スレッドローカル変数

スレッド毎にローカルな変数が必要な場合があります。たとえば、ある配列に格納されている総和を並列化したプログラムで求めるには、まず各スレッドの部分和を求め、最後にそれらを全体の総和に足し込む必要があります。

単純なスレッドプログラミングであれば、各スレッドで担当する範囲を決めておき、それぞれのスレッド固有の変数に部分和を保持し、最後にそれらを全体の総和に足し込めば実現できます。しかし、この方法は、最初からスレッド数を決め、かつそれぞれのスレッドが使用する変数を割り付ける必要があります。このようなプログラムは複雑で、スケーラビリティも損なわれます。.NET Framework の Parallel.For メソッドには、このような問題を簡潔に解決する便利なオーバーロードが用意されています。

■ スレッドローカル変数を使用した Parallel.For ループ

一次元配列に格納されている値の総和を求める方法を考えてみます。逐次プログラムであれば、ループを使用して全要素を加算するだけです。これを Parallel.For で並列化する場合、これまでの方法の延長で考えると、それぞれのループで総和を求めるグローバル変数に加算する方法が考えられます。しかし、総和を求めるグローバル変数は各ループから同時にアクセスされる可能性があるため、排他処理が必要です。これでは同期処理のオーバーヘッドなどにより、並列化したためにかえって性能低下するという本末転倒の結果が懸念されます。

.NET Framework の Parallel.For メソッドには、このような問題を簡潔に解決する便利なオーバーロードが用意されています。それはスレッドローカル変数を活用する方法です。まず、Parallel.For メソッドでスレッド毎の総和を求めます。各スレッドは自身の処理範囲部分だけの総和を、自身のスレッド特有の変数に格納します。このような変数をスレッドローカル変数と呼びます。スレッドローカル変数を使用すると、共有変数へ頻繁にアクセスする必要がなくなるため、スレッド（イテレータ）間の同期処理の回数を大幅に低減でき、同期の際に発生するオーバーヘッドを回避できます。ループ単位で共有変数にアクセスする代わりに、すべてのループが完了するまでスレッドローカル変数に値を保存します。最終的な結果は、共有変数に 1 回で書き込むか、その他のメソッドに渡すことができます。各スレッドはこのときに 1 回だけ同期処理が必要になります。

スレッドローカル変数を使用した例をリスト 5.10 に示します。各ループは不定の i の値で起動されます。処理途中の値は各スレッドで保持する必要があります。.NET Framework には、このようにスレッドに対しローカルな変数を保持する目的に合致したオーバーロードが用意されています。

リスト5.10 ● ch05¥21forLocal¥simple¥Program.cs

```csharp
using System;
using System.Threading;
using System.Threading.Tasks;

namespace simple
{
    class Program
    {
        static void Main(string[] args)
        {
            int[] input = { 1, 2, 3, 4, 5, 6, 7, 8, 9 };
            int total = 0;

            Parallel.For(0, input.Length,
                () => 0,                              // スレッドローカルの初期化
                (i, loopState, localSum) =>           // body
                {
                    localSum += input[i];
                    Console.WriteLine("Thread={0}, input[{1}]={2}, localSum={3:00}",
                        Thread.CurrentThread.ManagedThreadId, i, input[i], localSum);
                    return localSum;
                },
                (localSum) =>                         // 最後のアクション
                {
                    Interlocked.Add(ref total, localSum);
                }
            );
            Console.WriteLine("total={0}", total);
        }
    }
}
```

このプログラムで使用した For メソッドのオーバーロード形式を示します。

```
public static ParallelLoopResult For<TLocal>(
    int                fromInclusive,
    int                toExclusive,
    Func<TLocal>       localInit,
    Func<int, ParallelLoopState, TLocal, TLocal>  body,
    Action<TLocal>     localFinally
)
```

TLocal   スレッドローカルな変数です。

fromInclusive	ループ（イテレータ）の開始番号です。
toExclusive	ループ（イテレータ）の終了番号です（この番号自体はループに含みません）。
localInit	スレッドローカル変数の初期値を返す Func デリゲートで、最初に 1 回だけ各スレッドで起動されます。この値は各スレッドの、最初の body 起動時に使用されます。
body	ループ単位で起動されるデリゲートです。これは、ループの範囲内（fromInclusive から toExclusive の 1 つ前）の番号で起動されます。最初の int がイテレータ番号、次の ParallelLoopState は先に説明したループ脱出の break などに使用します。スレッドローカル変数を変更し、次に起動される body に値を渡すことができます。最後に起動された各スレッドの body は、localFinally にローカルの値を渡します。
localFinally	最後に 1 回だけ各スレッド毎に起動される Action デリゲートです。このデリゲートはスレッド毎に起動されるため、同時に複数動作する可能性があります。したがって、グローバル変数などを操作する場合はスレッド間の排他処理が必要です。この例でも、ローカル変数に求めたスレッド単位の総和を全体の総和 total に足し込むとき、Interlocked.Add メソッドを使用します。

ソースコードと説明からだいたいの動作は分かると思いますが、多少面倒なため動作の概念を図 5.2 と図 5.3 に示します。

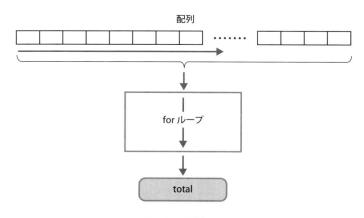

図5.2●逐次処理

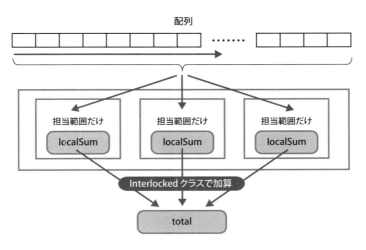

図5.3●スレッドローカル変数を使用した場合

このプログラムでは使用していませんが、このメソッドは System.Threading.Tasks.ParallelLoopResult を返します。実行例を次に示します。

```
Thread=1, input[0]=1, localSum=01
Thread=4, input[6]=7, localSum=07
Thread=5, input[8]=9, localSum=09
Thread=6, input[2]=3, localSum=03
Thread=6, input[5]=6, localSum=09
Thread=5, input[3]=4, localSum=13
Thread=3, input[4]=5, localSum=05
Thread=4, input[7]=8, localSum=15
Thread=1, input[1]=2, localSum=03
total=45
```

各スレッドの localSum にスレッド単位の部分和を求めます。部分和が求まったら、それを Interlocked.Add メソッドで total へ足し込みます。Parallel.For メソッドが終了したら、最後に total を表示します。イテレータの実行順は不定ですが、total は必ず 45 になります。このように、各スレッドのイテレーションで値を引き継ぎたい場合、スレッドローカル変数を使用すると簡単に実現できます。

このプログラムをスレッドローカル変数を使用せずに開発すると、共有変数 total へ同期しながら配列の要素を足し込む処理をループ（イテレータ）内で行うことになります。そのような方法を採用するとスレッド間の競合が発生し、せっかく並列化したのに性能は大幅に低下してしまうでしょう。

5-4 ループ取り消し

キャンセルトークンを使用して、Parallel.For（Parallel.ForEach も同様）のループを取り消すプログラムを紹介します。

■ Parallel.For ループを取り消す

Parallel.For メソッドで作成したループを取り消す例を、リスト 5.11 に示します。ParallelForEach メソッドを使う場合も同様の記述となります。

リスト5.11 ●ch05¥31cancelLoop¥simple¥Program.cs

```csharp
using System;
using System.Threading;
using System.Threading.Tasks;

namespace simple
{
    class Program
    {
        static void Main(string[] args)
        {
            CancellationTokenSource cts = new CancellationTokenSource();
            ParallelOptions po = new ParallelOptions();
            po.CancellationToken = cts.Token;

            Task.Factory.StartNew(() =>      // ループを取り消すタスク
            {
                Thread.Sleep(3000);
                cts.Cancel();
            });

            try
            {
                Parallel.For(0, 1000, po, (i) =>
                {
                    Thread.Sleep(200);
                    Console.WriteLine("i={0,4}, ThreadID={1,2}",
                        i, Thread.CurrentThread.ManagedThreadId);

                    po.CancellationToken.ThrowIfCancellationRequested();
                });
            }
            catch (OperationCanceledException e)
```

```
                    {
                        Console.WriteLine(e.Message);
                    }
                    Console.WriteLine("end of Parallel.For(...)");
            }
        }
    }
```

Parallel.ForメソッドとParallel.ForEachメソッドの取り消しはキャンセルトークンを経由して行われます。まず、CancellationTokenSourceオブジェクトとParallelOptionsオブジェクトを生成し、ParallelOptionsオブジェクトのCancellationTokenにCancellationTokenSourceオブジェクトのTokenを設定します。

並列ループを取り消すには、ParallelOptions引数にCancellationTokenを指定し、並列呼び出しをtry-catchブロックで囲みます。並列化したコードでは、ParallelOptionsオブジェクトのCancellationTokenで取り消しをモニタします。

並列ループのキャンセルは、タスクを生成してその内部から行います。これは、Parallel.Forメソッドがループの終了までメインスレッドをブロックするためです。したがって、別にタスクを起動しないと、並列ループが完了するまでメインメソッドは動作できません。動作の概念図を次に示します。

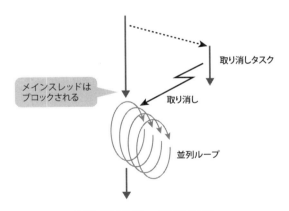

図5.4●並列ループの取り消し

このParallel.ForメソッドのParallelOptions引数poにキャンセルトークンを指定します。また、並列ループをtry-catchブロックで囲みます。並列ループが起動してしばらくすると、先ほどTask.Factory.StartNew起動したタスクからループが取り消されます。実行例を次に示します（実行するたびに結果は変わります）。

```
i=   9, ThreadID= 1
i= 759, ThreadID= 6
i= 259, ThreadID= 4
i= 509, ThreadID= 5
i=  17, ThreadID= 7
i=  10, ThreadID= 1
i= 760, ThreadID= 6
i= 260, ThreadID= 4
i= 510, ThreadID= 5
i=  18, ThreadID= 7
i=  11, ThreadID= 1
i= 761, ThreadID= 6
i= 261, ThreadID= 4
i= 511, ThreadID= 5
i=  19, ThreadID= 7
i=  12, ThreadID= 1
i= 762, ThreadID= 6
i= 262, ThreadID= 4
i= 512, ThreadID= 5
i=  20, ThreadID= 7
i=  13, ThreadID= 1
i= 763, ThreadID= 6
i= 263, ThreadID= 4
i= 513, ThreadID= 5
i=  21, ThreadID= 7
i=  14, ThreadID= 1
i= 264, ThreadID= 4
i= 764, ThreadID= 6
i= 514, ThreadID= 5
i=  22, ThreadID= 7
操作は取り消されました。
end of Parallel.For(...
```

　並列ループがキャンセルされたり、例外が発生すると、当該ループは終了します。また、新しいループも開始されません。ところが、すでに起動しているループは実行を続けます。すでに、いくつかの方法を説明しましたが、並列ループがキャンセルされたり、例外が発生したことを知るには、他のループで何が起こっているかモニタしなければなりません。

並列処理とGUI

本節では、シンプルなGUIを持ったプログラムを開発します。ここで紹介するのは、ユーザーが処理を指示してからGUIの更新までに長い時間を要するものです。処理に長い時間を要する処理(いわゆる「重い処理」)がユーザーインターフェースに及ぼす影響と、その解決法を解説します。

6-1 並列処理とGUI更新の概要

まず、通常のプログラムの流れを示します。

イベント発生（以下、イベントに対応したメソッド）
  同期処理
    イベントに対応した処理
    GUI更新
  同期処理

上記を擬似コードで示します。

```
ボタン = false;      // 同期処理(ボタン無効化=再入禁止)

    // イベントに対応した処理 …
```

```
    tBCount.Text = 処理結果;     // GUI更新
ボタン = true;                   // 同期処理(ボタン有効化)
```

通常はこのようなコードで問題ありません。しかし、「イベントに対応した処理」で待機処理や負荷が大きく、処理に多くの時間を要する場合、制御が当該メソッドに滞留するためプログラムは次のイベントに対応することができなくなります。これを外部から観察すると、GUI がフリーズ状態になるか、GUI に「応答しません」と表示される状態になります。

さて、これを解決するにはいくつかの方法があります。まず、Thread クラス、BackgroundWorker クラスやタスク並列ライブラリ（TPL）などを用いてスレッドを生成し、それらに「処理に多くの時間を要する部分」（いわゆる「重い処理」）を任せる方法です。これらでも十分ですが、最新の .NET Framework では、async 修飾子と await 演算子を使用するスマートな方法で並列処理と GUI 更新を両立できます。

以降に箇条書きで、並列処理と GUI 更新を共存させる方法を解説します。スレッドを生成して「重い処理」を任せ、何らかのタイミングで GUI の更新を行います。しかし、この方法では処理結果を受け取るタイミングや同期処理、それに生成したスレッドから GUI を更新できないという問題が発生します。以降にスレッドと GUI 更新のインプリメント法についていくつかの方法を示します。

①スレッド（Thread クラス）＋タイマーで監視
　スレッドの状態をタイマーで監視し、終了していたら処理結果をタイマーメソッドで更新します。
②スレッド（BackgroundWorker クラス）と完了イベントを使用
　重い処理をスレッドに任せ、スレッドの完了通知で処理結果を GUI に表示します。
③スレッド（Thread クラス）＋ Invoke メソッドを使用
　GUI の更新は Invoke メソッドを使用して更新します。①の方法と比較すると、スレッドの状態を監視する必要もなく、よりスマートです。ただし、スレッドの終了を何らかの方法で判断する必要があり同期処理に工夫が必要です。
④スレッド（TPL）＋ Invoke を使用
　③の方法を TPL で実現します。
⑤async 修飾子と await 演算子を使用
　基本的に最もスマートな方法です。頻繁に GUI を更新するようなものには不向きな場合もありますが、ほとんどのプログラムはこの方法で解決できるでしょう。

⑥CreateGraphics を使用

　スレッドセーフな CreateGraphics を使用して、ワーカスレッドから直接 GUI を更新する方法です。

　他にも ThreadPool クラスを用いる方法、BeginInvoke メソッドと EndInvoke メソッドを用いる方法、ContinueWith メソッド（継続タスク）を用いる方法があります。

6-2 シングルスレッド

　まず、シングルスレッドで開発したプログラムを示します。重い処理が存在するプログラムをシングルスレッドで開発すると、どのような挙動を示すか観察してみましょう。プログラムの外観を次に示します。

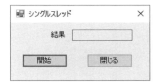

図6.1●プログラムの外観

　このプログラムは、［開始］ボタンを押して処理を開始し、その結果を上部のテキストボックスに表示します。ソースリストを次に示します。

リスト6.1●ch06¥01singleThread¥simpleGui¥Form1.cs

```csharp
//シングルスレッド
using System;
using System.Threading;
using System.Windows.Forms;

namespace simpleGui
{
    public partial class Form1 : Form
    {
        private int mCount;
        private string ttl = "シングルスレッド";

        //コンストラクタ
        public Form1()
```

```csharp
        {
            InitializeComponent();

            Text = ttl;
            MaximizeBox = MinimizeBox = false;
            FormBorderStyle = FormBorderStyle.FixedSingle;

            tBCount.ReadOnly = true;
            tBCount.TabStop = false;
            tBCount.TextAlign = HorizontalAlignment.Right;

            bStart.Text = "開始";
            bClose.Text = "閉じる";
        }

        // 「開始」ボタン
        private void bStart_Click(object sender, EventArgs e)
        {
            bStart.Enabled = bClose.Enabled = false;

            mCount = 0;

            // 重い処理
            for (int loop = 0; loop < 100; loop++)
            {
                mCount++;
                Thread.Sleep(100);
            }
            //結果表示
            tBCount.Text = mCount.ToString();

            bStart.Enabled = bClose.Enabled = true;
        }

        // 「閉じる」ボタン
        private void bClose_Click(object sender, EventArgs e)
        {
            Close();
        }
    }
}
```

　[開始]ボタンを押すと、bStart_Click メソッドへ制御が渡ります。まず、同期処理（メニューを選択できなくする）を行います。本来、シングルスレッドのプログラムで同期処理は必要ありませんが、今後紹介するプログラムの記述と合わせるために加えてあります。

次に、「重い処理」を行いますが、ここではプログラムを簡素化するために Thread.Sleep メソッドを使用して擬似的にシミュレートします。このようなメソッドへ入ると、重い処理に CPU を占有されてしまうため、［開始］ボタンを押したのち GUI を操作しようとしてもウィンドウは応答しなくなってしまいます。そのような状態になったときの様子を次に示します。

図6.2●ウィンドウが応答しない様子

重い処理が終わって結果が表示されると、メソッドを抜けるため、GUI を操作できるようになります。

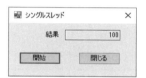

図6.3●メソッドを抜けた後

いったん重い処理が始まると、プログラムはイベント（実際はメッセージ）を受け取れなくなります。このため、ウィンドウを移動したり閉じようとしても反応しません。

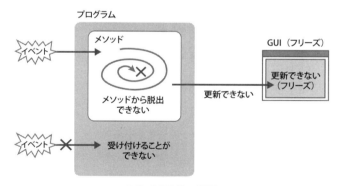

図6.4●動作の概要

動作中のメソッドが終了した瞬間に、次のイベントが処理されます。たとえば、無反応時にウィンドウの［×］ボタンを押しても終了しませんが、重い処理が終了した瞬間にプログラムは終了します。

6-3 スレッド（Threadクラス）＋タイマーで監視

先ほどのプログラムを、スレッド（Threadクラスを利用）とタイマーを使って書き換えてみましょう。ワーカスレッドが処理した内容をタイマーメソッドからGUIへ反映します。この方法を採用すると、GUIはフリーズしなくなります。ただし、タイマーから定期的に起動されるメソッドは、スレッドが処理した結果をGUIへ反映しますがスレッドの終了を検知できないため、表示内容が最終結果とはかぎりません。なおかつ、タイマーを停止するタイミングも分からないため、タイマーメソッドは永遠に動作し続けます。プログラムの外観を図6.5に示します。GUIの配置は先ほどと変わりませんが、Timerコントロールを貼り付ける点が異なります。

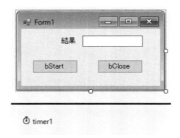

図6.5●フォームの外観

プログラムのソースリストを次に示します。

リスト6.2●ch06¥02threadTimer¥simpleGui¥Form1.cs

```csharp
    ⋮
    // 「開始」ボタン
    private void bStart_Click(object sender, EventArgs e)
    {
        bStart.Enabled = bClose.Enabled = false;

        // スレッドを作成
        Thread thread = new Thread(new ThreadStart(threadSub));

        // スレッドを開始する
        thread.Start();

        timer1.Interval = 500;
        timer1.Enabled = true;

        bStart.Enabled = bClose.Enabled = true;
    }
```

```csharp
//　「閉じる」ボタン
private void bClose_Click(object sender, EventArgs e)
{
    Close();
}

//　タイマーメソッド
private void timer1_Tick(object sender, EventArgs e)
{
    tBCount.Text = mCount.ToString();
}

//　スレッド・メソッド
private void threadSub()
{
    mCount = 0;

    for (int loop = 0; loop < 100; loop++)
    {
        mCount++;
        Thread.Sleep(100);
    }
}
⋮
```

　［開始］ボタンが押されると、bStart_Click メソッドが呼び出されます。スレッドの生成と起動を行い、その後タイマーを起動してすぐにメソッドを抜けます。このように短時間でメソッドが完了するため、GUI がフリーズしたり応答しなくなることはありません。処理結果の表示は、周期的に起動されるタイマーメソッドで行います。このプログラムでは、ワーカスレッドの寿命は管理しません。ワーカスレッドの寿命を管理しないので同期機構は組み込みません。イベントやスレッド生成の概要を次に示します。

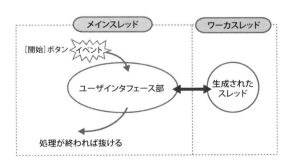

図6.6●イベントやスレッド生成の概要

本章ではユーザーインターフェースを受け持つスレッド（= UI スレッド）を、メインスレッドと表現します。本来メインスレッドが UI スレッドとは限りませんが、説明を簡略化するためにこのような表現を採用しました。

このプログラムは、処理結果の表示にタイマーを使用します。タイマーを使用せずにワーカスレッドから直接テキストボックスを操作してはなりません。C# のコントロールはスレッドセーフではないので、コントロールを生成したスレッド以外から操作すると、プログラムに異常が発生する場合があります。

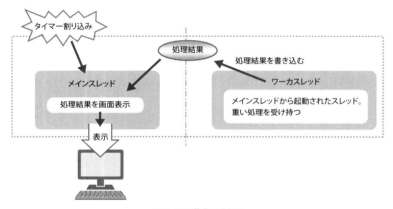

図6.7●動作の概要

このプログラムではスレッド間の同期を行わないので、ワーカスレッドが動作途中であってもそのときの処理結果を表示します。そのため、表示内容が最終結果なのか途中結果なのか判断できません。また、ワーカスレッドの完了も監視していないため、タイマースレッドは無駄に起動されます。これを解決するには、フラグなど何らかの手段を用意してスレッドの完了をタイマーメソッドに知らせる必要があります。この処理の組み込みは簡単ですが、プログラムとして美しくないばかりでなく、将来バグを埋め込む余地を作ることにもなります。そこで本プログラムでは、ワーカスレッドの終了を観察する機構の作り込みは行わず、永遠に処理結果を表示し続けます。

■実行

プログラムを起動して［開始］ボタンを押すと実行が始まり、スレッドで処理した結果が表示されます。タイマーの周期が重い処理の処理時間より短いと、表示結果は変遷していきます。

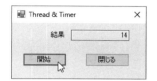

図6.8●[開始]ボタンを押した後

　しばらくすると、表示が安定します。これが負荷の重い処理の結果ですが、同期を行っていないため正確に最終の処理結果とは断言できません。

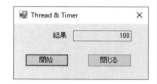

図6.9●最終の処理結果

　明確に最終結果を表示するためには、スレッドから何らかの方法でタイマーメソッドへ通知する必要があります。ただ、そのような方法はスマートではないため、本章ではアプローチを変えて本問題を解決します。

6-4　BackgroundWorkerを使う方法

　これまでは明示的にスレッドを生成しましたが、本節では、.NET Frameworkが用意したBackgroundWorkerクラスを使用する方法を解説します。このクラスはコントロールも用意されていますので、フォームに貼り付ける方法を採用します。フォームは基本的に前節と同じですが、Timerコントロールの代わりにBackgroundWorkerコントロールを貼り付ける点が異なります。図6.10に外観を示します。フォームのボタンコントロールなどのプロパティはコンストラクタで設定するため、デザイン時と実行時でフォームの外観は異なります。

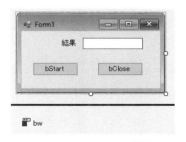

図6.10●フォームの外観

プログラムのソースリストを次に示します。

リスト6.3●ch06¥03backgroundWorker¥simpleGui¥Form1.cs

```csharp
    ︙
// 「開始」ボタン
private void bStart_Click(object sender, EventArgs e)
{
    bStart.Enabled = bClose.Enabled = false;

    bw.RunWorkerAsync();        // Background Worker開始

    tBCount.Text = bStart.Text + "メソッド終了.";
}

// 「閉じる」ボタン
private void bClose_Click(object sender, EventArgs e)
{
    Close();
}

// Background Worker
private void bw_DoWork(object sender,
                System.ComponentModel.DoWorkEventArgs e)
{
    mCount = 0;

    for (int loop = 0; loop < 100; loop++)
    {
        mCount++;
        Thread.Sleep(100);
    }
}

// Background Worker完了
private void bw_RunWorkerCompleted(object sender,
        System.ComponentModel.RunWorkerCompletedEventArgs e)
{
    tBCount.Text = mCount.ToString();

    bStart.Enabled = bClose.Enabled = true;
}
    ︙
```

大まかな処理の流れの箇条書きで示すと次のようになります。

①ユーザーが［開始］ボタンを押します。
②［開始］ボタンに対応するメソッドが呼び出されます。
③そのメソッドで BackgroundWorker の RunWorkerAsync メソッドを呼び出します。
④すると間接的に DoWork イベントが発生します。このイベントで呼び出されるメソッドはバックグラウンドでスレッドとして実行されます。ここで重い処理を実行します。
⑤DoWork イベントで起動されたメソッドが終了すると RunWorkerCompleted メソッドが呼び出されます。
⑥RunWorkerCompleted メソッドはメインスレッド側で動作するため、処理結果や同期処理を行います。

上記の内容を図で示します。

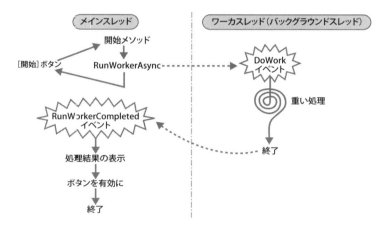

図6.11●処理の流れ

［開始］ボタンが押されると、bStart_Click メソッドへ制御が渡ります。BackgroundWorker オブジェクトの RunWorkerAsync メソッドを呼び出します。これによって間接的にDoWork イベントが発生し、対応するメソッドに制御が渡ります。DoWork イベントに対応するメソッドはバックグラウンドスレッドとして実行され、［開始］ボタンで起動されたメソッドはすぐに抜けます。このように短時間でメソッドが完了するため、GUI がフリーズしたり応答しなくなることはありません。

bw_DoWork メソッドは、RunWorkerAsync メソッド呼び出しで間接的に起動されるメソッドです。このメソッドで重い処理を実行します。

bw_RunWorkerCompleted メソッドは、bw_DoWork メソッドが完了すると呼び出されます。本メソッドはメインスレッドで実行されるため、GUI の更新などを行うことができます。

■実行

プログラムを起動し、[開始] ボタンを押すと実行が始まります。ボタンが無効化され、表示欄に「メソッド終了 .」が表示されます。これは、[開始] ボタンを押して起動されたメソッドが終了したことを示します。

 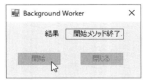

図6.12●起動画面と [開始] ボタンを押した後

重い処理はバックグラウンドスレッドで処理されるため、ウィンドウ表示や、ウィンドウの移動に問題はありません。

図6.13●ウィンドウの移動

しばらくすると、重い処理が完了します。すると、ボタンが有効化され、処理結果が表示されます。

図6.14●最終の処理結果

6-5 Thread クラスと Invoke

直前のプログラムを変更し、BackgroundWorker クラスの代わりに Thread クラスとコントロールの Invoke メソッドを使用する方法を紹介します。Thread クラスを使用して生成したワーカスレッドから、デリゲート経由でメインスレッドに属する GUI に処理結果を表示します。フォームのデザインはこれまでと同様ですので示しません。

プログラムのソースリストを次に示します。

リスト6.4● ch06¥04threadInvoke¥simpleGui¥Form1.cs

```csharp
        ⋮
    // 「開始」ボタン
    private void bStart_Click(object sender, EventArgs e)
    {
        mCount = 0;

        bStart.Enabled = bClose.Enabled = false;

        // スレッドを作成
        Thread thread = new Thread(new ThreadStart(threadSub));
        thread.Start();              // スレッドを開始する

        tBCount.Text = bStart.Text + "メソッド終了.";
    }

    // 「閉じる」ボタン
    private void bClose_Click(object sender, EventArgs e)
    {
        Close();
    }

    // GUI更新
    private void dispCount(int inCounter)
    {
        tBCount.Text = inCounter.ToString();

        bStart.Enabled = bClose.Enabled = true;
    }

    // スレッド・メソッド
    private void threadSub()
    {
        mCount = 0;

        for (int loop = 0; loop < 100; loop++)
        {
            mCount++;
            Thread.Sleep(100);
        }
        // デリゲートの作成
        Action<int> dCount = new Action<int>(dispCount);
        //結果表示
        tBCount.Invoke(dCount, new object[] { mCount });
```

```
        }
        :
```

　このプログラムは、[開始]ボタンを押すと、負荷の重い処理をスレッドとして起動します。スレッドはThreadクラスを使用して生成します。ThreadクラスのコンストラクタにThreadStartデリゲートを指定します。スレッドが作成されると、Threadクラスの新しいインスタンスは、ThreadStartデリゲートを唯一の引数とするコンストラクタを使用して作成されます。次に、Startメソッドで、threadSubメソッドをスレッドとして起動します。Startメソッドが呼び出されると、ThreadStartデリゲートで参照されるメソッドの最初の行から実行が開始されます。スレッドを起動したらすぐにメソッドを抜けます。
　threadSubメソッドはスレッドとして起動されます。本スレッドで重い処理を実行し、終了したら処理結果をGUIに表示します。ワーカスレッドからGUIを更新しますが、コントロールはそれ自身を生成したスレッド以外から操作できないため、「コントロール」.Invokeを使用してメインスレッドからGUIを更新します。異なるスレッドからそのコントロールにアクセスしたい場合、スレッドセーフなInvokeメソッドを使用します。ここでは、Invokeにはデリゲートを与えます。動作の概要を次に示します。

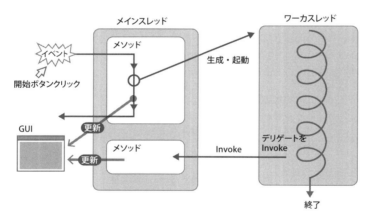

図6.15●内部動作

■実行

　プログラムを起動して[開始]ボタンを押すと、テキストボックスに「開始メソッド終了.」という文字が表示されます。ソースリストを観察すると分かりますが、[開始]ボタンを押したときに制御の渡るbStart_Clickメソッドの最後のステートメントで表示しています。このことから、ラムダ式の部分は完全に別スレッドで動作し、メインスレッドとで並列動作していることが想像できます。

図6.16● [開始] ボタンを押した後

　メインスレッドとワーカスレッドは非同期に並列動作します。負荷の重い処理が始まっても、ウィンドウの移動などは可能です。

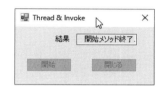

図6.17● [閉じる] ボタンを押す

　負荷の重い作業が終わると、結果が表示されます。

図6.18●結果が表示される

　このプログラムではスレッドの同期などを行っていないため、[×] ボタンを押すとウィンドウは閉じます。できれば、スレッドを監視し、スレッド動作中はウィンドウを閉じることができないようにすると良いでしょう。ワーカスレッドの動作中に [×] ボタンが押せるようになっているのは少々問題です。ワーカスレッドの動作中にメインスレッドが終了に向かうと、フォームは閉じますがスレッドはしばらく居残ります。このあたりの同期処理については第 7 章を参照してください。

■ Invoke の判断をメソッドへ

　先のプログラムを、より一般的に記述した例を示します。先のプログラムでは Invoke されるメソッドがコントロールを直接操作できないことが分かっています。ところが、このメソッドを呼び出すスレッドがコントロールを生成したスレッドか分からないため、直接コントロールにアクセスしてよいのか、あるいは Invoke が必要なのか判断できない場合があります。この問題を解決したメソッドを次に示します。比較のため、リスト 6.5 に従来のコードを、リスト 6.6 に改良したコードを示します。

リスト6.5●従来のコード

```csharp
// GUI更新
private void dispCount(int inCounter)
{
    tBCount.Text = inCounter.ToString();
}

// 「開始」ボタン
private void bStart_Click(object sender, EventArgs e)
{
    int count = 0;

    Task.Run(() => {
        // 重い処理
        for (int loop = 0; loop < 100; loop++)
        {
            count++;
            Thread.Sleep(100);
        }
        //結果表示
        tBCount.Invoke(new Action<int>(dispCount),
                        new object[] { count });
    });
    tBCount.Text = bStart.Text + "メソッド終了.";
}
```

リスト6.6●改良したコード

```csharp
// GUI更新
private void dispCount(int inCounter)
{
    if (this.tBCount.InvokeRequired)
    {
        tBCount.Invoke(new Action<int>(dispCount),
                        new object[] { inCounter });
    }
    else
    {
        tBCount.Text = inCounter.ToString();
    }
}

// 「開始」ボタン
private void bStart_Click(object sender, EventArgs e)
```

```csharp
{
    int count = 0;

    Task.Run(() => {
        // 重い処理
        for (int loop = 0; loop < 100; loop++)
        {
            count++;
            Thread.Sleep(100);
        }
        //結果表示
        dispCount(count);
    });
    tBCount.Text = bStart.Text + "メソッド終了.";
}
```

　GUI 更新を行うメソッドはコントロールを生成したスレッドで実行されなければならないため、ワーカスレッドから画面更新を行う場合は Invoke する必要があります。ここで示すプログラムは、Invoke が必要か直接更新が可能かの判断を dispCount メソッドへ押し込め、GUI 更新を行うメソッド自身がその判断を行うようにします。そのため、このメソッドを呼び出すスレッドが、どのスレッドに属しているか配慮する必要がありません。呼び出し側はスレッドとコントロールの関係を無視して GUI 更新メソッドを呼び出すことができます。

　GUI 更新メソッドは、アクセスするコントロールに用意された InvokeRequired プロパティを参照し、直接コントロールの操作が可能か Invoke する必要があるか調べて適切な処理を行います。

6-6　Task クラスと Invoke

　直前のプログラムを変更し、Thread クラスの代わりに TPL の Task クラスを使用します。GUI の更新をコントロールの Invoke メソッドで行うのは前節と同様です。Task クラスの記述はラムダ式を採用します。これによってプログラムの見通しが良くなります。フォームのデザインはこれまでと同様ですので示しません。

　プログラムのソースリストを次に示します。

リスト6.7● ch06¥05taskInvoke¥simpleGui¥Form1.cs

```csharp
using System;
using System.Threading;
using System.Windows.Forms;
using System.Threading.Tasks;

namespace simpleGui
{
    public partial class Form1 : Form
    {
        private int mCount;
        private string ttl = "Task & Invoke";

        //コンストラクタ
        public Form1()
        {
            InitializeComponent();

            Text = ttl;
            MaximizeBox = MinimizeBox = false;
            FormBorderStyle = FormBorderStyle.FixedSingle;

            tBCount.ReadOnly = true;
            tBCount.TabStop = false;
            tBCount.TextAlign = HorizontalAlignment.Right;

            bStart.Text = "開始";
            bClose.Text = "閉じる";
        }

        // 「開始」ボタン
        private void bStart_Click(object sender, EventArgs e)
        {
            bStart.Enabled = bClose.Enabled = false;

            Task.Run(() => {
                mCount = 0;

                // 重い処理
                for (int loop = 0; loop < 100; loop++)
                {
                    mCount++;
                    Thread.Sleep(100);
                }
                //結果表示
                tBCount.Invoke(new Action<int>(dispCount),
```

```csharp
                            new object[] { mCount });
            });
            tBCount.Text = bStart.Text + "メソッド終了.";
        }

        // 「閉じる」ボタン
        private void bClose_Click(object sender, EventArgs e)
        {
            Close();
        }

        // GUI更新
        private void dispCount(int inCounter)
        {
            tBCount.Text = inCounter.ToString();

            bStart.Enabled = bClose.Enabled = true;
        }
    }
}
```

 前節のプログラムと異なるのは、Thread クラスの代わりに Task クラスを使用する点だけです。ただ、ラムダ式を使用して Task.Run の引数に処理内容を記述しているため、スレッドをメソッドへ抜き出す必要がなく、プログラムコードの見通しが良くなります。実行の様子は直前と同様なので省略します。

 このプログラムを、より一般的に記述した例を示します。前節のプログラムでは、Invoke されるメソッドがコントロールを直接操作できないことが分かっています。次に示すのは、メソッドを呼び出すスレッドがコントロールを生成したスレッドであるか不明で、直接コントロールを操作できるのか Invoke が必要なのか分からない場合でも適切に処理するプログラムです。

リスト6.8● ch06¥05taskInvoke2¥simpleGui¥Form1.cs

```csharp
        ︙
        // 「開始」ボタン
        private void bStart_Click(object sender, EventArgs e)
        {
            bStart.Enabled = bClose.Enabled = false;

            Task.Run(() => {
                mCount = 0;

                // 重い処理
                for (int loop = 0; loop < 100; loop++)
```

```csharp
                {
                    mCount++;
                    Thread.Sleep(100);
                }
                //結果表示
                dispCount(mCount);
            });
            tBCount.Text = bStart.Text + "メソッド終了.";
        }
        ⋮
        // GUI更新
        private void dispCount(int inCounter)
        {
            if (this.tBCount.InvokeRequired)
            {
                tBCount.Invoke(new Action<int>(dispCount),
                                  new object[] { inCounter });
            }
            else
            {
                tBCount.Text = inCounter.ToString();

                bStart.Enabled = bClose.Enabled = true;
            }
        }
        ⋮
```

　ワーカスレッドから画面更新を行う場合は Invoke する必要があります。リスト 6.7 のプログラムは、スレッドから直接 Invoke しています。GUI を変更する `dispCount` メソッドは簡単ですが、呼び出し側は自身がコントロールにアクセスできるスレッドに属しているか判断しなければなりません。このままでは、プログラム拡張時にバグを埋め込んでしまう可能性が高くなります。

　それに対して、リスト 6.8 のプログラムは、Invoke が必要か直接更新が可能かの判断を `dispCount` メソッド自身へ押し込みます。このため、呼び出し側はスレッドの関係を無視して GUI 更新メソッドを呼び出すことができます。GUI 更新メソッドは、アクセスするコントロールの `InvokeRequired` を参照し、直接コントロールを操作できるか、あるいは Invoke する必要があるか調べます。直接コントロールをアクセスできる場合は直接、そうでない場合は Invoke します。このため、このメソッドを呼び出すスレッドが、どのスレッドに属しているか考慮する必要がありません。

6-7 非同期メソッド

　本節では、GUIの更新と重い処理をスマートに共存させる方法を解説します。これまでに説明した方法でも可能でしたが、本節で紹介する方法を使用すると非常に簡単に実現できます。
　これまで説明したように、重い処理で困る点は2つです。

①シングルスレッドではGUIがフリーズする。
②スレッドを分けるとGUIの更新が難しくなる。

　重い処理が含まれるメソッドを一般的に記述すると、①の問題が発生します。これを避けようとして重い処理を別スレッドに任せると②の問題が発生するため、これまで説明したような方法で解決してきました。しかし、最新の.NET Framework（.NET Framework 4.5/C# 5.0以降）が提供するasync修飾子とawait演算子を利用すると、これまでの問題を簡単に解決できます。
　プログラムの説明の前に、簡潔にasync修飾子とawait演算子について解説します。

■async修飾子

　async修飾子はメソッドに指定します。これが指定されたメソッド内でawait演算子を利用することを示します。async修飾子の付くメソッドは、void、Task、Task<T>型でなければなりません。async修飾子はただの目印であり、特に意味はありませんが、メソッド内でawait演算子を利用する場合は必ず指定しなければなりません。逆に、メソッド内でawait演算子を利用しない場合は、async修飾子をメソッドに指定してはなりません。
　簡単に説明すると、await演算子を利用するならメソッドにasync修飾子を指定する、await演算子を利用しないならメソッドにasync修飾子を指定しないだけです。

■await演算子

　await演算子は、awaitを指定した処理が完了するまでそのメソッドのawait以降の実行を中断し、制御をすぐに呼び出し元に戻します。つまり、重い処理を行いたい場合、await演算子を指定するとメソッドをすぐに抜けますが、awaitを指定した処理は並行して実行されます。awaitを指定した処理が完了したら、その後に指定された処理が継続して実行されます。await演算子はasync修飾子を指定したメソッド内で1つ以上記述することができます。また、通常のメソッドだけでなく匿名メソッドやラムダ式など、どこにでも記述することができます。await演算子の意味は、重い処理が終わるまでは、このメソッドの残りをそのタスクの継続として登録し、完了後に呼び出し元に処理を戻す（継続タスクやコールバックのような動作）ことです。こ

の await 演算子を指定した以降の処理は、非同期に制御が戻りますが、元のスレッドで動作します。このため、一般的に重い処理に await 演算子を指定し、その結果を await 演算子以降でGUI に反映することができます。

さて、文章だけでは分かりにくいため、これまでのプログラムを async 修飾子と await 演算子を使用して書き換えてみましょう。プログラムのソースリストを次に示します。

リスト6.9●ch06¥06asyncAwait¥simpleGui¥Form1.cs

```csharp
using System;
using System.Windows.Forms;
using System.Threading;
using System.Threading.Tasks;

namespace simpleGui
{
    public partial class Form1 : Form
    {
        private int mCount;
        private string ttl = "async/await";

        //コンストラクタ
        public Form1()
        {
            InitializeComponent();

            Text = ttl;
            MaximizeBox = MinimizeBox = false;
            FormBorderStyle = FormBorderStyle.FixedSingle;

            tBCount.ReadOnly = true;
            tBCount.TabStop = false;
            tBCount.TextAlign = HorizontalAlignment.Right;

            bStart.Text = "開始";
            bClose.Text = "閉じる";
        }

        // 「開始」ボタン
        private async void bStart_Click(object sender, EventArgs e)
        {
            bStart.Enabled = bClose.Enabled = false;

            tBCount.Text = bStart.Text + "メソッド開始.";
```

```csharp
            await Task.Run(() => {
                mCount = 0;

                // 重い処理
                for (int loop = 0; loop < 100; loop++)
                {
                    mCount++;
                    Thread.Sleep(100);
                }
            });
            tBCount.Text = mCount.ToString();

            bStart.Enabled = bClose.Enabled = true;
        }

        // 「閉じる」ボタン
        private void bClose_Click(object sender, EventArgs e)
        {
            Close();
        }
    }
}
```

　これまでのプログラムと異なり、[開始] ボタンを押したときに制御の渡る bStart_Click メソッドに、async 修飾子を指定します。メソッド内のコードでこれまでと異なるのは、Task.Run に対し await 演算子が指定されている点です。つまり、重い処理を Task へ任せますが、await 演算子を指定することによって非同期に実行され、かつ続くコードは継続処理となります。Task.Run に記述されてラムダ式は長い時間を要しますが、await 演算子が指定されているため、この部分でメソッドを一旦抜けます。これによって GUI がフリーズすることはありません。しばらくして、重い処理が終了すると、await 演算子を指定した以降のコードがメインスレッドで実行されます。このため、継続する部分で GUI を更新することが可能です。動的な動作は複雑ですが、プログラム自体はごく素直に上から下に流れるため、逐次プログラムと同様の記述で構いません。重い処理と GUI 更新を共存させたい場合、このようなプログラミングスタイルで大部分はカバーできると思います。動作の概要を次に示します。

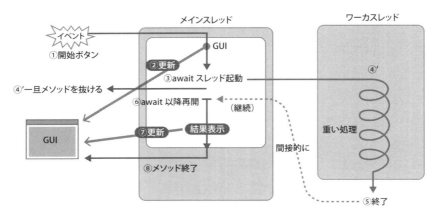

図6.19●内部動作

次に示すのはスレッドに着目した図です。

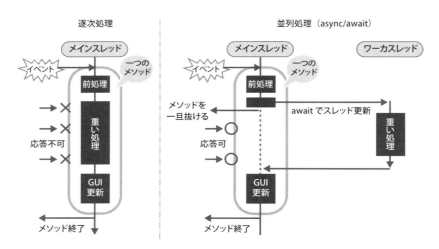

図6.20●スレッドに着目した図

■ 実行

動作はこれまでと同様ですが、確認のため動作させてみましょう。プログラムを起動して［開始］ボタンを押すと、テキストボックスに「開始メソッド開始.」という文字が表示されます。ソースリストを観察すると分かりますが、［開始］ボタンを押したときに制御の渡る bStart_Click メソッドの先頭の部分で表示しています。

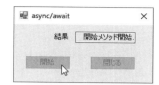

図6.21●[開始]ボタンを押した後

その後、メインスレッドとワーカスレッドは非同期に並列動作します。そのため、重い処理が始まっても GUI はユーザーの操作に反応します。たとえば、重い処理を行っている最中であっても、ウィンドウを移動できます。

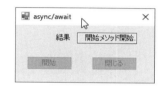

図6.22●ウィンドウの移動

負荷の重い作業が終わると結果が表示され、ボタンも有効化されます。

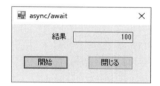

図6.23●結果が表示される

6-8 非同期メソッド応用

先ほどのプログラムを、より具体的なアプリケーションに応用します。本節では、画像処理を行うプログラムを紹介します。画像処理は重い処理になりますので、先ほどの手法を使用して GUI がフリーズせず、処理完了後の直後に GUI が更新されることを確かめます。

■並列処理しない場合

まず、並列処理と比較したいので、単純なシングルスレッドのプログラムを紹介します。シングルスレッドのため、コントロールのアクセスに気をつける必要はありませんが、プログラムは決して使いやすいとはいえません。アプリケーションに画像処理を採用したのは、比較的負荷の

重い処理が必要だったためです。しかし、最近の CPU の速度能力向上は凄まじく、ピクセル単位で画像変換を行っても、すぐに終わってしまい並列処理と逐次処理の違いを感じられない場合もあります。そのような場合は、大きな画像を処理対象としてください。

まず、プログラムの概要を説明します。画像ファイルを PictureBox の Image へ読み込みます。その画像から Bitmap オブジェクトを生成し、画像処理します。その変換された Bitmap オブジェクトを PictureBox コントロールへ設定し、変換した画像を表示します。

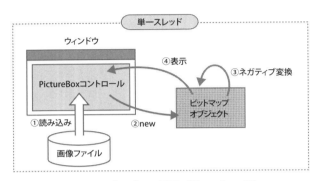

図6.24●プログラム概要（単一スレッド）

GUI は、ごく標準的なウィンドウを 1 つ持ちます。表示する画像よりウィンドウを小さくしたとき、スクロールできるようにするようにします。それには、PictureBox コントロールをフォームに直接貼り付けず、フォームに Panel コントロールを貼り付け、その上に PictureBox コントロールを貼り付けます。概念図を次に示します。

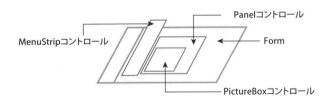

図6.25●コントロールの配置概要

配置したメニューを編集して完成させます。メニューの様子を示します。

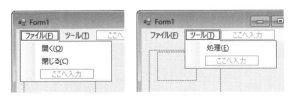

図6.26●メニューの様子

完成したフォームの様子を示します。

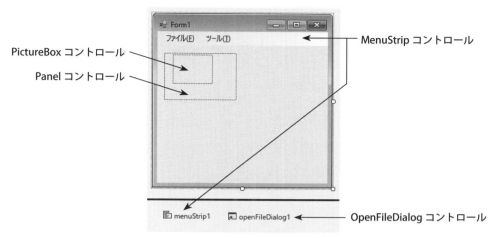

図6.27●完成したフォーム

ソースリストを次に示します。

リスト6.10●ch06¥07noThreadImg¥control¥Form1.cs

```csharp
using System;
using System.Drawing;
using System.Windows.Forms;
using System.Threading.Tasks;

namespace control
{
    public partial class Form1 : Form
    {
        private string ttl = "no thread image";

        public Form1()
        {
            InitializeComponent();

            Text = ttl;
            openFileDialog1.FileName = "";
            panel1.Dock = DockStyle.Fill;        //スクロール対応
            panel1.AutoScroll = true;
            pictureBox1.Location = new Point(0, 0);
        }

        // 「開く」メニュー項目
```

```csharp
            private void FileMenuOpen_Click(object sender, EventArgs e)
            {
                try
                {
                    openFileDialog1.CheckFileExists = true;
                    openFileDialog1.Filter = "画像ファイル(*.bmp,*.jpg)|*.bmp;*.jpg|"
                                           + "すべてのファイル(*.*)|*.*";
                    openFileDialog1.FilterIndex = 1;
                    DialogResult ret = openFileDialog1.ShowDialog();
                    if (ret == DialogResult.OK)
                    {
                        pictureBox1.Image = Image.FromFile(openFileDialog1.FileName);

                        //スクロール対応
                        pictureBox1.Size = new Size(pictureBox1.Image.Width,
                                                    pictureBox1.Image.Height);

                        // ウィンドウサイズ調整
                        this.ClientSize = new Size(pictureBox1.Image.Width,
                                    pictureBox1.Image.Height + menuStrip1.Height);
                    }
                }
                catch (Exception ex)
                {
                    MessageBox.Show(ex.Message);
                }
            }

            // 「処理」メニュー項目
            private void ToolMenuEffect_Click(object sender, EventArgs e)
            {
                if (pictureBox1.Image == null)              // 読み込んでいるか
                    return;

                // ビットマップオブジェクトを生成
                Bitmap bmp = new Bitmap(pictureBox1.Image);

                Cursor = Cursors.WaitCursor;

                for (int y = 0; y < bmp.Height; y++)
                {
                    for (int x = 0; x < bmp.Width; x++)
                    {
                        Color c = bmp.GetPixel(x, y);    // ピクセル読込

                        int r = 255 - c.R;                  // 画像処理
                        int g = 255 - c.G;
```

```csharp
                    int b = 255 - c.B;

                    c = Color.FromArgb(r, g, b);
                    bmp.SetPixel(x, y, c);          // ピクセル書込
                }
            }
            pictureBox1.Image = bmp;

            Cursor = Cursors.Default;
        }

        // 「閉じる」メニュー項目
        private void FileMenuClose_Click(object sender, EventArgs e)
        {
            Close();
        }
    }
}
```

コンストラクタで、フォームの各種プロパティを設定します。OpenFileDialogコントロールのFileNameプロパティをクリアします。これはファイルを開くときに最初の表示はファイル名が表示されないようにするためです。PanelコントロールのDockプロパティにFillを設定します。さらに、PanelコントロールのAutoScrollプロパティにtrueを設定します。次に、PictureBoxコントロールをPanelコントロールの左上隅に配置します。これでウィンドウはスクロールへ自動対応します。

FileMenuOpen_Clickメソッドは、［ファイル▶開く］の選択時に制御が渡ります。「ファイルを開く」ダイアログを表示して画像ファイルを読み込み、ウィンドウサイズを調整して画面に表示する処理を行います。「ファイルを開く」ダイアログは、OpenFileDialogコントロールのShowDialog()で表示します。あらかじめ、CheckFileExistsプロパティをtrueに設定して選択の対象を既存のファイルのみに制限し、FilterプロパティやFilterIndexプロパティで対象ファイルの種類を制限します。「ファイルを開く」ダイアログでファイルを選択し、［開く］ボタンを押せばDialogResult.OKが、［キャンセル］ボタンを押せばそれ以外の値が返ります。キャンセルされた場合、すぐにメソッドを抜けます。ファイルが選択されたら、PictureBoxコントロールのImageプロパティに、Image.FromFileメソッドでファイルを読み込みます。読み込むファイルの指定にはOpenFileDialogコントロールのFileNameプロパティを使用します。さらに、フォームのサイズ（ClientSizeプロパティ）を読み込んだ画像の大きさに合わせます。幅は画像の幅をそのまま使用しますが、高さは画像の高さだけでなくメニューの高さも含めます。

ToolMenuEffect_Clickメソッドは、［ツール▶処理］の選択時に制御が渡ります。まず、PictureBoxコントロールのImageプロパティを調べ、画像が読み込まれているか確認します。

画像が読み込まれていない場合は、何もせずメソッドを抜けます。次に、ネガティブ処理に使用するBitmapオブジェクトbmpを、pictureBox1オブジェクトのImageプロパティから生成します。そして、マウスカーソルを待ち状態に変更します。

forループによって全画素をネガティブ処理します。ネガティブ処理は、BitmapオブジェクトbmpのGetPixelメソッドで各画素を取り出し、変換後SetPixelメソッドで書き戻します。全画素の変換が終わったらpictureBox1オブジェクトのImageプロパティにbmpオブジェクトを設定します。これでネガティブ処理した画像が表示されます。最後に、カーソル形状を標準に戻します。

［閉じる］メニュー項目が選択されると、FileMenuClose_Clickメソッドへ制御が渡ってきます。Closeメソッドでプログラムを終了させます。

■ async修飾子とawait演算子を使用した場合

先のプログラムをasync修飾子とawait演算子を使用し、Taskクラスで記述してみましょう。直前のプログラムは、次図に示す③の部分を処理中（画像処理中）はGUIはフリーズします。ウィンドウの表示はもちろん、ウィンドウの移動や最小化などにも反応できません。このプログラムは、③の部分を非同期に別スレッドで処理します。このようにすることによって、ネガティブ処理中でも、GUIがフリーズしません。ウィンドウの表示はもちろん、ウィンドウの移動や最小化などに反応します。かつ、GUIの更新は、await演算子を指定したTask以降に記述するだけです。

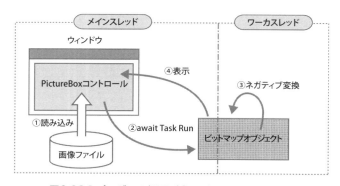

図6.28●プログラム概要（③を別スレッドで処理）

実際のプログラムは複雑ですので、処理の流れを分かりやすく箇条書きにして以下に示します。

①ユーザーがメニューを選択します。
②対応するメソッドが呼び出されます。
③メニューを無効にします。
④await演算子を指定したTaskで画像処理部をスレッドで非同期実行します。

⑤直後に、制御はいったんメソッドから抜けます。Taskに記述された画像処理部は、別スレッドで並行して処理を行います。
⑥Taskに記述された画像処理部が完了すると、これに続くコードに制御が移ります。
⑦制御が移ったスレッドはメインスレッドです。ここで、処理結果の画像を表示し、メニューなどを有効にするなどの後処理を行います。

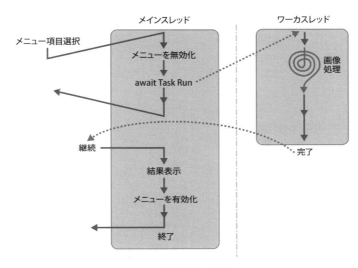

図6.29●処理の流れ

ソースリストを次に示します。

リスト6.11●ch06¥07asyncAwaitImg¥control¥Form1.cs

```csharp
    ：
// 「処理」メニュー項目
private async void ToolMenuEffect_Click(object sender, EventArgs e)
{
    if (pictureBox1.Image == null)              // 読み込んでいるか
        return;

    // ビットマップオブジェクトを生成
    Bitmap bmp = new Bitmap(pictureBox1.Image);

    menuStrip1.Enabled = false;                 //メニューを無効化

    await Task.Run(() =>
    {
        for (int y = 0; y < bmp.Height; y++)
        {
```

```csharp
                        for (int x = 0; x < bmp.Width; x++)
                        {
                            Color c = bmp.GetPixel(x, y);    // ピクセル読込

                            int r = 255 - c.R;               // 画像処理
                            int g = 255 - c.G;
                            int b = 255 - c.B;

                            c = Color.FromArgb(r, g, b);
                            bmp.SetPixel(x, y, c );          // ピクセル書込
                        }
                    }
                });
            pictureBox1.Image = bmp;                         // 表示

            menuStrip1.Enabled = true;                       //メニューを有効化
        }

        // 「閉じる」メニュー項目
        private void FileMenuClose_Click(object sender, EventArgs e)
        {
            Close();
        }

        // フォーム閉じる場合制御が渡る，このコードがあると
        // 「×」や強制終了させられてもスレッドが終わるまで終了を無視します．
        private void Form1_FormClosing(object sender, FormClosingEventArgs e)
        {
            if (menuStrip1.Enabled == false)
                e.Cancel = true;
        }
    }
}
```

先のプログラムと共通な部分が多いので、異なる部分を中心に説明します。

`ToolMenuEffect_Click` メソッドは、[ツール▶処理] の選択時に制御が渡ります。ほとんど先ほどのプログラムと同様です。異なるのは、async 修飾子と await 演算子を使用するためメソッドに async 修飾子を指定します。先ほどのプログラムと異なるのは、画像処理の部分を Task クラスの Run メソッドへラムダ式として与えることです。これによって、画像処理部は異なるスレッドで並列処理されます。この Task.Run に対し await 演算子を指定します。つまり、画像処理を Task へ任せますが、await 演算子を指定することによって非同期に実行します。Task.Run に記述されたラムダ式は長い時間を要しますが、await 演算子が指定されているため、この部分でメソッドをすぐに抜けます。これによって GUI がフリーズすることはありません。画

像処理が終了すると、await 演算子を指定したステートメント以降のコードがメインスレッドで実行されます。このため、継続される部分で画像を GUI へ表示します。

　［閉じる］メニュー項目が選択されると、FileMenuClose_Click メソッドへ制御が渡ってきます。Close メソッドでプログラムを終了させます。スレッドなどの監視は一切行わず、それらは Form1_FormClosing メソッドに任せます。

　ウィンドウの［×］ボタンが押されるなどプログラムが終了に向かうと、Form1_FormClosing メソッドへ制御が渡ってきます。メニューが無効なら［×］ボタンなどを無視します。引数の e の e.Cancel プロパティに true を設定します。これでスレッドが動作中は［×］ボタンなど、プログラム終了を無視します。スレッドが残っている間にプログラムを終了すると、スレッドが無効なリソースにアクセスするなど不都合が生じるためこのような方法を採用します。

■ 実行

　まず、スレッドを使用しないプログラムを動作させてみましょう。起動直後のプログラムの様子を示します。コンストラクタで各種プロパティを設定しているため、デザイン時の様子とは異なります。

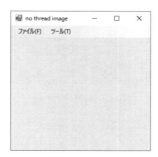

図6.30● 起動直後の様子

［開く］メニュー項目を選択します。

図6.31● ［開く］メニュー

ダイアログが現れますので目的のファイルを選択し、［開く］ボタンを押します。

図6.32● [開く] ボタンを押す

画像が表示されウィンドウのサイズも調整されます。

図6.33●表示される

スクロールバーに対応しているため、ウィンドウサイズを変更するとスクロールバーが現れます。当然ですが、スクロールバーを使用して表示したい範囲を表示することができます。

図6.34●ウィンドウサイズを変更

メニューから［ツール▶処理］を選択すると処理が始まります。単一スレッドのため、ウィンドウの移動などへは反応しません。操作しようとするとウィンドウタイトルに「応答無し」が表示されます。ただし、高速な CPU を搭載したシステムでは、処理が早すぎて単一スレッドと気づかない場合があります。そのような場合は大きな画像ファイルを使用してください。

図6.35●ウィンドウ移動などへは反応しない

さて、今度は async 修飾子と await 演算子を使用したプログラムを使用してみましょう。［開く］メニュー項目を選択します。ダイアログが現れますので目的のファイルを選択し、［開く］ボタンを押します。画像が表示されウィンドウのサイズも調整されます。メニューから［ツール▶処理］を選択します。

図6.36●［ツール▶処理］を選択

すると、処理が始まります。画像処理中でもウィンドウサイズの変更、スクロール、そしてウィンドウの移動などが可能です。

図6.37●画像処理中でもウィンドウサイズの変更、スクロールや移動可能

画像処理が完了するまでは、ウィンドウの［×］ボタンを押しても無視します。

図6.38●[×] ボタンを無視

変換前と変換後の様子を示します。

図6.39●変換前と変換後の様子

このように、async 修飾子と await 演算子を使用すると**簡単**に GUI 更新とスレッドを共存させることが可能です。

6-9 Task クラスと Invoke（GUI を頻繁に更新）

スレッドと GUI の更新の共存については説明しました。これまでの例は、ある程度の塊を処理したのちに GUI を更新しました。しかし、現実のプログラムでは異なるスレッドから GUI を頻繁に更新したい場合があります。本節から、いくつかの手法で、異なるスレッドから GUI を頻繁に更新するプログラムを紹介します。

まず、6-6 節「Task クラスと Invoke」で紹介したプログラムを改変し、TPL の Task クラスを使用して GUI を頻繁に更新する例を紹介します。

プログラムのソースリストを次に示します。

リスト6.12●ch06¥08taskInvoke2Frq¥simpleGui¥Form1.cs

```
using System;
using System.Windows.Forms;
using System.Threading;
```

```csharp
using System.Threading.Tasks;

namespace simpleGui
{
    public partial class Form1 : Form
    {
        private int mCount;
        private string ttl = "Task & Invoke";

        //コンストラクタ
        public Form1()
        {
            InitializeComponent();

            Text = ttl;
            MaximizeBox = MinimizeBox = false;
            FormBorderStyle = FormBorderStyle.FixedSingle;

            tBCount.ReadOnly = true;
            tBCount.TabStop = false;
            tBCount.TextAlign = HorizontalAlignment.Right;

            bStart.Text = "開始";
            bClose.Text = "閉じる";
        }

        // 「開始」ボタン
        private void bStart_Click(object sender, EventArgs e)
        {
            //bStart.Enabled = bClose.Enabled = false;

            Task.Run(() => {
                mCount = 0;

                // 重い処理
                for (int loop = 0; loop < 100; loop++)
                {
                    mCount++;
                    Thread.Sleep(100);

                    dispCount(mCount);   //結果表示
                }
            });
            tBCount.Text = bStart.Text + "メソッド終了.";
        }

        // 「閉じる」ボタン
```

```csharp
        private void bClose_Click(object sender, EventArgs e)
        {
            Close();
        }

        // GUI更新
        private void dispCount(int inCounter)
        {
            if (this.tBCount.InvokeRequired)
            {
                tBCount.Invoke(new Action<int>(dispCount),
                                    new object[] { inCounter });
            }
            else
            {
                tBCount.Text = inCounter.ToString();

                //bStart.Enabled = bClose.Enabled = true;
            }
        }
    }
}
```

　6-6節のプログラムと異なるのは、dispCountメソッドの呼び出しをforループ内に移動するだけです。dispCountメソッドはInvokeRequiredを参照し、直接コントロールを操作できるか、あるいはInvokeする必要があるか調べます。この結果によってInvokeでGUIを更新するか、直接GUIを更新します。これによって以前のプログラムと違い、処理結果の途中が表示されるようになります。

　同期処理は外しました。これは、dispCountメソッドが呼び出された時点が、必ずしもボタンを有効化する時期ではないためです。このため本プログラムは、すでに処理中であっても何回もボタンを押すことが可能です。これによる直接の障害はないため、このままとします。もし、同期処理したければ［開始］ボタンを押したときのボタン無効化は以前のように残し、dispCountメソッドで終了条件をチェック（この例ではmCountが100）し、その時点でボタン有効化すると良いでしょう。ただ、このような方法では、何らかの理由でエラーあるいは例外が発生したときにメニューが永遠に有効化されない怖れがあります。そうでなくても、終了条件が変更になった際にボタンが有効化されないという不具合を埋め込んでしまう可能性があります。以上の理由から推奨されない方法ですが、一応修正方法を次に示します。

```csharp
        // 「開始」ボタン
        private void bStart_Click(object sender, EventArgs e)
        {
```

```csharp
            bStart.Enabled = bClose.Enabled = false;

            Task.Run(() => {
                :
            }
            :
// GUI更新
private void dispCount(int inCounter)
{
    :
    else
    {
        tBCount.Text = inCounter.ToString();

        if (mCount == 100)
            bStart.Enabled = bClose.Enabled = true;
    }
}
```

次節で、これらをスマートに記述する方法を紹介します。

■ 実行

プログラムを起動し、[開始]ボタンを押すと実行が始まります。スレッドで処理中の値が表示されます。

図6.40●[開始]ボタンを押した後

しばらくすると終了します。

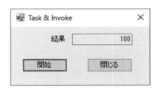

図6.41●終了

ボタンを無効化していないため、何回も[開始]ボタンを押すことができます。このため多重に押すと結果は不定となります。先の修正を組み込めば、このように多重に[開始]ボタンを押

すことはできなくなります。

図6.42●何回も[開始]ボタンを押す

また、処理中であっても、[閉じる]ボタンを押してウィンドウを閉じることができます。

図6.43●処理中に[閉じる]ボタンを押す

6-10 非同期メソッド（GUI を頻繁に更新）

async 修飾子と await 演算子を使用し、GUI を頻繁に更新する例を示します。本プログラムは、6-7 節「非同期メソッド」を拡張したものです。基本的な動作は前節と同様です。

プログラムのソースリストを次に示します。

リスト6.13●ch06¥09asyncAwaitFrq¥simpleGui¥Form1.cs

```csharp
    :
// 「開始」ボタン
private async void bStart_Click(object sender, EventArgs e)
{
    bStart.Enabled = bClose.Enabled = false;

    tBCount.Text = bStart.Text + "メソッド開始.";

    mCount = 0;

    for (int loop = 0; loop < 100; loop++)
    {
        await Task.Run(() =>
        {
```

```
                // 重い処理
                mCount++;
                Thread.Sleep(100);
            });
            tBCount.Text = mCount.ToString();   //結果表示
        }

        bStart.Enabled = bClose.Enabled = true;
    }
    :
```

6-7 節のプログラムでは、Task.Run に対し await 演算子が指定し、重い処理を Task へ任せます。処理結果は、Task.Run に記述した処理が終了後 GUI へ表示していました。このプログラムは、await 演算子を for ループの外側ではなく、内側の処理に指定します。

細かく説明するよりは以前のコードと比較するのが良いでしょうから、6-7 節のリスト 6.9 での処理を次に示します。

```
            :
            await Task.Run(() => {
                mCount = 0;

                // 重い処理
                for (int loop = 0; loop < 100; loop++)
                {
                    mCount++;
                    Thread.Sleep(100);
                }
            });
            tBCount.Text = mCount.ToString();
            :
```

このサンプルはプログラムを単純化するため、スレッド内の負荷は、それほど大きくありません。このためスレッドを生成・起動するコストがスレッドの負荷とバランスしない可能性があります。しかし、実際のアプリケーションではスレッド内の負荷は大きい可能性が高いので、このような方法も考えられるでしょう。もし、スレッド内の負荷が小さければ、そもそもスレッド内から GUI を頻繁に更新する必要はありません。このことから、一般的なアプリケーションでは、async 修飾子と await 演算子を使う方法でほとんどのケースを解決できるはずです。

本節のプログラムでは、リスト 6.13 から分かるように、ワーカスレッドが await 演算子を指定し何回も呼び出されます。ワーカスレッドが終了するたびに await 演算子以降がメインスレッドで継続されます。つまり、6-7 節のプログラムが細かくスライスされたような感じです。このため、ワーカスレッドの負荷が軽いとオーバーヘッドが大きくなる可能性があります。ただ、プ

ログラムは簡単になるため、極端に性能に気をつかう必要がなければ本節の手法を用いるのも構わないでしょう。Invokeを使うか本節の方法を使用するかは、開発者の選択によるでしょう。

■実行

動作は前節に近いですが、ボタンの有効化と無効化を組み込んでいます。プログラムを起動して［開始］ボタンを押すと、テキストボックスに「メソッド開始.」という文字が表示されます。しかし、一瞬で消えてしまい、処理の途中が表示されます。負荷の重い処理が始まってもGUIの表示は続き、GUIへのイベントも処理できます。

図6.44●「開始」ボタンを押す

負荷の重い作業が終わると最終結果が表示されるとともに、メニューが有効化されます。

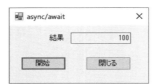

図6.45●結果が表示される

6-11 非同期メソッド応用（GUIを頻繁に更新）

6-8節「非同期メソッド応用」のプログラムを拡張し、GUIを頻繁に更新する例を紹介します。基本的な動作は前節と同様ですが、より具体的なプログラムを紹介します。メニューや各コントロールの配置は6-8節のプログラムと同様ですので、説明は省きます。

プログラムのソースリストを次に示します。

リスト6.14●ch06¥10asyncAwaitImgFrq¥control¥Form1.cs

```
    ⋮
    // 「処理」メニュー項目
```

6-11 非同期メソッド応用（GUIを頻繁に更新）

```csharp
            private async void ToolMenuEffect_Click(object sender, EventArgs e)
            {
                if (pictureBox1.Image == null)              // 読み込んでいるか
                    return;

                // ビットマップオブジェクトを生成
                Bitmap bmp = new Bitmap(pictureBox1.Image);

                menuStrip1.Enabled = false;                 //メニューを無効化

                for (int y = 0; y < bmp.Height; y++)
                {
                    await Task.Run(() =>
                    {
                        for (int x = 0; x < bmp.Width; x++)
                        {
                            Color c = bmp.GetPixel(x, y);   // ピクセル読込

                            int r = 255 - c.R;              // 画像処理
                            int g = 255 - c.G;
                            int b = 255 - c.B;

                            c = Color.FromArgb(r, g, b);
                            bmp.SetPixel(x, y, c);          // ピクセル書込
                        }
                    });
                    Bitmap dsipBmp = new Bitmap(bmp);
                    pictureBox1.Image = dsipBmp;            // 表示
                }
                menuStrip1.Enabled = true;                  //メニューを有効化
            }
            :
```

6-8節のプログラムでは、Task.Runに対してawait演算子を指定し、重い処理すべてをTaskへ任せました。そして、Task.Runに記述した処理の終了後に処理結果をGUIへ表示しています。本節のプログラムは、forループの内側の処理にawait演算子を指定して、1つのラインの処理を非同期処理させます。非同期処理が終わったらGUIを更新します。

この際に若干の注意が必要です。bmpをそのままpictureBox1のImageプロパティへ設定すると、次のラインを処理する際にワーカスレッドとメインスレッドでbmpアクセスの競合が発生します。このため、bmpオブジェクトから表示用のdsipBmpを生成し、このBitmapオブジェクトをpictureBox1のImageプロパティへ設定します。

メニューの有効化／無効化はこれまでと変わりません。これによって処理中に再度メニューを選ぶことはできなくなります。

■ 実行

動作は 6-8 節のプログラムに近いですが、1 ライン処理するたびに画像が再表示されるため、変換の進み具合を観察することができます。プログラムを起動して［開く］メニュー項目を選択するとダイアログが現れますので、目的のファイルを選択して［開く］ボタンを押します。画像が表示されウィンドウのサイズも調整されます。メニューから［ツール▶処理］を選択します。

図6.46● ［処理］メニュー項目を選択

画像処理中でもウィンドウサイズの変更、スクロールや移動が可能です。先のプログラムと違い、処理中の様子も観察できます。

図6.47●処理中の様子

画像処理が終わると結果が表示されます。また、メニューが有効化されます。

図6.48●最終結果が表示される

6-12 スレッド間でメッセージ通信（1）

　本節では、ウィンドウメッセージを使用してワーカスレッドからメインスレッドにメッセージを送信することでGUIを更新するプログラムを紹介します。現代においてはウィンドウメッセージを意識すること自体が極端に少なくなりました。若干、C#や通常のプログラミングを外れる方法なので推奨はしませんが、このような方法もあると理解してください。イベントのシリアライズなども簡単に実現でき、案外便利なことが分かるでしょう。

　このプログラムを理解することによって、Windowsがメッセージで動作していることを理解できるでしょう。一般的にGUIプログラムなどを記述しているとイベントドリブンに見えますが、内部はメッセージで動作しています。ワーカスレッドからメッセージを送り、メインスレッドでメッセージの処理を行います。図6.49に、スレッド間のメッセージの流れを示します。

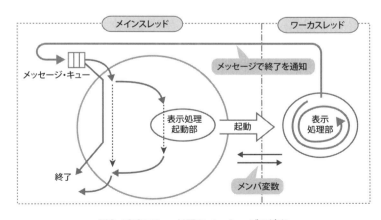

図6.49●スレッド間のメッセージの流れ

ワーカスレッドで処理した結果を、GUI処理を受け持つメインスレッドへメッセージで送ります。メインスレッドでメッセージを処理し、受け取った値をGUIに表示します。本節のプログラムでは、ある条件に達したときに、ワーカスレッドからメインスレッドにプログラムの終了を通知するメッセージを送出し、プログラムを終了させます。図6.50に動作の概要を示します。

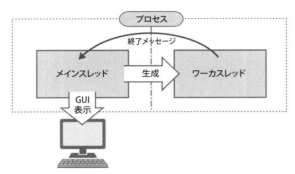

図6.50●動作の概要

フォームの外観を次に示します。

図6.51●ウィンドウの外観

プログラムのソースリストを次に示します。

リスト6.15●ch06¥11windowMsgFrq¥simpleGui¥Form1.cs

```
using System;
using System.Windows.Forms;
using System.Threading;
using System.Threading.Tasks;

namespace simpleGui
{
    public partial class Form1 : Form
    {
```

6-12 スレッド間でメッセージ通信（1）

```csharp
            private string ttl = "window messages";

            //コンストラクタ
            public Form1()
            {
                InitializeComponent();

                Text = ttl;
                MaximizeBox = MinimizeBox = false;
                FormBorderStyle = FormBorderStyle.FixedSingle;

                tBCount.ReadOnly = true;
                tBCount.TabStop = false;
                tBCount.TextAlign = HorizontalAlignment.Right;

                bStart.Text = "開始";
                bClose.Text = "閉じる";
            }

            // DllImport属性
            [System.Runtime.InteropServices.DllImport("USER32.DLL")]
            static extern int PostMessage(int hwnd, int msg, int wparam, int lparam);


            // 「開始」ボタン
            private void bStart_Click(object sender, EventArgs e)
            {
                bStart.Enabled = bClose.Enabled = false;

                Task.Run(() => {
                    int count = 0;

                    // 重い処理
                    for (int loop = 0; loop < 100; loop++)
                    {
                        count++;
                        Thread.Sleep(100);

                        // メインスレッドにウィンドウ・メッセージを送信
                        PostMessage(this.Handle.ToInt32(), 0x8002, 0, count);
                    }
                    // メインスレッドにウィンドウ・メッセージを送信
                    PostMessage(this.Handle.ToInt32(), 0x8001, 0, 0);
                });
                tBCount.Text = bStart.Text + "メソッド終了.";
            }
```

```csharp
        // 「閉じる」ボタン
        private void bClose_Click(object sender, EventArgs e)
        {
            Close();
        }

        // WndProcをオーバーライド
        protected override void WndProc(ref Message msg)
        {
            try
            {
                switch (msg.Msg)
                {
                    case 0x8001:    // 終了
                        bStart.Enabled = bClose.Enabled = true;
                        break;

                    case 0x8002:    // カウント値
                        tBCount.Text = msg.LParam.ToString();
                        break;

                    default:
                        base.WndProc(ref msg);       // 元のWndProc呼び出し
                        break;
                }
            }
            catch (Exception ex)
            {
                MessageBox.Show(ex.Message);
            }
        }
    }
}
```

　コンストラクタで各種プロパティを変更します。スレッド間でメッセージ交換しますが、それにはWindows APIを使用します。そこでWindows APIの宣言を行います。

　［開始］ボタンを押すと、bStart_Clickメソッドへ制御が渡ります。メソッドの処理はこれまでと変わらず、単にcountをインクリメントしているだけです。これまでと異なるのは、PostMessage APIを使用し、メッセージにcountの値を含めてポストします。ウィンドウハンドルに自分自身を指定していますので、このメッセージは自分で受け取ります。countをインクリメントしている最中は、ウィンドウメッセージの0x8001とcountをポストします。スレッドの最終で、ウィンドウメッセージの0x8002を送出し、スレッドが終了することを知らせます。

　WndProcは、ウィンドウメッセージを処理するWndProcのオーバーライドです。このため、

先ほどポストしたメッセージはこのメソッドに届きます。このメソッドは、ウィンドウメッセージの 0x8001 と 0x8002 を処理します。ウィンドウメッセージは、WM_USER で指定された以上の値をユーザーが使用できます。ここでは WM_USER より十分大きな値を使用しました。0x8001 を受け取った場合はスレッド終了ですので、ボタンを有効化します。0x8002 を受け取った場合は、引数の LParam から count の値を取り出してウィンドウのテキストボックスに表示します。これ以外のメッセージを受け取った場合は本来の WndProc を呼び出します。

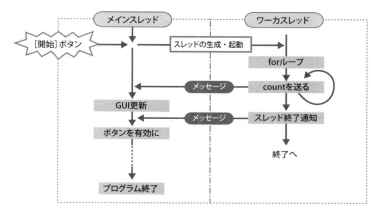

図6.52●メッセージやイベントのシーケンス

実行に関しては 6-10 節「非同期メソッド（GUI を頻繁に更新）」と同様ですので、説明は省略します。

6-13 スレッド間でメッセージ通信（2）

本節でも前節と同じウィンドウメッセージを利用するプログラムを紹介します。本節で紹介するプログラムは、クライアントウィンドウ内を多数の線がバウンドするプログラムです。Windows が登場した初期の頃にスクリーンセーバなどで使われたものです。プログラムの概要を次に示します。

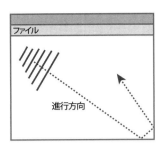

図6.53●プログラムの概要

　前節と同じ方法を使用しますが、ウィンドウメッセージの数は増えます。ラインの座標位置をワーカスレッドで計算し、その座標をウィンドウメッセージでメインスレッドへ渡します。GUI処理とクライアントウィンドウへの描画処理をメインスレッドで行い、ワーカスレッドは描画する線の座標計算を行います。その座標もメッセージで通知するため、ワーカスレッドは描画処理そのものにはまったく関与しません。

　フォームの外観とメニューの様子を、図6.54と図6.55に示します。ウィンドウの大きさは実行時に設定するので、デザイン時は適当でかまいません。

図6.54●ウィンドウの外観

図6.55●メニューの様子

　プログラムのソースリストを次に示します。

リスト6.16●ch06¥12boundsThreadMsg¥bounds¥Form1.cs

```
using System;
using System.Drawing;
using System.Windows.Forms;
using System.Threading;

namespace bounds
{
    public partial class Form1 : Form
    {
```

6-13 スレッド間でメッセージ通信（2）

```csharp
        private Graphics mGraphics;
        private threadClass mObjThread;
        private Thread mThread;
        private byte mColorIndex;
        private Point mSPoint, mEPoint;
        private string ttl = "バウンズ・ウィンドウメッセージ";

        // コンストラクタ
        public Form1()
        {
            InitializeComponent();

            Text = ttl;
            MaximizeBox = MinimizeBox = false;
            Size = new Size(800, 600);
            FormBorderStyle = FormBorderStyle.FixedSingle;

            mColorIndex = 0;                            // ラインカラーを初期化

            // グラフィックスオブジェクトの対象を設定
            mGraphics = Graphics.FromHwnd(panel.Handle);
        }

        // WndProcをオーバーライド
        protected override void WndProc(ref Message msg)
        {
            try
            {
                switch (msg.Msg)
                {
                    case 0x8001:    // start point of erase line
                    case 0x8003:    // start point of new line
                        mSPoint.X = (int)msg.WParam;
                        mSPoint.Y = (int)msg.LParam;
                        break;

                    case 0x8002:    // end point of erase line
                    case 0x8004:    // end point of new line
                        mEPoint.X = (int)msg.WParam;
                        mEPoint.Y = (int)msg.LParam;
                        break;

                    default:
                        base.WndProc(ref msg);          // 元のWndProc呼び出し
                        break;
                }

                if (msg.Msg == 0x8002)                  // 線を消す
```

```csharp
            {
                Pen drawPen = new Pen(panel.BackColor);
                mGraphics.DrawLine(drawPen, mSPoint, mEPoint);
            }
            if (msg.Msg == 0x8004)                    // 新しい線を引く
            {
                Pen drawPen = new Pen(Color.FromArgb(mColorIndex,
                                        255 - mColorIndex, mColorIndex++));
                mGraphics.DrawLine(drawPen, mSPoint, mEPoint);    // 線を引く
            }
        }
        catch (Exception ex)
        {
            MessageBox.Show(ex.Message);
        }
    }

    // 「開始」メニュー
    private void menuFileStart_Click(object sender, EventArgs e)
    {
        try
        {
            // スレッドクラスのオブジェクトを作成
            mObjThread = new threadClass(this.Handle, panel.Width, panel.Height);

            // スレッドを作成
            mThread = new Thread(new ThreadStart(mObjThread.wThread));
            mThread.Start();                    // スレッドを開始する

            menuFileStart.Enabled = false;      // 多重起動を抑止
        }
        catch (Exception ex)
        {
            MessageBox.Show(ex.Message);
        }
    }

    // 「閉じる」メニュー
    private void menuFileClose_Click(object sender, EventArgs e)
    {
        Close();
    }

    // クロージング
    //   スレッドが直ぐに終了に向かうようにする．本当は同期させた方が良い．
    private void Form1_FormClosing(object sender, FormClosingEventArgs e)
    {
        if (mThread != null)                    // スレッド動作中
```

```csharp
            {
                mObjThread.mContinue = false;        // スレッドに停止を通知

                while (mThread.IsAlive)              // スレッド停止を待つ
                    Thread.Sleep(10);
            }
        }
    }


    // スレッドクラス
    public class threadClass
    {
        private readonly int numOfLines = 50;
        public Boolean mContinue;
        private int mWidth, mHeight;
        private IntPtr hWnd;

        // コンストラクタ
        public threadClass(IntPtr hWnd, int width, int height)
        {
            this.hWnd = hWnd;             // メインウィンドウのハンドル

            mContinue = true;             // スレッド制御

            mWidth = width;               // 各種初期化
            mHeight = height;
        }

        // DllImport属性
        [System.Runtime.InteropServices.DllImport("USER32.DLL")]
        static extern int PostMessage(int hwnd, int msg, int wparam, int lparam);

        // スレッドメソッド
        public void wThread()
        {
            try
            {
                int dX = -8, dY = -8, dX2 = dX - 8, dY2 = dY - 4;

                Point[] sPoint = new Point[numOfLines];      // 配列の割付
                Point[] ePoint = new Point[sPoint.Length];

                for (int i = 0; i < sPoint.Length; i++)      // 配列初期化
                {
                    sPoint[i].X = sPoint[i].Y =
                            ePoint[i].X = ePoint[i].Y = 0;
                }
```

```csharp
                    while (mContinue)                          // スレッド続行か
                    {
                        // 古い線を消す
                        int endp = sPoint.Length - 1;
                        PostMessage(hWnd.ToInt32(), 0x8001, sPoint[endp].X, sPoint[endp].Y);
                        PostMessage(hWnd.ToInt32(), 0x8002, ePoint[endp].X, ePoint[endp].Y);

                        // 新しい線を引く
                        PostMessage(hWnd.ToInt32(), 0x8003, sPoint[0].X, sPoint[0].Y);
                        PostMessage(hWnd.ToInt32(), 0x8004, ePoint[0].X, ePoint[0].Y);

                        // 境界のチェック
                        if (sPoint[0].X < 0 || sPoint[0].X >= mWidth - 1)
                            dX = -dX;
                        if (sPoint[0].Y < 0 || sPoint[0].Y >= mHeight - 1)
                            dY = -dY;
                        if (ePoint[0].X < 0 || ePoint[0].X >= mWidth - 1)
                            dX2 = -dX2;
                        if (ePoint[0].Y < 0 || ePoint[0].Y >= mHeight - 1)
                            dY2 = -dY2;

                        // データを移動
                        for (int i = sPoint.Length - 1; i > 0; i--)
                        {
                            sPoint[i] = sPoint[i - 1];
                            ePoint[i] = ePoint[i - 1];
                        }

                        sPoint[0].X += dX;                     // 次の位置を計算
                        sPoint[0].Y += dY;
                        ePoint[0].X += dX2;
                        ePoint[0].Y += dY2;

                        Thread.Sleep(10);                      // ウェイト
                    }
                }
                catch (ThreadAbortException)
                {
                    MessageBox.Show("スレッドが停止した", "メッセージ");
                }
                catch (Exception ex)
                {
                    MessageBox.Show(ex.Message);
                }
            }
        }
    }
```

コンストラクタでは、フォームのプロパティ変更と、ラインの色を管理するメンバ変数の初期化を行います。処理効率を上げるため、Graphics オブジェクト mGraphics の生成も行います。

次に、ウィンドウメッセージを処理する WndProc をオーバーライドします。ここでは、ウィンドウメッセージの 0x8001、0x8002、0x8003 と 0x8004 を処理します。各メッセージの機能を表 6.1 にまとめます。

表6.1●メッセージの一覧

メッセージ番号	機能
0x8001	消去ラインの開始座標を通知
0x8002	消去ラインの終了座標を通知
0x8003	新しいラインの開始座標を通知
0x8004	新しいラインの終了座標を通知

0x8001 メッセージと 0x8003 メッセージの場合は、通知された座標を mSPoint に保存します。

0x8002 メッセージの場合は、通知された座標を mEPoint へ保存したのち、mGraphics オブジェクトの DrawLine メソッドで線を引きます。線を引く際にペンが必要です。0x8002 メッセージの場合は、パネルのバックカラーでペンを生成します。つまり、指定された座標の線を消します。よりよい方法として、以前の色を使用して排他論理和を行う方法もありますが、ここではスレッドの解説を主眼としているのでプログラムが複雑にならない方法を採用します。0x8004 メッセージの場合は、mColcrIndex の値を使用して色を変えて新しいペンを生成します。0x8002 メッセージで使用するペンは変更されることはないため、mGraphics オブジェクトのようにコンストラクタで生成するのも良いでしょう。その他のメッセージの処理は、base.WndProc(ref msg); で元のウィンドウプロシージャに任せます。

メニューから［ファイル▶開始］を選択すると、ウィンドウ内をたくさんのラインがバウンドしながら飛び跳ねます。このメニュー項目の選択時に制御が渡るのは menuFileStart_Click メソッドですが、このメソッドではクライアントウィンドウを飛び跳ねる座標計算と挿画のタイミングを処理するスレッドを起動するだけで、実際のバウンド処理は行いません。new でスレッドメソッドを含むクラスのインスタンスを生成します。このオブジェクト生成のコンストラクタに各種情報を渡します。その後、生成したオブジェクトに含まれるメソッドをスレッドとして生成し、起動します。最後にメニューを無効化します。

メニューから［ファイル▶閉じる］を選択すると menuFileClose_Click メソッドへ制御が移ります。ワーカスレッドの監視などは一切行っていません。終了処理は Form1_FormClosing メソッドで行います。

Form1_FormClosing メソッドは、フォームが閉じられるときに呼び出されます。まず、スレッドオブジェクトが生成されているか調べます。スレッドオブジェクトが生成されていたら、スレッド管理用のメンバ変数に false を代入します。すると、ワーカスレッドは終了に向かいま

す。確実にワーカスレッドの終了を確認するため mThread.IsAlive プロパティが false になるまで while でループします。単純にループしていますが、このようなコードはデッドロックの可能性を秘めています。詳細は第 7 章を参照してください。

　threadClass はスレッドクラスです。このクラスのオブジェクトを生成するのはメインスレッドです。メインスレッドが、このスレッドクラスを生成するときに、ウィンドウの大きさやウィンドウハンドルをコンストラクタへ渡します。コンストラクタは、これらをオブジェクトのメンバ変数へ保存します。

　wThread メソッドがスレッドメソッドです。このメソッドは、メインスレッドからスレッドとして起動されます。まず、座標を保存する Point 配列を割り付け、そして初期化します。そして、while ループでクライアント領域に線引く座標を計算し、その座標をメインスレッドに送ります。mContinue が false になると、このワーカスレッドは終了します。このスレッドを終了させるのは From1 の Form1_FormClosing メソッドです。

　まず、配列の最後尾に保存されている線の座標を PostMessage API で送り、最後のラインを消します。次に、配列の先頭に保存されている線の座標を PostMessage API で送り、新しいラインを引きます。続いて、線の座標が表示領域の境界に達しているか検査します。境界の判断は、コンストラクタで渡された値を使用します。もし、境界に達していたら反対方向に進むように、移動の増分である dX、dY、dX2、dY2 を変更します。その後、配列に格納している座標を 1 つずつ後ろに移動します。次に、座標計算を行い、配列の先頭に新しい座標を格納します。

　PostMessage API でメッセージを送るには、ウィンドウハンドルが必要です。この値はメインスレッドがスレッドクラスを生成するときのコンストラクタで渡します。ウィンドウハンドルは、Form1 オブジェクトの Handle プロパティです。これをスレッドクラスのコンストラクタで、IntPtr 型のメンバ変数 hWnd に保存します。この値を使用してウィンドウメッセージをポストします。プログラムから分かるよう、メッセージのシーケンスは守らなければなりません。

　最後に、このままでは描画が速すぎるので、Thread.Sleep メソッドでウェイトを挿入して描画速度を調整します。ウィンドウの移動中やメニューの表示中でもクライアントウィンドウは更新され続けます。すでに述べたとおり、このスレッドメソッドでは線の描画を行いません。線の描画に必要な座標計算のみを行い、その結果を PostMessage API でメインスレッドに通知します。

■ 実行

　図 6.56 は、起動直後のプログラムの様子です。

図6.56●起動直後の様子

［ファイル▶開始］を選択するとウィンドウ内に多数の線が引かれます。線はウィンドウの境界でバウンドします。

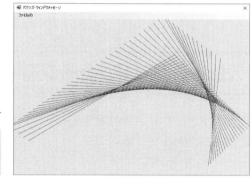

図6.57●［開始］メニュー項目を選択すると、バウンドが始まる

GUI処理とクライアントウィンドウの描画処理は並行して動作します。ウィンドウを移動したりメニューを表示している最中でも、クライアントウィンドウは更新され続けます。

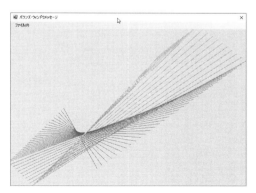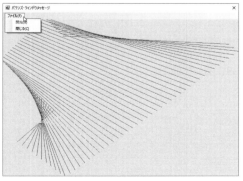

図6.58●ウィンドウの移動中やメニューの表示中でも更新され続ける

すでに描画処理が開始されている場合、[開始] メニュー項目は選択できません。

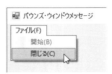

図6.59● [開始] メニュー項目が選択できない

プログラムを終了するには、[ファイル▶閉じる] を選択するかウィンドウの [×] ボタンを押します。

図6.60●終了

6-14 スレッド間でメッセージ通信（3）—Task クラス

前節のプログラムを Task クラスで書き換えてみましょう。そして配列で保持していた座標を List クラスで保持するように変更します。

プログラムのソースリストを次に示します。

リスト6.17●ch06¥13boundsLambdaMsg¥bounds¥Form1.cs

```
using System;
using System.Drawing;
using System.Windows.Forms;
using System.Threading;
using System.Threading.Tasks;
using System.Collections.Generic;

namespace bounds
{
    ⋮
    // DllImport属性
    [System.Runtime.InteropServices.DllImport("USER32.DLL")]
    static extern int PostMessage(int hwnd, int msg, int wparam, int lparam);

    // 「開始」メニュー
    private void menuFileStart_Click(object sender, EventArgs e)
```

```csharp
        {
            try
            {
                Size pSize = new Size(panel.Width, panel.Height);
                Pen backPen = new Pen(panel.BackColor);
                IntPtr hWnd = this.Handle;

                Task.Run(() =>
                {
                    int dX = -8, dY = -8, dX2 = dX - 8, dY2 = dY - 4;
                    List<Point> sPoint = new List<Point>();
                    List<Point> ePoint = new List<Point>();

                    for (int i = 0; i < numOfLines; i++)     // 初期化
                    {
                        sPoint.Add(new Point(0, 0));
                        ePoint.Add(new Point(0, 0));
                    }
                    mContinue = true;

                    while (mContinue)                        // スレッド続行か
                    {
                        // 古い線を消す
                        int endp = sPoint.Count - 1;
                        PostMessage(hWnd.ToInt32(), 0x8001, sPoint[endp].X,
                                                           ↳ sPoint[endp].Y);
                        PostMessage(hWnd.ToInt32(), 0x8002, ePoint[endp].X,
                                                           ↳ ePoint[endp].Y);

                        // 当該データを削除
                        sPoint.RemoveAt(sPoint.Count - 1);
                        ePoint.RemoveAt(ePoint.Count - 1);

                        // 新しい線を引く
                        PostMessage(hWnd.ToInt32(), 0x8003, sPoint[0].X, sPoint[0].Y);
                        PostMessage(hWnd.ToInt32(), 0x8004, ePoint[0].X, ePoint[0].Y);

                        // 境界のチェック
                        if (sPoint[0].X < 0 || sPoint[0].X >= pSize.Width - 1)
                            dX = -dX;
                        if (sPoint[0].Y < 0 || sPoint[0].Y >= pSize.Height - 1)
                            dY = -dY;
                        if (ePoint[0].X < 0 || ePoint[0].X >= pSize.Width - 1)
                            dX2 = -dX2;
                        if (ePoint[0].Y < 0 || ePoint[0].Y >= pSize.Height - 1)
                            dY2 = -dY2;
```

```
                        // 次の座標を追加
                        sPoint.Insert(0, new Point(sPoint[0].X + dX,
                                                     ↳ sPoint[0].Y + dY));
                        ePoint.Insert(0, new Point(ePoint[0].X + dX2,
                                                     ↳ ePoint[0].Y + dY2));

                        Thread.Sleep(10);           // 速すぎるのでウェイト
                    }
                });
                menuFileStart.Enabled = false;      // 多重起動を抑止
            }
            catch (Exception ex)
            {
                MessageBox.Show(ex.Message);
            }
        }
        ：
```

ほとんど前節と同様ですが、Thread クラスを定義する必要はなくなります。[開始] メニュー項目を選択したときに制御の渡る menuFileStart_Click メソッド内で、ワーカスレッドを Task クラスとラムダ式で記述します。主な変更部分に網掛けしましたので、先のプログラムと比較してください。同じことを行っていますが、Thread クラスを使用した場合と比べ、Task クラスとラムダ式で記述したコードはコンパクト化されます。

なお、座標を保持する Point も配列にせず、List クラスで管理します。List の RemoveAt で消去した線の座標を削除し、新しい座標を Insert メソッドで差し込みます。座標の管理順を逆にする方がシンプルですが、先の配列を使うプログラムの記述に合わせました。List を使用すると、並び替えなどが単純化されます。

動作は、先のプログラムと同様なので説明は省きます。

6-15 BackgroundWorker を使ってスレッド間のコントロールアクセス

本節では Queue を使用し、ワーカスレッドからメインスレッドに Queue 経由でメッセージを送信し、GUI を更新するプログラムを紹介します。前節のウィンドウメッセージを Queue に変更したプログラムです。なお、スレッドは 6-4 節「BackgroundWorker を使う方法」で紹介した BackgroundWorker クラスを使用します。前節のスレッド部分を DoWork メソッドへ、Queue

の読み出しに ReportProgress メソッドを使用します。情報の受け渡しに Queue クラスを使用します。Queue を排他制御しながらワーカスレッドとメインスレッドで通信を行い、処理の途中経過を表示します。ワーカスレッドは情報を Queue に送り、メインスレッドはイベントを受け取ることで Queue から情報を取り出します。図 6.61 に処理の概要を、図 6.62 にフォームの外観図を示します。

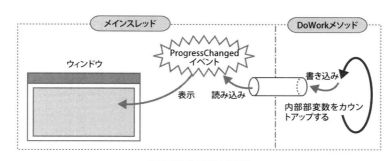

図6.61●処理の概要

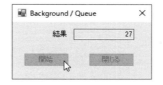

図6.62●フォームの外観

処理の流れを箇条書きで次に示します。本プログラムは、基本的に以前の節と同様の構造です。スレッドと、途中処理の表示を分かりやすく解説するために開発しました。

①ユーザーがメニューを選択します。
②対応するメソッドが呼び出されます。
③そのメソッドで、ボタンを無効化します。
④そして、BackgroundWorker の RunWorkerAsync メソッドを呼び出します。
⑤すると間接的に DoWork イベントが発生します。このメソッドはバックグラウンドで実行されます。この中から Queue にメッセージを送ります。
⑥メッセージを送るたびに、BackgroundWorker の ReportProgress メソッドを呼び出します。
⑦すると、ProgressChanged イベントが発生します。イベントで間接的に呼び出されたメソッドで、Queue の状態を調べます。メッセージが入っていたらその内容を表示します。
⑧DoWork メソッドが終了すると終了イベントが発生し、RunWorkerCompleted が呼び出されます。

⑨RunWorkerCompletedでメニューを有効化します。

ソースリストを次に示します。

リスト6.18●ch06¥14backgroundQueue¥simpleGui¥Form1.cs

```csharp
using System;
using System.Windows.Forms;
using System.Threading;
using System.Threading.Tasks;
using System.Collections;

namespace simpleGui
{
    public partial class Form1 : Form
    {
        private Queue mQueue;
        private string ttl = "Background / Queue";

        //コンストラクタ
        public Form1()
        {
            InitializeComponent();

            Text = ttl;
            MaximizeBox = MinimizeBox = false;
            FormBorderStyle = FormBorderStyle.FixedSingle;

            tBCount.ReadOnly = true;
            tBCount.TabStop = false;
            tBCount.TextAlign = HorizontalAlignment.Right;

            bStart.Text = "開始";
            bClose.Text = "閉じる";

            mQueue = new Queue();                    // キューの生成
            bw.WorkerReportsProgress = true;         // プログレス通知にする
        }

        // 「開始」ボタン
        private void bStart_Click(object sender, EventArgs e)
        {
            bStart.Enabled = bClose.Enabled = false;

            bw.RunWorkerAsync();
        }
```

```csharp
// 「閉じる」ボタン
private void bClose_Click(object sender, EventArgs e)
{
    Close();
}

//×ボタン
private void Form1_FormClosing(object sender, FormClosingEventArgs e)
{
    if (bClose.Enabled == false)    //まだ動作中
        e.Cancel = true;
}

// DoWork
private void bw_DoWork(object sender,
                      System.ComponentModel.DoWorkEventArgs e)
{
    int counter = 0;

    try
    {
        for (int loop = 0; loop < 100; loop++)
        {
            counter++;
            Thread.Sleep(50);

            Monitor.Enter(mQueue);                  // キューをロック
            mQueue.Enqueue(counter.ToString());     // 送信
            bw.ReportProgress((int)0);
            Monitor.Exit(mQueue);                   // キューを解放
        }
    }
    catch (Exception ex)
    {
        MessageBox.Show(ex.Message);
    }
}

// ProgressChanged
private void bw_ProgressChanged(object sender,
            System.ComponentModel.ProgressChangedEventArgs e)
{
    try
    {
        Monitor.Enter(mQueue);  // キューをロック
```

```csharp
                    while (mQueue.Count > 0)
                    {
                        // キューから取得
                        String recvData = (string)mQueue.Dequeue();
                        tBCount.Text = recvData;
                    }
                }
                catch (Exception ex)
                {
                    MessageBox.Show(ex.Message);
                }
                finally
                {
                    Monitor.Exit(mQueue);    // キューを解放
                }
            }

            // RunWorkerCompleted
            private void bw_RunWorkerCompleted(object sender,
                        System.ComponentModel.RunWorkerCompletedEventArgs e)
            {
                bStart.Enabled = bClose.Enabled = true;
            }
        }
    }
```

　本プログラムではスレッド間の通信に Queue を使用するため、メンバ変数として Queue オブジェクトを管理する変数 mQueue を宣言します。

　コンストラクタでフォームの各種プロパティを設定します。Queue オブジェクトを生成し、ProgressChanged を使用できるように BackgroundWorker の WorkerReportsProgress プロパティを true に設定します。これを忘れると、ReportProgress メソッドを呼び出しても ProgressChanged イベントは発生しません。

　bStart_Click メソッドは、[開始] ボタンを押したときに制御が渡ってきます。まず、Enabled プロパティを false に設定してボタンを押せないようにします。これは、BackgroundWorker オブジェクトの DoWork メソッドを多重起動したり DoWork メソッドの動作中にプログラムが終了するのを防ぐためです。その後、BackgroundWorker オブジェクトの RunWorkerAsync メソッドを呼び出し、間接的に DoWork メソッドを起動します。

　bClose_Click メソッドは、[閉じる] ボタンを押したときに制御が渡ってきます。単純に Close メソッドを呼び出して、プログラムを終了に向かわせます。

　Form1_FormClosing メソッドは、プログラムが何らかの理由で終了に向かうと制御が渡ってきます。[閉じる] ボタンの Enabled プロパティを調べ、false なら FormClosingEventArgs

のCancelプロパティにtrueを設定します。これは、DoWorkメソッドの動作中はプログラムの終了を無視することを意味します。

bw_DoWorkメソッドは、bStart_ClickメソッドのBackgroundWorkerオブジェクトのRunWorkerAsyncメソッド呼び出しで、間接的に起動されるメソッドです。forループによってカウンタをカウントアップしながら、その値を文字列に直し、Queueオブジェクトに書き込みます。Queueにアクセスする場合、Monitorでスレッド間の同期処理を行います。同期処理についての詳細は第7章を参照してください。

bw_ProgressChangedメソッドは、ワーカスレッドのReportProgressメソッド呼び出しから間接的に呼び出されます。このメソッドはメインスレッドで動作しますのでコントロールへアクセスできます。Monitorクラスを使用してスレッド間の同期処理を行い、Queueにメッセージがあるかチェックします。Queueにメッセージが存在したら、それを取り出し、テキストボックスに表示します。

bw_RunWorkerCompletedメソッドは、bw_DoWorkメソッドが終了したときに間接的に呼び出されます。このメソッドもメインスレッドで動作しますのでコントロールへアクセスできます。ボタンのEnabledプロパティをtrueにして、［閉じる］ボタンやウィンドウの［×］ボタンを押したときにプログラムを終了できるようにします。

これで、プログラムの説明を終わります。

■実行

実行ファイルをクリックしてプログラムを起動します。［開始］ボタンを押すとカウントアップが始まります。

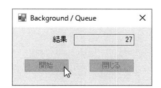

図6.63●［開始］ボタンを押す

カウントアップ中でもウィンドウの移動などが問題なくできます。

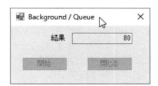

図6.64●ウィンドウの移動

カウントアップ中はボタンは押せなくなります。また、ウィンドウの［×］ボタンを押しても無視されます。

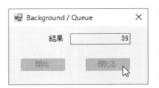 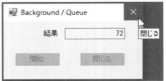

図6.65●カウントアップ中は終了できない

6-16 スレッドと Queue クラスでスレッド間のコントロールアクセス

前節に引き続き、Queue クラスによるスレッド間と GUI 更新のプログラムを解説します。先ほどの応用例として、メインスレッドとワーカスレッド間を Queue でメッセージをやりとりしながら線を描画するプログラムを作成します。プログラムの概要は 6-14 節「スレッド間でメッセージ通信（3）—Task クラス」と同じです。ウィンドウメッセージを Queue を使用したメッセージに書き換えたと考えて良いでしょう。

スレッドやキューの概要を図 6.66 に示します。ワーカスレッドは座標計算を行い、結果をキューに挿入します。メインスレッドはキューから座標を受け取り、表示を行います。

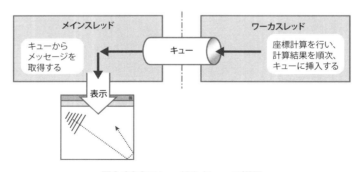

図6.66●スレッドやキューの概要

フォームの外観とメニューの様子を図 6.67 に示します。メインスレッドでは Timer を使って Queue を監視するため、Timer コントロールを配置します。

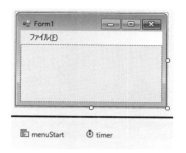

図6.67●ウィンドウの外観

処理の流れを図 6.68 に示します。

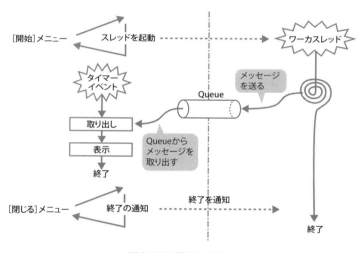

図6.68●処理の流れ

ワーカスレッドから座標を Queue に送ります。メインスレッドはタイマーから起動されたメソッドで Queue から情報を得て、その内容に従って線を引きます。本節のプログラムは、スレッドとタイマーを使用します。

①ユーザーが［開始］メニューを選択します。
②対応するメソッドが呼び出されます。
③そのメソッドで Task クラスを使用しスレッドを起動します。同時にタイマーを起動し、メニューを無効化します。
④ワーカスレッドは座標を計算し、Queue にメッセージを送ります。
⑤タイマーから起動されたメソッドは Queue の状態を調べ、メッセージを取り出しメッセージに従った処理を行います。

⑥ユーザーが［閉じる］メニューを選択すると、フォームを閉じます。
⑦するとフォームを閉じようとするときにFormClosingメソッドが呼び出されますので、ワーカスレッドへ終了指示を出します。

プログラムのソースリストを次に示します。

リスト6.19●ch06¥15boundsQueue¥bounds¥Form1.cs

```csharp
using System;
using System.Drawing;
using System.Windows.Forms;
using System.Threading;
using System.Threading.Tasks;
using System.Collections.Generic;
using System.Collections;

namespace bounds
{
    public partial class Form1 : Form
    {
        private readonly int numOfLines = 50;
        private Graphics mGraphics;
        private Boolean mContinue;
        private byte mColorIndex;
        public Queue mQueue;
        private string ttl = "バウンズ・Queue";

        // コンストラクタ
        public Form1()
        {
            InitializeComponent();

            Text = ttl;
            MaximizeBox = MinimizeBox = false;
            Size = new Size(800, 600);
            FormBorderStyle = FormBorderStyle.FixedSingle;

            mColorIndex = 0;                       // ラインカラーを初期化

            // グラフィックスオブジェクトの対象を設定
            mGraphics = Graphics.FromHwnd(panel.Handle);

            mQueue = new Queue();                  // キューの生成
        }
```

```csharp
// 「開始」メニュー
private void menuFileStart_Click(object sender, EventArgs e)
{
    try
    {
        Size pSize = new Size(panel.Width, panel.Height);
        Pen backPen = new Pen(panel.BackColor);
        IntPtr hWnd = this.Handle;

        Task.Run(() =>
        {
            int dX = -8, dY = -8, dX2 = dX - 8, dY2 = dY - 4;
            List<Point> sPoint = new List<Point>();
            List<Point> ePoint = new List<Point>();

            for (int i = 0; i < numOfLines; i++)         // 初期化
            {
                sPoint.Add(new Point(0, 0));
                ePoint.Add(new Point(0, 0));
            }
            mContinue = true;

            while (mContinue)                             // スレッド続行か
            {
                // 古い線を消す
                int endp = sPoint.Count - 1;
                string sendData = "erase" +
                            "," + sPoint[endp].X.ToString() +
                                "," + sPoint[endp].Y.ToString() +
                                    "," + ePoint[endp].X.ToString() +
                                        "," + ePoint[endp].Y.ToString();

                Monitor.Enter(mQueue);      // キューをロック
                mQueue.Enqueue(sendData);   // 古い線を消す
                Monitor.Exit(mQueue);       // キューを解放

                // 当該データを削除
                sPoint.RemoveAt(sPoint.Count - 1);
                ePoint.RemoveAt(ePoint.Count - 1);

                // 新しい線を引く
                sendData = "draw" +
                            "," + sPoint[0].X.ToString() +
                                "," + sPoint[0].Y.ToString() +
                                    "," + ePoint[0].X.ToString() +
                                        "," + ePoint[0].Y.ToString();
```

```csharp
                    Monitor.Enter(mQueue);         // キューをロック
                    mQueue.Enqueue(sendData);      // 新しい線を引く
                    Monitor.Exit(mQueue);          // キューを解放

                    // 境界のチェック
                    if (sPoint[0].X < 0 || sPoint[0].X >= pSize.Width - 1)
                        dX = -dX;
                    if (sPoint[0].Y < 0 || sPoint[0].Y >= pSize.Height - 1)
                        dY = -dY;
                    if (ePoint[0].X < 0 || ePoint[0].X >= pSize.Width - 1)
                        dX2 = -dX2;
                    if (ePoint[0].Y < 0 || ePoint[0].Y >= pSize.Height - 1)
                        dY2 = -dY2;

                    // 次の座標を追加
                    sPoint.Insert(0, new Point(sPoint[0].X + dX,
                                               sPoint[0].Y + dY));
                    ePoint.Insert(0, new Point(ePoint[0].X + dX2,
                                               ePoint[0].Y + dY2));

                    Thread.Sleep(10);              // 速すぎるのでウェイト
                }
            });

            timer.Interval = 1;
            timer.Start();                         // タイマー設定

            menuFileStart.Enabled = false;         // 多重起動を抑止
        }
        catch (Exception ex)
        {
            MessageBox.Show(ex.Message);
        }
    }

    // タイマー・メソッド
    private void timer_Tick(object sender, EventArgs e)
    {
        try
        {
            Monitor.Enter(mQueue);   // キューをロック

            while (mQueue.Count > 0)
            {
                // キューから取得
                string recvData = (string)mQueue.Dequeue();
                drawLine(recvData);
```

```csharp
            }
            Monitor.Exit(mQueue);     // キューを解放
        }
        catch (Exception ex)
        {
            MessageBox.Show(ex.Message);
        }
    }

    // ドロー
    private void drawLine(string msg)
    {
        char[] delimiter = { ',', ':', '/' };    // 区切り記号
        string[] split = null;

        try
        {
            split = msg.Split(delimiter);        // スプリット
            if (split.Length != 5)               // 要素が5あるか
                return;

            Pen drawPen = null;
            switch (split[0])
            {
                case "erase":    // 線を消す
                    drawPen = new Pen(panel.BackColor);
                    break;

                case "draw":     // 新しい線を引く
                    drawPen = new Pen(Color.FromArgb(mColorIndex,
                                    255 - mColorIndex, mColorIndex++));
                    break;

                default:
                    break;
            }
            Point sPoint = new Point(Convert.ToInt32(split[1]),
                                    Convert.ToInt32(split[2]));
            Point ePoint = new Point(Convert.ToInt32(split[3]),
                                    Convert.ToInt32(split[4]));
            mGraphics.DrawLine(drawPen, sPoint, ePoint);    // 線を引く
        }
        catch (Exception ex)
        {
            MessageBox.Show(ex.Message);
        }
```

```csharp
            }

            // 「閉じる」メニュー
            private void menuFileClose_Click(object sender, EventArgs e)
            {
                Close();
            }

            // クロージング
            //    スレッドが直ぐに終了に向かうようにする. 本当は同期させた方が良い.
            private void Form1_FormClosing(object sender, FormClosingEventArgs e)
            {
                try
                {
                    mContinue = false;                    // スレッドに停止を通知
                }
                catch (Exception ex)
                {
                    MessageBox.Show(ex.Message);
                }
            }
        }
    }
```

　本プログラムでは、これまでのようにクラスのメンバ、Graphicsオブジェクト用のメンバなどを宣言します。これまでと異なるのはQueueを宣言する点です。

　コンストラクタでフォームの各種プロパティを設定し、Graphicsオブジェクトや Queue オブジェクトなどを生成します。

　`menuFileStart_Click`メソッドは［ファイル▶開始］の選択時に制御が渡るメソッドです。ここで、実際のバウンド処理を行うのではなく、座標計算を行うワーカスレッドの起動と、クライアントウィンドウの描画を受け持つタイマーの起動を行います。ワーカスレッドは`Task.Run`にラムダ式で記述します。スレッドの先頭で各種初期化を行います。線の移動差分を保持する値を初期化し、座標をPointクラスに保持しますが、Pointは配列ではなくListクラスで保持します。この初期化なども行います。最後に、スレッドが動作を続けるためのフラグである`mContinue`を初期化します。`mContinue`は、スレッドの終了を制御するメンバです。

　whileループはこれまで紹介したバウンドプログラムと同様です。座標をListクラスで管理し、メインスレッドへ座標を知らせるのにQueueオブジェクトを使います。`mContinue`がtrueの間ループを続けます。メインスレッドからワーカスレッドを終了させたいときに、`mContinue`をfalseに変更します。まず、最も古い線を消すeraseメッセージを送ります。メッセージの生成をクリティカルセクションの外側で行い、メッセージの送信のみをクリティカルセクション

の内側で行うことで、スレッドがブロックされる可能性をなるべく低くします。このプログラムでは、多数の線がクライアントウィンドウ内をバウンドしながら飛び回ります。ラインの座標はPoint 型を使用しList クラスで管理します。ラインが縦横方向の境界にあるかを判断し、境界に達していたら反対方向に進むように、移動のデルタであるdX、dY、dX2、dY2 を変更します。データの移動や座標計算などを行った後、新しい線を引くdraw メッセージを送ります。こちらもクリティカルセクションの期間をなるべく短くするように工夫します。最後に、Thread オブジェクトのSleep メソッドでウェイトを挿入し、メッセージ送信の頻度を減らします。この Sleep メソッドに指定する値と、Timer コントロールのInterval を適切に指定しないと、Queue に滞留するメッセージが肥大化するか、あるいは無駄なQueue のチェックが増えます。最後にタイマーを起動し、再入できないように［ファイル▶開始］メニュー項目を無効化します。

　timer_Tick メソッドは、一定の周期でタイマーから起動されるメソッドです。本メソッドの起動はmenuFileStart_Click メソッドで行われます。Monitor クラスでクリティカルセクションを作ります。キューを獲得できたら、Count プロパティでQueue にメッセージが存在するか検査します。存在するオブジェクトの数だけループし、Dequeue メソッドでキューからメッセージを取り出します。Dequeue メソッドで取り出した内容を引数にしてdrawLine メソッドを呼び出します。最後に、Exit メソッドでクリティカルセクションを終了します。

　drawLine メソッドはtimer_Tick メソッドから呼び出されます。string 型の引数msg はキューから取り出したメッセージです。メッセージの構文を次に示します。

　　erase, ＜始点 X 座標＞,＜始点 Y 座標＞,＜終点 X 座標＞,＜終点 Y 座標＞
　　draw, ＜始点 X 座標＞,＜始点 Y 座標＞,＜終点 X 座標＞,＜終点 Y 座標＞

　erase は線を消すコマンド、draw は線を引くコマンドです。

　コマンドの解析には、string 型のSplit メソッドを使用します。ソースコードを参照すれば分かりますが、区切り記号を格納した文字配列をSplit メソッドの引数に与えると、Split メソッドは区切り記号で文字を文字配列に分解して返します。C# では、文字列もswitch 文の引数とすることが可能です。erase メッセージを受け取ったら、ペンにパネルの背景色を設定します。draw メッセージを受け取ったら、新しいペンを作成します。最後に、受け取った座標をPoint 型に格納し、先ほどのペンを使用してDrawLine で線を引きます。

　［閉じる］メニュー項目が選択されると、menuFileClose_Click メソッドへ制御が渡ってきます。Close メソッドでプログラムを終了させます。ワーカスレッドの監視などは一切行っていません。終了処理はForm1_FormClosing メソッドで行います。

　Form1_FormClosing メソッドは、フォームが閉じられるときに呼び出されます。ワーカスレッドが生成されていることを確認した後、ワーカスレッド管理用のメンバ変数mContinue をfalse に変更します。mContinue をfalse にすると、ワーカスレッドはwhile 文を抜けて終了

に向かいます。

デッドロック

これまでのようなコードでは、例外の発生時に同期オブジェクトの対応がとれなくなる可能性があります。たとえば、Enter メソッドでクリティカルセクションに入った後に例外が発生すると、catch に捕捉されることでメッセージの表示は行われますが、Exit メソッドは呼び出されません。このようなデッドロックを回避するには、finally 文を使用して、その中で確実に Exit メソッドが呼び出されるようにするとよいでしょう。

■実行

プログラムを起動し、メニューから［ファイル▶開始］を選択すると、ウィンドウ内に多数の線が引かれます。線は、ウィンドウの境界に達するとバウンドします。

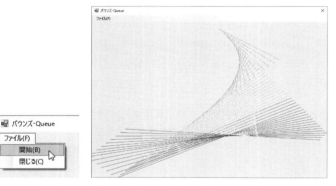

図6.69● ［開始］ボタンを押すとバウンドが始まる

ウィンドウの移動やメニューの操作を行っている最中でも、クライアントウィンドウ内の描画は並行して動作します。描画処理中は［開始］メニュー項目を選択できません。プログラムを終了するには、メニューから［ファイル▶閉じる］を選択するか、ウィンドウの［×］ボタンを押します。

図6.70●終了

6-17 バウンズ（BackgroundWorker）

　本節で紹介するプログラムの動作は、前節のプログラムとほとんど同じです。ただし、スレッドまわりを BackgroundWorker コントロールで実現します。自身でスレッドを明示的に生成し制御するのに比較して、BackgroundWorker コントロールを使用するとスレッドの管理が非常に簡単になります。

　ソースコードの記述は前節のプログラムとはかなり変わります。GUI の表示を変更するには、まず、ワーカスレッドで ReportProgress メソッドを呼び出し、間接的にメインスレッドの ProgressChanged イベントを発生させます。そのイベントを受け取ったメインスレッドは、両スレッドの共用メンバ変数を参照して表示を更新します。クライアントウィンドウの表示をワーカスレッドで処理しているため、ユーザーがウィンドウを移動している最中でも、クライアントエリアは更新され続けます。メニューなどを操作中でも同様です。

　内部動作の概要を次に示します。このプログラムは、ユーザーインターフェースなど各イベントに対するメッセージをメインスレッドで処理し、ワーカスレッドは画面表示を受け持ちます。スレッドは BackgroundWorker コントロールを使って制御します。ワーカスレッドが画面表示を更新したくなったら、イベントを発生させメインスレッドから画面表示を行います。

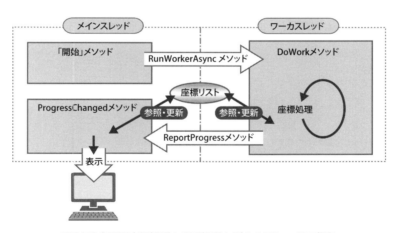

図6.71●画面表示処理とGUI処理を別々のスレッドで行う

　処理の概要やイベントの流れを次にまとめます。

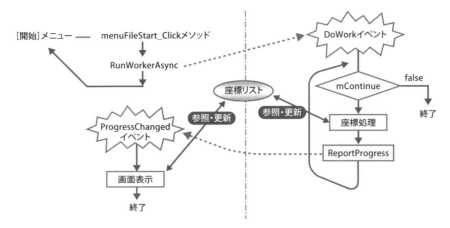

図6.72●処理の概要やイベントの流れ

フォーム（ウィンドウ）の外観やメニューのデザインも前節と同じですので、外観の説明は省略します。

プログラムのソースリストを次に示します。

リスト6.20●ch06¥16boundsBW¥bounds¥Form1.cs

```csharp
using System;
using System.Drawing;
using System.Windows.Forms;
using System.Threading;
using System.Collections.Generic;

namespace bounds
{
    public partial class Form1 : Form
    {
        private readonly int numOfLines = 50;
        private Boolean mContinue;
        private byte mColorIndex;
        private List<Point> mSPoint, mEPoint;
        private readonly Object mLockObject = new Object();
        private string ttl = "バウンド・BW";

        // コンストラクタ
        public Form1()
        {
            InitializeComponent();

            Text = ttl;
```

```csharp
            MaximizeBox = MinimizeBox = false;
            Size = new Size(800, 600);
            FormBorderStyle = FormBorderStyle.FixedSingle;

            mColorIndex = 0;                            // ラインカラーを初期化

            BW.WorkerReportsProgress = true;            // プログレス通知にする
        }

        // 「開始」ボタン
        private void menuFileStart_Click(object sender, EventArgs e)
        {
            menuFileStart.Enabled = false;

            BW.RunWorkerAsync();
        }

        // DoWork
        //
        private void BW_DoWork(object sender, System.ComponentModel.DoWorkEventArgs e)
        {
            try
            {
                int dX = -8, dY = -8, dX2 = dX - 8, dY2 = dY - 4;

                mSPoint = new List<Point>();
                mEPoint = new List<Point>();
                for (int i = 0; i < numOfLines; i++)    // 初期化
                {
                    mSPoint.Add(new Point(0, 0));
                    mEPoint.Add(new Point(0, 0));
                }

                mContinue = true;
                while (mContinue)                       // スレッド続行か
                {
                    // 境界のチェック
                    if (mSPoint[0].X < 0 || mSPoint[0].X >= panel.Width - 1)
                        dX = -dX;
                    if (mSPoint[0].Y < 0 || mSPoint[0].Y >= panel.Height - 1)
                        dY = -dY;
                    if (mEPoint[0].X < 0 || mEPoint[0].X >= panel.Width - 1)
                        dX2 = -dX2;
                    if (mEPoint[0].Y < 0 || mEPoint[0].Y >= panel.Height - 1)
                        dY2 = -dY2;

                    BW.ReportProgress(0);
```

```csharp
                    lock (mLockObject)                    // 次の位置を計算
                    {
                        mSPoint.Insert(0, new Point(mSPoint[0].X + dX,
                                                    mSPoint[0].Y + dY));
                        mEPoint.Insert(0, new Point(mEPoint[0].X + dX2,
                                                    mEPoint[0].Y + dY2));
                    }

                    Thread.Sleep(10);                     // 速すぎるのでウェイト
                }
            }
            catch (Exception ex)
            {
                MessageBox.Show(ex.Message);
            }
        }

        // BW_ProgressChanged
        private void BW_ProgressChanged(object sender,
                System.ComponentModel.ProgressChangedEventArgs e)
        {
            try
            {
                // グラフィックスオブジェクトの対象を設定
                using (Graphics g = Graphics.FromHwnd(panel.Handle))
                using (Pen backPen = new Pen(panel.BackColor))
                using (Pen newPen = new Pen(Color.FromArgb(mColorIndex,
                                 255 - mColorIndex, mColorIndex++)))
                {
                    lock (mLockObject)
                    {
                        int endp = mSPoint.Count - 1;

                        // 一番最後の線を消し、そのデータも削除
                        g.DrawLine(backPen, mSPoint[endp], mEPoint[endp]);
                        mSPoint.RemoveAt(endp);
                        mEPoint.RemoveAt(endp);

                        g.DrawLine(newPen, mSPoint[0], mEPoint[0]);  // 新しい線を引く
                    }
                }
            }
            catch (Exception ex)
            {
                MessageBox.Show(ex.Message);
            }
```

```csharp
        }

        // 「閉じる」ボタン
        private void menuFileClose_Click(object sender, EventArgs e)
        {
            Close();
        }

        // クロージング
        //    スレッドが直ぐに終了に向かうようにする.本当は同期させた方が良い.
        private void Form1_FormClosing(object sender, FormClosingEventArgs e)
        {
            try
            {
                mContinue = false;                       // スレッドに停止を通知
            }
            catch (Exception ex)
            {
                MessageBox.Show(ex.Message);
            }
        }
    }
}
```

図 6.73 に BackgroundWorker のプロパティを示します。イベントの欄をクリックして DoWork イベントに対応するメソッドを定義します。表示を変更したいときに呼び出す ProgressChanged に対応するメソッドも定義します。

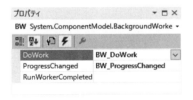

図6.73●BackgroundWorkerのイベント

コンストラクタで BackgroundWorker の WorkerReportsProgress プロパティを true に設定します。BackgroundWorker の WorkerReportsProgress プロパティが true でないと、BackgroundWorker の ReportProgress メソッドを呼び出しても関連づけられたメソッドは呼び出されません。

メニューから［ファイル▶開始］を選択すると、menuFileStart_Click メソッドへ制御が移ります。このメニューを選択すると、ウィンドウ内をたくさんの線がバウンドしながら飛び跳

ねます。実際のバウンド処理は DoWork メソッドで処理されます。menuFileStart_Click メソッドでは、DoWork メソッドが多重起動されないように［開始］メニューを無効化してから、BackgroundWorker の RunWorkerAsync メソッドを呼び出します。すると間接的に DoWork イベントが発生します。

BW_DoWork メソッドは、メインスレッドの RunWorkerAsync メソッドから間接的に起動され、バックグラウンドで動作します。基本的に前節のプログラムと同様の処理を行います。while ループ内で表示するラインの座標を計算し続けます。処理した座標はクリティカルセクション内で更新します。クリティカルセクションは lock 文で形成し、座標は Point を List クラスで管理します。このループは mContinue が false になるまで繰り返されます。このスレッドを終了させるのは From1 の Form1_FormClosing メソッドです。座標を計算するたびに BackgroundWorker の ReportProgress メソッドを呼び出すことで間接的に BW_ProgressChanged メソッドに制御が移るので、この中でクライアントウィンドウの表示を更新します。メニューを表示させたりウィンドウのサイズを変えている最中でも、クライアントウィンドウは更新され続けます。

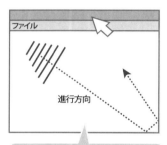 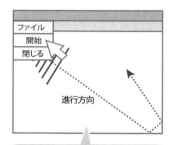

図6.74●動作の概要

BW_ProgressChanged メソッドは、BW_DoWork メソッド内の ReportProgress メソッド呼び出しで間接的に起動されます。まず、クライアントウィンドウに対するグラフィックスオブジェクトや線を引くためのペンを生成します。これまでのプログラムでは、グラフィックスオブジェクトなどはコンストラクタで生成していましたが、本プログラムはメソッド内で毎回生成しています。リソースが正確に管理されるように、using を使用してリソースの寿命を明示的に示します。プログラムから分かるようにカプセル化は進みますが、オブジェクトの生成消滅が短期間に繰り返されます。

最初に、最後のラインを背景色で塗りつぶします。そして、その座標を保持する Point を List オブジェクトから削除します。最後に新しい線を描きます。なお、これらの処理は BW_

DoWork メソッドと List オブジェクトのアクセスで競合する可能性があるため、lock 文で形成したクリティカルセクション内で座標を操作します。同期処理については第 7 章で詳細を説明します。

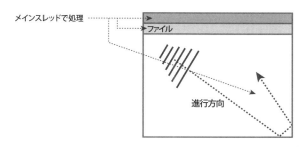

図6.75●メインスレッドの処理

他の部分の処理はこれまでと同様なので、説明は省きます。また、実行に関しても前節と同様のため、こちらも説明は省きます。

6-18　バウンズ（Invoke）

前節のプログラムを Task クラスで書き換えてみましょう。画面の更新は Invoke で行います。そして Point で管理していた座標を List クラスにまとめていましたが、開始座標と終点座標をまとめた新しいクラスを作り、それを List クラスで管理するようにします。大部分はこれまでと同様です。

まず、座標を保持する Coord.cs を示します。

リスト6.21●ch06¥17boundsInvoke¥bounds¥Coord.cs

```
using System.Drawing;

namespace bounds
{
    class Coord
    {
        public Point s { get; }     // start coord
        public Point e { get; }     // end   coord

        public Coord() : this(0, 0, 0, 0) { }

        public Coord(int sX, int sY, int eX, int eY)
```

```
        {
            s = new Point(sX, sY);
            e = new Point(eX, eY);
        }
    }
}
```

特に変わったことは行っておらず、クラスのメンバ s に線の開始点座標を、e に終点座標を格納します。コンストラクタが 2 つ存在します。引数なしのコンストラクタは座標に (0, 0) を設定し、引数ありのコンストラクタは指定された座標を格納します。

次に、Form1.cs のソースリストを示します。

リスト6.22●ch06¥17boundsInvoke¥bounds¥Form1.cs

```
    :
    // 線を引く
    private void drawLine(Coord pos, Pen pen)
    {
        // グラフィックスオブジェクトの対象を設定
        using (Graphics myGraphics = Graphics.FromHwnd(panel.Handle))
            myGraphics.DrawLine(pen, pos.s, pos.e);
    }

    // 「開始」メニュー
    private void menuFileStart_Click(object sender, EventArgs e)
    {
        try
        {
            Size pSize = new Size(panel.Width, panel.Height);
            Pen backPen = new Pen(panel.BackColor);

            Task.Run(() =>
            {
                byte colorIndex = 0;
                int dX = -8, dY = -8, dX2 = dX - 8, dY2 = dY - 4;

                List<Coord> pos = new List<Coord>();
                for (int i = 0; i < numOfLines; i++)    // 初期化
                    pos.Add(new Coord());

                mContinue = true;
                while (mContinue)                       // スレッド続行か
                {
                    // 古い線を消す
                    panel.Invoke(new Action<Coord, Pen>(drawLine),
```

```
                                new object[] { pos[pos.Count - 1], backPen });
                    // 当該データを削除
                    pos.RemoveAt(pos.Count - 1);

                    // 新しい線を引く
                    Pen newPen = new Pen(Color.FromArgb(colorIndex,
                                            255 - colorIndex, colorIndex++), 1);
                    panel.Invoke(new Action<Coord, Pen>(drawLine),
                                            new object[] { pos[0], newPen });

                    // 境界のチェック
                    if (pos[0].s.X < 0 || pos[0].s.X >= pSize.Width - 1)
                        dX = -dX;
                    if (pos[0].s.Y < 0 || pos[0].s.Y >= pSize.Height - 1)
                        dY = -dY;
                    if (pos[0].e.X < 0 || pos[0].e.X >= pSize.Width - 1)
                        dX2 = -dX2;
                    if (pos[0].e.Y < 0 || pos[0].e.Y >= pSize.Height - 1)
                        dY2 = -dY2;

                    // 次の座標を追加
                    pos.Insert(0, new Coord(pos[0].s.X + dX, pos[0].s.Y + dY,
                                            pos[0].e.X + dX2, pos[0].e.Y + dY2));

                    Thread.Sleep(10);              // 速すぎるのでウェイト
                }
            });
            menuFileStart.Enabled = false;         // 多重起動を抑止
        }
        catch (Exception ex)
        {
            MessageBox.Show(ex.Message);
        }
    }
    ⋮
```

　これまでに同様のコードが何回か現れていますので、変更部分を中心に説明します。
　drawLine メソッドが実際に線を引くメソッドです。これまでと大きな違いはありません。グラフィックスオブジェクトを生成し、DrawLine メソッドで線を引きます。座標やペンは引数で受け取ります。
　メニューから［ファイル▶開始］を選択すると、menuFileStart_Click メソッドへ制御が移ります。Task.Run にラムダ式を指定します。このラムダ式はスレッドとして実行されます。座標の処理を行い、DrawLine メソッドをデリゲート経由で Invoke し呼び出します。これまでのプログラムとは、座標の管理を List クラスで行う点は同じですが、座標の開始点と終了点を 1

つのCoordクラスで管理する点が異なります。このため、Listが管理する座標の削除や追加はそれぞれ1回で完了します。Pointを使用した場合に比較して冗長性を排除できます。

これまでと同様な点が多いので、細かな説明は省きます。詳細はソースリストを参照してください。実行も、これまでと同様のため説明は省略します。

6-19 CreateGraphicsを使ってコントロールアクセス

本章では、スレッド間やフォーム間のさまざまなコントロールアクセスについて解説してきました。ここではCreateGraphicsを使った方法を解説します。コントロールのハンドルがすでに作成されている場合、InvokeRequiredプロパティ以外に、スレッドセーフである4つのメソッドInvoke、BeginInvoke、EndInvoke、およびCreateGraphicsが存在します。これまで、InvokeRequiredプロパティやInvokeメソッドの説明は行いましたがCreateGraphicsに触れていませんので、これについて解説します。

本節のプログラムでは、メインスレッドでGUIなどの各イベントに対するメッセージを処理し、ワーカスレッドは画面表示を受け持ちます。図6.76に概要を示します。

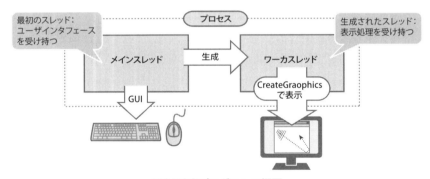

図6.76●プログラムの概要

プログラムのソースリストを次に示します。

リスト6.23●ch06¥18boundsCreateGraphics¥bounds¥Form1.cs

```
    ：
    // 線を引く
    private void drawLine(Coord pos, Pen pen)
    {
        using (Graphics g = panel.CreateGraphics())
```

```csharp
                    g.DrawLine(pen, pos.s, pos.e);
}

// 「開始」メニュー
private void menuFileStart_Click(object sender, EventArgs e)
{
    try
    {
        Size pSize = new Size(panel.Width, panel.Height);
        Pen backPen = new Pen(panel.BackColor);

        Task.Run(() =>
        {
            byte colorIndex = 0;
            int dX = -8, dY = -8, dX2 = dX - 8, dY2 = dY - 4;

            List<Coord> pos = new List<Coord>();
            for (int i = 0; i < numOfLines; i++)      // 初期化
                pos.Add(new Coord());

            mContinue = true;
            while (mContinue)                          // スレッド続行か
            {
                // 古い線を消す
                drawLine(pos[pos.Count - 1], backPen);

                // 当該データを削除
                pos.RemoveAt(pos.Count - 1);

                // 新しい線を引く
                Pen newPen = new Pen(Color.FromArgb(colorIndex,
                                     255 - colorIndex, colorIndex++), 1);
                drawLine(pos[0], newPen);

                // 境界のチェック
                if (pos[0].s.X < 0 || pos[0].s.X >= pSize.Width - 1)
                    dX = -dX;
                if (pos[0].s.Y < 0 || pos[0].s.Y >= pSize.Height - 1)
                    dY = -dY;
                if (pos[0].e.X < 0 || pos[0].e.X >= pSize.Width - 1)
                    dX2 = -dX2;
                if (pos[0].e.Y < 0 || pos[0].e.Y >= pSize.Height - 1)
                    dY2 = -dY2;

                // 次の座標を追加
                pos.Insert(0, new Coord(pos[0].s.X + dX, pos[0].s.Y + dY,
                                        pos[0].e.X + dX2, pos[0].e.Y + dY2));
```

```
                    Thread.Sleep(10);              // 速すぎるのでウェイト
                }
            });
            menuFileStart.Enabled = false;          // 多重起動を抑止
        }
        catch (Exception ex)
        {
            MessageBox.Show(ex.Message);
        }
    }
    ⋮
```

　これまでと同様な部分が多いため、異なる点を中心に説明します。

　本プログラムは、Form1 クラスとデリゲート、ならびにスレッドクラスから成り立ちます。まず Form1 クラスから説明します。

　drawLine メソッドは、ワーカスレッドから呼び出されるメソッドです。panel コントロールに対し、Graphics オブジェクトを、panel コントロールの CreateGraphics メソッドで生成します。CreateGraphics メソッドはスレッドセーフです。このメソッドはワーカスレッドで動作していますが、クライアントウィンドウを直接描画します。引数で受け取ったペンを使用し、同様に引数で受け取った座標に DrawLine メソッドを使用して線を引きます。C# ではリソースの削除はガーベジコレクタに任せますが、このメソッドでは Graphics オブジェクトを毎回生成するので、using を使用してリソースを明示的に管理します。

　メニューから［ファイル▶開始］を選択すると、menuFileStart_Click メソッドへ制御が移ります。Task.Run にラムダ式でスレッドを記述します。このスレッドは while ループで座標の計算を行います。実際のラインの描画は drawLine メソッドを使用して行います。ほとんど、これまでと同様のため、他の部分の説明は省略します。実行も前節と同じため、解説は省略します。

　プログラムの終了時に動作する menuFileClose_Click メソッドや Form1_FormClosing メソッドもこれまでと同様なため、説明は省略します。

7 同期

　同期とは、複数のスレッドやプロセスが勝手に動き、互いに衝突することを避けるメカニズムです。

　プロセスやスレッドを活用すれば、効率のよいアプリケーションの開発することができます。しかし、それぞれが独立して動作するため、ときとして衝突したり、デッドロックを引き起こす場合があります。このような問題を避けるには、スレッド間やプロセス間の調停（アービトレーション）を行う必要があります。そのためには、何らかの方法で各スレッド／プロセスを同期させる必要があります。幸い、C#には、多数の同期機能が用意されています。

　同期処理を行うために、すべての同期機能を理解する必要はありません。しかし、それぞれのメカニズムの動作や、長所／短所を理解しておくと、最適な方法を選ぶことが可能になります。

　同期オブジェクトには、プロセス間に有効なものと、スレッド間のみに有効なものがあります。スレッド間の同期とプロセス間の同期では、同期処理をよく考える必要があります。本章では、おもにスレッド間の同期を解説します。

7-1 Interlockedクラスで同期

　本節では、Interlockedクラスを使用し、メンバ変数をスレッド間でアクセスするプログラムを開発します。

　Interlockedクラスは、複数のスレッドで共有する変数へ排他操作機能を提供します。もちろん、このクラスはスレッドセーフであり、マルチスレッド環境で安全に動作します。あ

る変数をスレッド間で安全にインクリメント、デクリメント、あるいはデータ交換する場合、Interlockedクラスを使用すると、容易にスレッドセーフなデータ管理を実現できます。

プログラムの開発に入る前に、データの更新をスレッド間で同期せずに行うと、どのような現象が発生するか考察します。スレッド間で共用する変数をcounterForThreadsと仮定し、このカウンタを複数のスレッドでカウントアップする作業を考えます。カウントアップはcounterForThreads++;で行います。ほとんどの場合は問題なく動作するでしょうが、必ず正確に動作するとはかぎりません。たとえば、counterForThreads++;が下記のようなプロセッサ命令に展開されたとします。

```
load        r1, [counterForThreads]     // メモリの内容をr1へロード
increment   r1                          // インクリメント
store       r1, [counterForThreads]     // r1の内容をメモリへ戻す
```

このとき、あるスレッドがloadを行い、そのstoreが終わる前に、別のスレッドがloadを実行したらどうなるでしょう。2つカウントアップされるべきなのに、1つしかカウントアップされません。具体的に、図7.1で示します。

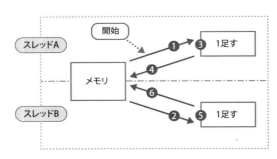

図7.1●重なった更新処理

図に示すような順序であれば、

① メモリの内容 n をレジスタへ（レジスタは n を保持）。スレッド A による。
② メモリの内容 n をレジスタへ（レジスタは n を保持）。スレッド B による。
③ レジスタの内容に 1 足す（レジスタは n + 1 を保持）。スレッド A による。
④ レジスタの内容をメモリへ戻す（メモリは n + 1 になる）。スレッド A による。
⑤ レジスタの内容に 1 足す（レジスタは n + 1 を保持）。スレッド B による。
⑥ レジスタの内容をメモリへ戻す（メモリは n + 1 になる）。スレッド B による。

となり、結局メモリの内容は 1 しか増えません。

では、counterForThreads++;が下記のようなプロセッサ命令に展開された場合はどうでしょ

うか。

```
increment   [counterForThreads]
```

　この命令では、レジスタに値を load せず直接メモリをインクリメントします。メモリ参照と操作が同時に行われるため、シングル CPU のシステムでは問題は発生しないはずです。しかし、メニーコアのシステムでは話が変わります。1 命令で実行可能なため問題にならないと思われるかもしれませんが、ハードウェア的にはメモリの read/write が発生します。

　通常、1 つの命令であってもメモリの read/write が発生します。なぜなら、メモリの操作で演算はできないからです。CPU にいったん取り込まれ、カウントアップされた後メモリへ書き戻されます。最近ではシングル CPU のシステムは希であり、上記のような命令を装備した CPU であってもアクセス競合が発生します。しかも、このように競合する時間が非常に短い場合、実行結果で間違いを見つけるのはきわめて困難です。問題なく動作していたシステムが突然不具合を起こしたものの、再度実行したら正常に戻ったといったことが発生しうるのです。

　スレッド間で共用する変数を、直接 counterForThreads++; とするのは間違いです。本節のプログラムでは、このような問題を避けるために排他制御を行います。

> 参考までに、x86 系の CPU 上の Windows で Visual C++ を使用し、counter++; がどのようにマシン語に翻訳されるかを試してみました。予想どおり、いったんメモリからレジスタへ変数の内容がロードされ、その後でレジスタをインクリメントし、最後にレジスタを変数へストアしています。このコードでは、マルチ CPU でなくとも、同期で問題が発生します。
>
> ```
> counter++ ;
>
> > mov    edx, DWORD PTR ?counter@@3JA ; counter
> > add    edx, 1
> > mov    DWORD PTR ?counter@@3JA, edx ; counter
> ```

　C# には、Windows に用意されている InterlockedIncrement API と同様の機能が Interlocked クラスで用意されています。単純なインクリメント、デクリメント、データ交換などのスレッド間同期は、Interlocked クラスを使用して容易に実現できます。このクラスのメソッドは、他のスレッドが変数を更新しているとき、または 2 つのスレッドが別々のプロセッサで同時に実行されているときに、OS のスケジューラでコンテキストスイッチが発生するのを防ぎます。

　Increment メソッドと Decrement メソッドは、1 回の操作で変数をインクリメントまたはデ

クリメントします。このクラスにはExchangeメソッドやCompareExchangeメソッドも用意されています。Exchangeメソッドはスレッドセーフに変数の値を交換します。CompareExchangeメソッドは、2つの変数値を比較した結果に基づいてどちらかの変数に3番目の値を格納します。比較と交換処理はスレッド間に分割されず、必ず同一のスレッドで実行されます。

作成するプログラムのフォームの外観を図7.2に示します。プロパティ設定をフォームのロード時に行うので、実行時とは異なる部分があります。

図7.2●フォームの外観

プログラムのソースコードを次に示します。

リスト7.1●ch07¥01interlocked01thread¥form¥Form1.cs

```
using System;
using System.Windows.Forms;
using System.Threading;

namespace form
{
    public partial class Form1 : Form
    {
        private int mCount;
        private const int cLimit = 500;

        //コンストラクタ
        public Form1()
        {
            InitializeComponent();

            Text = "Interlocked.Increment";
            MaximizeBox = MinimizeBox = false;
            FormBorderStyle = FormBorderStyle.FixedSingle;

            tBCount.ReadOnly = true;
            tBCount.TabStop = false;
            tBCount.TextAlign = HorizontalAlignment.Right;

            bStart.Text = "開始";
            bClose.Text = "閉じる";
```

```csharp
        }

        // スレッド，メソッド
        private void threadSub()
        {
            for (int loop = 0; loop < cLimit; loop++)
            {
                Interlocked.Increment(ref mCount);      // インクリメント
                Thread.Sleep(1);
            }
        }

        // 「開始」ボタン
        private void bStart_Click(object sender, EventArgs e)
        {
            try
            {
                mCount = 0;

                Thread thread = new Thread(new ThreadStart(threadSub));
                thread.Start();                         // スレッドを開始

                for (int i = 0; i < cLimit; i++)
                {
                    Interlocked.Increment(ref mCount);  // インクリメント
                    Thread.Sleep(1);
                    tBCount.Text = mCount.ToString();   // 表示
                    this.tBCount.Refresh();
                }

                while (thread.IsAlive)                  // スレッド終了を監視
                    tBCount.Text = mCount.ToString();   // 表示
            }
            catch (Exception ex)
            {
                MessageBox.Show(ex.Message);
            }
        }

        // 「閉じる」ボタン．スレッドの状況は監視していない
        private void bClose_Click(object sender, EventArgs e)
        {
            Close();
        }
    }
}
```

コンポーネントのプロパティ設定をコンストラクタで行います。フォームのデザイン時に操作を誤って値を変更してしまっても、コードとして記述した部分はその影響を受けません。

`threadSub`メソッドはスレッドメソッドです。このスレッドは、［開始］ボタンを押したときに制御の渡るメソッドで生成・起動されます。ここでは、Interlockedクラスの Increment メソッドを使用して mCount のカウントアップを行います。

> ここで mCount の値のフォームへの表示を行えば、前述したワーカスレッドの監視を行う必要がなくなります。しかし C# のコントロールはスレッドセーフでないため、このメソッドからフォームを操作することはできません。なお、第 6 章「並列処理と GUI」で解説した方法を使用して、ワーカスレッドから直接表示を行えば、メインスレッドでワーカスレッドを監視する必要はなくなります。

`bStart_Click` メソッドは、［開始］ボタンを押すと制御の渡るメソッドです。［開始］ボタンを押すとカウントアップが始まります。カウンタには mCount メンバ変数を使用します。まず mCount の初期化を行ってから、スレッドメソッドを生成・起動します。その後、メインスレッド側でも for ループで mCount のカウントアップと値の表示を並行して行います。mCount のカウントアップには、Interlocked クラスの Increment メソッドを使用します。

メインスレッドは、ループ終了後、ワーカスレッドの終了を待ちながら mCount の内容をフォームへ表示します。先にワーカスレッドが終了した場合は、この処理は必要ありません。しかし、先にメインスレッドが終了した場合、この処理を行わないと mCount の最後の内容が表示されません。どちらのスレッドが先に終わるかは予測できないので、ワーカスレッドを監視します。

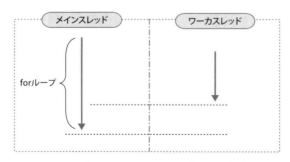

図7.3●先にワーカスレッドが終了した場合

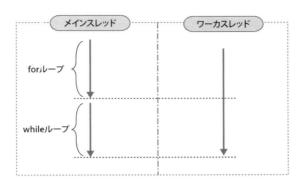

図7.4●先にメインスレッドが終了した場合

　［閉じる］ボタンを押したときの処理を示します。ワーカスレッドの監視などは一切行っていません。［開始］ボタンで呼び出されるメソッドを抜けてきたときには必ず、ワーカスレッドは完了していますので、このように単純にCloseメソッドを呼び出すだけでかまいません。
　このように単純な処理を行う場合は、特別な同期処理を行わずInterlockedクラスを使用するのが簡単です。簡単なスレッド制御なら1つのメンバ変数で十分可能です。

■変数へのインターロックドアクセス

　Interlockedクラスは、スレッド間で共有するメンバ変数への簡便な同期アクセス手段を提供します。本節のプログラムでは使用しませんが、IncrementメソッドやDecrementメソッドは、インクリメントやデクリメントを行うとともにその結果も返却します。その値を参照することで正確なメソッドの処理結果を知ることができます。この機能はマルチスレッドでは有効な機能です。
　仮にこれらのメソッドが処理結果を返さなかったとすると、その結果を正確に知ることはできなくなります。たとえInterlocked.Increment(ref gCount);の実行直後にmCountを参照したとしても、その値がインクリメントによる結果であるとはかぎりません。なぜなら、Incrementの処理が完了した時点で排他制御が解除されるため、それからmCountを参照するまでの間に別のスレッドがmCountを操作できるからです。
　なお、本節のプログラムは、最終的にカウントアップされる値が正確ならかまわないので、表示する値とIncrementメソッド呼出し後の値が同じとはかぎりません。

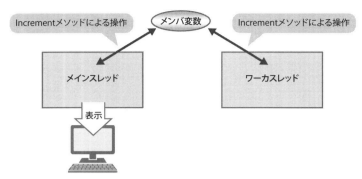

図7.5●スレッド間のインターロックドアクセス

■実行

図 7.6 に、起動直後のプログラムの様子を示します。デザイン時の様子とは異なります。

図7.6●起動直後の様子

［開始］ボタンを押すとカウントアップが始まります。

図7.7●［開始］ボタンを押すとカウントアップが始まる

　カウントアップ中は、プログラムは GUI の操作に反応しません。プログラムを終了するには［閉じる］ボタンかウィンドウの［×］ボタンを押しますが、それらのメッセージはキューに格納され、カウントアップ終了後に処理されます。

図7.8●［閉じる］ボタン

　カウントアップ中はフォームの再表示もできません。ウィンドウを操作していると「応答無し」

と表示される場合があります。

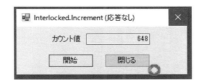

図7.9●再描画できなくなる

表示は一旦止まり、カウントアップ終了後に再表示します。ソースコードから分かるように、ワーカスレッドが先に終わった場合、カウントアップの表示更新が行われずにいきなり最終の値が表示されます。whileループを工夫すれば途中も表示されるようになります。

■ Taskクラスで記述

参考のために、スレッドをTaskクラスで記述したものも示します。

リスト7.2●ch07¥01interlocked03lambda¥form¥Form1.cs

```csharp
using System;
using System.Threading.Tasks;
using System.Windows.Forms;
using System.Threading;

namespace form
{
    public partial class Form1 : Form
    {
        //コンストラクタ
        public Form1()
        {
            ⋮
        }

        // 「開始」ボタン
        private void bStart_Click(object sender, EventArgs e)
        {
            int count = 0;
            const int cLimit = 500;

            try
            {
                Task task = new Task(() =>
                {
                    for (int loop = 0; loop < cLimit; loop++)
```

```csharp
                    {
                        Interlocked.Increment(ref count);   // インクリメント
                        Thread.Sleep(1);
                    }
                });
                task.Start();

                for (int loop = 0; loop < cLimit; loop++)
                {
                    Interlocked.Increment(ref count);    // インクリメント
                    Thread.Sleep(1);
                    tBCount.Text = count.ToString();     // 表示
                    this.tBCount.Refresh();
                }

                while (task.Wait(10) == false)           // スレッド終了を監視
                    tBCount.Text = count.ToString();     // 表示
            }
            catch (Exception ex)
            {
                MessageBox.Show(ex.Message);
            }
        }

        // 「閉じる」ボタン，スレッドの状況は監視していない
        private void bClose_Click(object sender, EventArgs e)
        {
            Close();
        }
    }
}
```

　Task クラスを使用し、処理部分はラムダ式で記述しますので、ソースコードはコンパクトになります。スレッドの終了監視は Thead クラスから Task クラスに変更したため、task.Wait メソッドを使用します。

　実は、先のプログラムにも共通ですが、このコードは若干の問題を含んでいます。たとえば、テキストボックスへの表示を行って再度スレッドを監視する間に、カウントアップとスレッド終了があったとします。すると、メインスレッドはスレッドが終了したと理解し、最後のテキストボックス更新の機会を失ってしまいます。これを避けるには、スレッド終了を監視している while 文を抜けた後にも、念のため再度テキストボックスを更新する方が望ましいです。

7-2 終了監視

スレッドの終了監視の説明を行います。前節の最初のプログラムでは、スレッドオブジェクトの IsAlive プロパティを監視することでワーカスレッドの終了判断を行っていました。

```
while (thread.IsAlive)   // スレッド終了を監視
  Thread.Sleep(1);
```

本節のプログラムでは、より簡単に、ワーカスレッドが終了するまでメインスレッドをブロックしてしまいます。

```
thread.Join();   // スレッドを待機
```

その他の部分は前節のプログラムとほとんど変わらないので省略します。

リスト7.3● ch07¥02join¥form¥Form1.cs

```csharp
    :
// 「開始」ボタン
private void bStart_Click(object sender, EventArgs e)
{
    try
    {
        mCount = 0;

        Thread thread = new Thread(new ThreadStart(threadSub));
        thread.Start();                          // スレッドを開始

        for (int i = 0; i < cLimit; i++)
        {
            Interlocked.Increment(ref mCount);   // インクリメント
            Thread.Sleep(1);
            tBCount.Text = mCount.ToString();    // 表示
            this.tBCount.Refresh();
        }

        thread.Join();                           // スレッドを待機
        tBCount.Text = mCount.ToString();        // 表示
    }
    catch (Exception ex)
    {
        MessageBox.Show(ex.Message);
    }
}
```

forループ（メインスレッド）とワーカスレッドのどちらが早く終了するかは、事前に予測できません。ワーカスレッドが先に終了していれば問題ありませんが、逆の場合はmCountの最後の内容が表示されません。そこで、ThreadクラスのJoinメソッドを使用して、ワーカスレッドが終了するまでメインスレッドを待機させます。

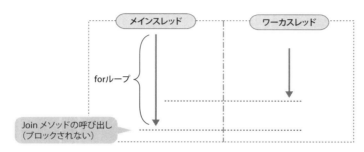

図7.10●ワーカスレッドの処理がメインスレッドより先に終了した場合

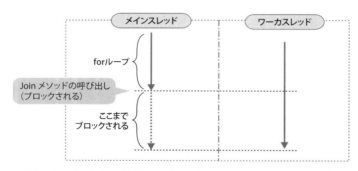

図7.11●メインスレッドの処理がワーカスレッドより先に終了した場合

Joinメソッドは、ワーカスレッドの処理の終了を確認しなければならない場合に使用します。つまり、スレッドの同期に利用します。前節の方法に比べると簡単ですが、スレッドの状態を監視しないため、デッドロックに陥る可能性が高くなる点に注意してください。ただし、無駄なループを行わずに済むため、システムのスループット向上には貢献するでしょう。Joinメソッドを使用すれば、スレッドの完了の監視は容易になりますが、Joinメソッドから制御が返ってくるまで何もできません。

■実行

起動直後のプログラムの様子を、図7.12に示します。

図7.12●起動直後の様子

［開始］ボタンを押すとカウントアップが始まります。カウントアップが完了するまで、ウィンドウは制御できません。また、カウントアップの値も更新されない場合があります。ソースコードから分かるように、ワーカスレッドが先に終わった場合、カウントアップの表示は更新されず、いきなり最終値が表示されます。

プログラムが完了すると必ず値は1000になります。［閉じる］ボタンかウィンドウの［×］ボタンを押すと、カウントアップ終了後にプログラムは終了します。

また、このプログラムのウィンドウを他のウィンドウの背後に隠して再び手前に出しても、カウントアップが終了するまで再表示されません。これは、［開始］ボタンを押したときに制御の渡るメソッドがワーカスレッドの終了を待つからです。

図7.13●[閉じる] ボタン

■Task クラスで記述

参考のために、スレッドをTaskクラスで記述したものも示します。

リスト7.4●ch07¥02wait¥form¥Form1.cs

```
    :
    // 「開始」ボタン
    private void bStart_Click(object sender, EventArgs e)
    {
        int count = 0;
        const int cLimit = 500;

        try
        {
            Task task = new Task(() =>
```

```
            {
                for (int i = 0; i < cLimit; i++)
                {
                    Interlocked.Increment(ref count);   // インクリメント
                    Thread.Sleep(1);
                }
            });
            task.Start();

            for (int i = 0; i < cLimit; i++)
            {
                Interlocked.Increment(ref count);   // インクリメント
                Thread.Sleep(1);
                tBCount.Text = count.ToString();   // 表示
                this.tBCount.Refresh();
            }

            task.Wait();
            tBCount.Text = count.ToString();         // 表示
        }
        catch (Exception ex)
        {
            MessageBox.Show(ex.Message);
        }
    }
    :
```

　Task クラスを使用し、処理部分はラムダ式で記述しますので、ソースコードはコンパクトになります。スレッドの終了監視は Thread クラスから Task クラスに変更したため、Wait メソッドを使用します。引数を与えない Wait メソッドは、タスク（ワーカスレッド）が終了するまで永遠に待ちます。

7-3 Monitor クラスによる同期

　本節では、Monitor クラスを利用したシンプルな同期プログラムを開発します。前節の Interlocked クラスは、複数のスレッドで共有される変数への操作を提供していますが、処理できることはかぎられます。

　Monitor クラスはスレッド間の同期に使用され、いわゆるクリティカルセクションを作ります。クリティカルセクションは、そのコードブロックの実行を制限できます。Monitor クラスの

Enterメソッドにはオブジェクトを指定します。ただ、そのオブジェクトへの操作を制限するものではなく、共通のオブジェクトを使用すれば1つの同期オブジェクトとして使用できます。同期のみに利用するオブジェクトを作成するのが一般的ですが、特定のオブジェクトを使用してもかまいません。あるスレッドが同期オブジェクトをロックしていると、他のスレッドはそのロックを取得できません。つまり、他のスレッドは待ちに入ります。また、ロックの所有者が実行しているアプリケーションコードのクリティカルセクションを、他のスレッドからアクセスできないようにします。

　Enterメソッドの引数はオブジェクトです。そのオブジェクトに対し、他のスレッドがすでにEnterメソッドを実行していた（かつ、まだExitメソッドを実行していない）場合、現在のスレッドの処理はブロックされます。同じスレッドがEnterメソッドを複数回呼び出すことは可能ですが、Exitメソッドを同じ回数呼び出さないと、そのオブジェクトで待機中の他のスレッドはブロックを解除されません。この機能はデッドロックに気をつける必要がありますが、処理を多重化する場合などには便利です。

　値型の変数をEnterメソッドに渡すと、これはオブジェクトとしてボックス化されます。同じ変数を、さらにEnterメソッドに指定した場合、この変数は別のオブジェクトとしてボックス化されるため、プログラムはブロックしません。したがって、Enterメソッドにはオブジェクトを指定すべきでしょう。このEnterメソッドとExitメソッドの呼び出しは、C#のlock文と同じ働きをします。lock文の例は後述します。

■クリティカルセクションの基礎

　クリティカルセクションとは、一度に1つのスレッドが実行するプログラムの固まりを指します。本節のプログラムでは、多数のスレッドを生成し、それらから同じメンバ変数の参照・更新を行います。このとき、スレッドの同期を行わずに処理を行うと、思わぬ結果となります。ここでは、Monitorクラスでクリティカルセクションを作り、それを使用してスレッド間の調停を行う方法について解説します。

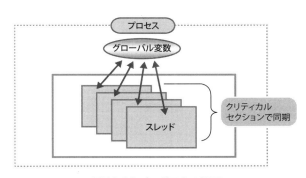

図7.14●プログラムの概要

ここで解説するクリティカルセクションは、マイクロプロセッサなどで使用するクリティカルセクションとは主旨を異にします。マイクロプロセッサで使用する意味で「一度に1つのスレッドが実行するプログラムの固まり」と表現するのは誤解のもとです。

たとえば、マイクロプロセッサを使用してファームウェアを開発する場合を考えてみましょう。クリティカルセクションを作った場合、割り込みが抑止され、タスクスイッチは発生しません。唯一の例外はマスクできない割り込みですが、これはシステムダウンなどの緊急時にしか使用しません。したがって、クリティカルセクションの期間は、自分自身がシステム内で唯一実行可能なコードと考えることができます。しかし、ここで解説するクリティカルセクションは、ある特定のオブジェクトに対するスレッドへのクリティカルセクションを意味します。

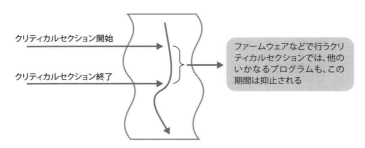

図7.15●ファームウェアなどで使用するクリティカルセクション

クリティカルセクションに入ったからといって、他のスレッドが停止するわけではありません。もちろん、他のプロセスも何の障害もなく処理を継続しています。リソースの排他制御を行いたい場合、それに結びつけたクリティカルセクションを作成し、それを使用してクリティカルセクションを作れば、その期間は自分自身だけが該当するリソースを操作することができます。そのような意味では、「他のプロセスやスレッドが動作すると困る場合、クリティカルセクションの中で実行すると、邪魔される心配がありません」という表現は間違いではありません。

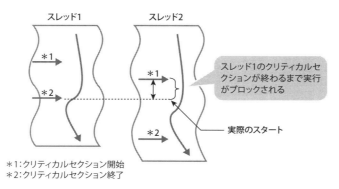

*1:クリティカルセクション開始
*2:クリティカルセクション終了

図7.16●クリティカルセクションの概念図

プログラムのソースリストを次に示します。

リスト7.5●ch07¥03moniter¥simple¥Program.cs

```csharp
using System;
using System.Threading;
using System.Threading.Tasks;

namespace simple
{
    class Program
    {
        static void Main(string[] args)
        {
            const int numOfLoop = 10;
            int counter;
            string lockData = "";

            counter = 0;

            Task[] tasks = new Task[10];

            for (int i = 0; i < tasks.Length; i++)
            {
                // メッセージ作成
                string str = String.Format("ワーカスレッド{0}.", i);

                tasks[i] = new Task((msg) =>
                {
                    for (int index = 0; index < numOfLoop; index++)
                    {
                        Monitor.Enter(lockData);

                        int tmp = counter;
                        Thread.Sleep(1);
                        tmp++;
                        counter = tmp;

                        Console.WriteLine("{0}: counter={1}", msg, counter);

                        Monitor.Exit(lockData);
                    }
                }, str);
            }

            for (int i = 0; i < tasks.Length; i++)
                tasks[i].Start();                    // スレッドを開始する
```

```
                Task.WaitAll(tasks);

                Console.WriteLine("メインスレッド.");
        }
    }
}
```

　Mainメソッドで、Taskオブジェクトを格納する配列を生成します。このプログラムでは多数のスレッドを実行するため、それらの管理に配列を使用します。簡単に作るなら各オブジェクトを管理せず単に生成するだけでもかまわないのですが、ここでは管理します。

　まず、forループで多数のTaskオブジェクトを生成します。それぞれのTaskを判別するために、スレッド番号を文字列として渡します。

　一連の作業が終わったら、別のループでStartメソッドを使用しスレッドの起動を行います。このようにしたのは、オブジェクト生成とスレッド起動を同時に行うとオブジェクト生成のオーバーヘッドが大きく、スレッド間の競合が起きにくいと考えたためです。すべてのスレッドの終了をWaitAllで待ち、最後にコンソールにメッセージを出してプログラムを終了させます。

　Taskのコンストラクタで文字列を受け取り、この内容をコンソールへ表示するときに使用し、どのスレッドから出力されたかを判別します。各スレッドはEnterメソッドとExitメソッドでクリティカルセクションを作ります。クリティカルセクションの内部でcounterをカウントアップします。単に、counter++;とするだけでもよいのですが、より競合が起きやすいように冗長にします。

　同期を行わないと、どのように不具合が発生するか考えてみます。

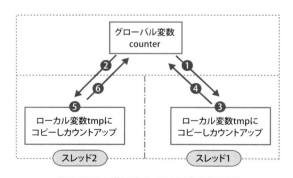

図7.17●同期を行わない場合の処理例

　図7.17に示すような順序であれば、

①counter の内容 0 を tmp へ（tmp は 0 を保持）。スレッド 1 による
②counter の内容 0 を tmp へ（tmp は 0 を保持）。スレッド 2 による
③tmp をカウントアップ（tmp は 1 を保持）。スレッド 1 による
④tmp の内容を counter へ戻す（counter は 1 になる）。スレッド 1 による
⑤tmp をカウントアップ（tmp は 1 を保持）。スレッド 2 による
⑥tmp の内容を counter へ戻す（counter は 1 になる）。スレッド 1 による

となり、結局メモリの内容は 1 回処理されたのと同じになってしまいます。このように、スレッド間で同期が取れていないと、処理が正常に行われない場合があります。また、アプリケーションがデッドロックすることもあります。

Enter メソッドや Exit メソッドに指定する適当な同期オブジェクトがないため、ダミーの文字列 lockData を使用します。本来ならば専用オブジェクトを用意すべきですが、簡便にするために文字列を使用しました。同期したメソッドが同じインスタンス内だけであるなら、this を使うのが簡単です。しかし、将来のプログラム拡張などでインスタンスを超えた同期が必要になる可能性もありますので、専用オブジェクトを使用することを推奨します。

■実行

実行例を示します。コマンドプロンプトでプログラム名を入力します。この例では、ワーカスレッドが入り混じって表示されています。このシーケンスは毎回変化しますが、最後の結果は必ず 100 となります。

```
C:\>enter
ワーカスレッド0.: counter=1
ワーカスレッド1.: counter=2
ワーカスレッド2.: counter=3
ワーカスレッド3.: counter=4
ワーカスレッド0.: counter=5
ワーカスレッド1.: counter=6
    ：
ワーカスレッド8.: counter=91
ワーカスレッド9.: counter=92
ワーカスレッド8.: counter=93
ワーカスレッド9.: counter=94
ワーカスレッド8.: counter=95
ワーカスレッド9.: counter=96
ワーカスレッド8.: counter=97
ワーカスレッド9.: counter=98
ワーカスレッド9.: counter=99
ワーカスレッド8.: counter=100
メインスレッド.
```

ちなみに、Enter メソッドと Exit メソッドを取り払い、同期処理を省いたプログラムの実行例は次のようになります。

```
C:¥>enter
ワーカスレッド1.: counter=1
ワーカスレッド2.: counter=1
ワーカスレッド0.: counter=1
ワーカスレッド3.: counter=1
ワーカスレッド1.: counter=2
ワーカスレッド0.: counter=2
    ⋮
ワーカスレッド9.: counter=25
ワーカスレッド9.: counter=26
ワーカスレッド8.: counter=26
ワーカスレッド8.: counter=27
ワーカスレッド9.: counter=27
ワーカスレッド9.: counter=28
ワーカスレッド8.: counter=28
ワーカスレッド8.: counter=29
ワーカスレッド9.: counter=29
ワーカスレッド9.: counter=30
メインスレッド.
```

同期していないため処理結果は 100 にならず、そのときの CPU の負荷などによって毎回異なった結果となります。

7-4 lock 文による同期

前節で解説した Monitor クラスを利用した同期プログラムを、lock 文に置き換えてみます。lock 文は指定されたオブジェクトに対する排他制御を行います。ロックの内部ブロックはクリティカルセクションとして処理されます。lock 文の構文を次に示します。

```
lock (オブジェクト)
{
    文
    文
    ⋮
}
```

lock 文によってスレッドがクリティカルセクションに入っているとき、別のスレッドがロックされたコードを使おうとすると、lock 文に指定されたオブジェクトが解放されるまでブロックされます。

　lock 文に指定するオブジェクトは、参照型に基づくオブジェクトである必要があります。指定するオブジェクトによってロックのスコープ（範囲）が定義されます。関数の内部オブジェクトを指定すると、ロックのスコープはこの関数に限定されます。前節で説明したように、スレッドオブジェクトを別のクラスに定義してクラス自体のインスタンスを作成し、それぞれのスレッドを起動する場合、this を指定すると排他制御されません。なぜなら、この場合の this は別々のインスタンスを指すからです。

　排他制御を厳密に行うには、lock 文に渡されるオブジェクトのスコープをよく考える必要があります。C# には強力な同期機構が組み込まれていますが、ロックオブジェクトへの配慮を怠り、ケアレスミスを起こすことがあります。

　逆に、インスタンスにパブリックにアクセスできる場合も、問題となることがあります。ユーザーの制御が及ばないコードによって、このオブジェクトがロックされる可能性があるからです。この場合、他のスレッドが同じオブジェクトを指定し、デッドロック状態が発生することがあります。オブジェクトではなく、パブリックなデータ型を指定した場合も同じです。たとえば、this を使用すればクラス外からでも取得できるため、クラスの設計者が意図しないところで、これらのオブジェクトがロックに使用される可能性があります。これは、単にパフォーマンスを低下させるだけでなく、デッドロックの原因にもなります。やらたと this をロックオブジェクトに指定するのも問題です。

　リテラル文字列を指定する人がいるとは思えませんが、リテラル文字は CLR（Common Language Runtime）管理下にあるため、どのような結果になるかは保証できません。

　結局、クラスにロック専用のオブジェクトを用意するのがよいでしょう。ただし、スコープによって排他制御が範囲が異なるため、クラス間でアクセスできるオブジェクトを指定しなければならない場合もあります。これは、lock 文ではなく排他制御の注意点です。C# についての文献を読むと、lock(this) という例を見かけますが、安易に使用するとまったく排他制御できない場合があります。ロックオブジェクトに this を使用したら、インスタンス間で排他制御されません。逆にインスタンス内だけで排他制御されれば良い場合、this を使うのは便利でしょう。

　いずれにしても、プログラム全体で排他制御したいのか、全インスタンスで排他制御したいのか、インスタンス内だけで排他制御したいのか、はたまた目的の異なるクリティカルセクションが必要なのかなどを良く理解した上で、ロックオブジェクトを定義しましょう。

　lock 文は Monitor クラスの Enter メソッドに、ブロックの終了は Exit メソッドに対応します。

■ プログラムの概要

プログラムの動作概要を図 7.18 に示します。多数のスレッドの lock 文のクリティカルセクションから、メンバ変数をカウントアップします。それぞれが同期しながら動作するため、正常に処理されます。

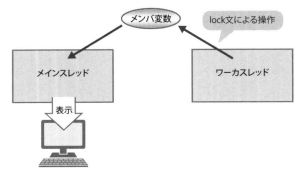

図7.18●動作の概要

図 7.19 にフォームの外観を示します。プロパティ設定はフォームのロード時に行うので、実行時とは異なります。

図7.19●フォームの外観

プログラムのソースリストを次に示します。

リスト7.6●ch07¥04lock¥form¥Form1.cs

```csharp
using System;
using System.Windows.Forms;
using System.Threading;
using System.Threading.Tasks;

namespace form
{
    public partial class Form1 : Form
    {
        //コンストラクタ
        public Form1()
        {
```

```csharp
            InitializeComponent();

            Text = "Lockステートメント";
            MaximizeBox = MinimizeBox = false;
            FormBorderStyle = FormBorderStyle.FixedSingle;

            tBCount.ReadOnly = true;
            tBCount.TabStop = false;
            tBCount.TextAlign = HorizontalAlignment.Right;

            bStart.Text = "開始";
            bClose.Text = "閉じる";
        }

        // 「開始」ボタン
        private void bStart_Click(object sender, EventArgs e)
        {
            int count = 0;
            const int cLimit = 500;
            Object LockObject = new Object();

            try
            {
                Task task = new Task(() =>
                {
                    for (int i = 0; i < cLimit; i++)
                    {
                        lock (LockObject)
                        {
                            int tmp = count;
                            Thread.Sleep(1);
                            tmp++;
                            count = tmp;
                        }
                    }
                });
                task.Start();

                for (int i = 0; i < cLimit; i++)
                {
                    lock (LockObject)
                    {
                        int tmp = count;
                        Thread.Sleep(1);
                        tmp++;
                        count = tmp;
                    }
```

```
                    Thread.Sleep(1);
                    tBCount.Text = count.ToString();    // 表示
                    this.tBCount.Refresh();
                }

                task.Wait();
                tBCount.Text = count.ToString();        // 表示
            }
            catch (Exception ex)
            {
                MessageBox.Show(ex.Message);
            }
        }

        // 「閉じる」ボタン，スレッドの状況は監視していない
        private void bClose_Click(object sender, EventArgs e)
        {
            Close();
        }
    }
}
```

コンストラクタで、フォームの各種プロパティを設定します。これらの設定はフォームのデザイン時に設定できますが、コンストラクタで設定した方が確実です。

[開始]ボタンを押すとbStart_Clickメソッドに制御が渡ります。このボタンを押すと、メインスレッドとワーカスレッドでcount変数を同期してカウントアップします。lock文に使用するオブジェクトLockObjectを生成します。ワーカスレッドは、Taskクラスを使用し、処理部分はラムダ式で記述します。このため、ソースコードはコンパクトになり、カウンタ変数countもメソッド内に閉じた変数とすることが可能です。

lock文に専用のロックオブジェクトを引数として渡すことで、クリティカルセクションを作ります。クリティカルセクションの内部ではcount++;するだけでよいのですが、競合を起きやすくするため、いったん変数へ代入した後インクリメントし、再びcountに書き戻しています。また、Thread.Sleep(1);でカウンタの更新に時間がかかるように冗長にします。

スレッドの終了監視をThreadクラスからTaskクラスに変更したため、taskオブジェクトのWaitメソッドを使用します。ワーカスレッドをStartメソッド起動したのち、すぐにメインスレッドもカウントアップ作業を開始します。このときに何の同期処理も行わなければカウンタ変数のアクセスに競合が発生するでしょう。ここでは、lock文を使用してカウンタ変数のアクセスに競合が発生しないようにします。GUIの更新はメインスレッドで行います。ただし、このプログラムはカウントアップ作業が終了するまでメソッドを抜けないため、GUIがフリーズする場合があります。

最後にスレッドの完了を Wait メソッドで確認し、完了していたら最終のカウンタの値を GUI へ表示します。このコードがないと、メインスレッドがワーカスレッドより先に終了した場合、実際のカウンタが保持する値は正常でも、GUI に表示される値は最終の値ではなくなってしまいます。

　bClose_Click は、[閉じる] ボタンで実行されるメソッドです。本来はワーカスレッドの終了を監視するなどの処理を行うべきですが、本節で実行するワーカスレッドはすぐに終了する単純なものなので、特に対策は行っていません。

■実行

　プログラムを起動して [開始] ボタンを押すと、カウントアップが始まります。

図7.20●[開始] ボタンを押す

　カウントアップ中はウィンドウの移動はできなくなります。ウィンドウを操作していると「応答無し」と表示される場合もあります。

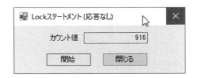

図7.21●応答無し

　カウントアップが終了すると、カウンタの値が 1000 と表示されます。

図7.22●カウントアップ終了

　最後に、lock 文を外して実行した様子を示します。コメントアウトした部分を次に示します。

```
        :
// 「開始」ボタン
private void bStart_Click(object sender, EventArgs e)
{
```

```
int count = 0;
const int cLimit = 500;
Object LockObject = new Object();

try
{
    Task task = new Task(() =>
    {
        for (int i = 0; i < cLimit; i++)
        {
            //lock (LockObject)
            {
                int tmp = count;
                Thread.Sleep(1);
                tmp++;
                count = tmp;
            }
        }
    });
    task.Start();
    ⋮
```

ワーカスレッド側のlock文をコメントアウトしてみます。このlock文がないとcountへのアクセスでスレッド競合が発生し、正常にカウントアップできません。値が1000になることはまず考えられません。図7.23に同期が崩れた例を示します。この例ではカウントアップは750で終わっています。

図7.23●lock文をコメントアウトした場合

7-5 非同期呼び出し

本節では、C# で非同期呼び出しを理解するための、単純なサンプルプログラムを作成します。非同期呼び出しでは、呼び出したメソッドの処理と呼び出し元の処理が並行して動作します。その代わり、呼び出したメソッドの処理状況を呼び出し元から確認しなければならない場合、何らかの対応が必要です。

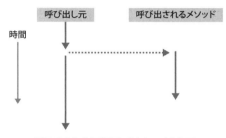

図7.24●非同期呼び出しの概念図

C# では、デリゲートを使用して、すべてのメソッドを非同期的に呼び出すことができます。定義と実体のシグネチャを同一にすることに注意してください。

非同期呼び出しは BeginInvoke メソッドで行います。このメソッドは、非同期的に実行するメソッドと同じ引数を指定します。さらに 2 つの引数を指定しますが、それについては 7-7 節で説明します。非同期呼び出しを行うと、呼び出し先の完了を待つことなく、制御がすぐに呼び出し元に戻ります。したがって、制御が戻ってきたというだけでは、呼び出し先で操作したメンバ変数などのデータを参照しても、それが呼び出しによる処理の結果であるかどうかは分かりません。このような場合は、BeginInvoke メソッドが返す IAsyncResult を使用して、呼び出し先の状況を監視します。

非同期呼び出しと同期するため、また非同期呼び出しの結果を取得するため、EndInvoke メソッドを使用します。EndInvoke メソッドは、BeginInvoke メソッドの呼び出し以降であればいつでも呼び出すことができます。非同期呼び出しが完了していない場合、EndInvoke メソッド呼び出しは非同期呼び出しが完了するまでブロックされます。EndInvoke メソッドの引数には、BeginInvoke メソッドによって返された IAsyncResult を指定します。

呼び出し元は、非同期呼び出しを行った後、呼び出しと関係のない処理などを行うのが一般的です。それらが完了したら EndInvoke メソッドを呼び出します。

IAsyncResult.AsyncWaitHandle を使用して状態を監視することもできます。たとえば、WaitHandle を取得し、WaitOne メソッドを使用して完了を待つ方法や、IAsyncResult をポーリングして非同期呼び出しが完了したか確認する方法もあります。いずれにしても、最後は

EndInvoke メソッドを呼び出します。

完了をもう少し簡単に、かつ効率的に取得するために、コールバックメソッドのデリゲートを BeginInvoke メソッドに渡す方法もあります。これについては、本章でサンプルプログラムを解説します。このコールバックメソッドは、非同期呼び出しの完了時に自動的に呼び出されます。

> 非同期処理は決して新しい技術ではなく、40 年前のメインフレーム用の OS でも使用されていました。当時のハードディスクやネットワークといった外部装置は、現在のものと比較してはるかに低速でした。そのため、非同期呼び出しを有効に利用しないと、ブロックされる処理が嵐のように発生し、スループットが極端に低下しました。

リスト 7.7 に、非同期呼び出しのサンプルプログラムを示します。この例は非常に単純ですが、実際のプログラムでは多重スレッド、多重非同期呼び出しを行うことも少なくありません。待ちの多い処理、たとえばネットワークの送受やファイル I/O などの CPU 負荷が軽い割に時間のかかる処理を非同期呼び出しに割り当てると、アプリケーションのスループットが格段に向上することも少なくありません。シングル CPU で、かつ呼び出し元も呼び出し先も CPU をフルに使用するようなアプリケーションへの効果はそれほど大きくありません。ただ、近年はメニーコアの CPU が普通になり、OS も CPU 分散を行うようになっていますので、それなりに性能は向上します。

プログラムのソースリストを次に示します。

リスト7.7●ch07¥05async¥simple¥Program.cs

```
using System;
using System.Threading;

namespace async
{
    class Program
    {
        // メイン
        static void Main(string[] args)
        {
            Console.WriteLine("プログラム・スタート.");

            // asyncオブジェクト生成
            AsyncClass async = new AsyncClass();

            // デリゲート生成
            Func<int, String> dlgt = async.asyncMethod;

            // 非同期呼び出し
```

```
            IAsyncResult ar = dlgt.BeginInvoke(3000, null, null);
            Console.WriteLine("呼び出し元動作中.");

            Thread.Sleep(0);

            // 非同期呼び出しが終わるまで待機
            String ret = dlgt.EndInvoke(ar);

            Console.WriteLine("非同期呼び出しの返却値=[{0}].", ret);
        }

        // asyncClassクラス
        public class AsyncClass
        {
            // 非同期実行されるメソッド
            public String asyncMethod(int wait)
            {
                Console.WriteLine("非同期メソッド開始.");
                Thread.Sleep(wait);

                return wait.ToString();
            }
        }
    }
}
```

　Mainメソッドでは、まずasyncClassクラスのインスタンスasyncを生成します。この中に非同期呼び出しされるメソッドが存在します。次に、デリゲートdlgtを作成し、BeginInvokeメソッドでデリゲートを非同期呼び出しします。

　呼び出されたメソッドは、メッセージ表示を行ってからSleepで一時停止し、文字列を返して処理を終えます。それと並行して、呼び出し元でも何らかの処理を継続できます。そして、非同期呼び出ししたメソッドの情報が必要になったら、EndInvokeメソッドで同期して情報を受け取ります。この際、メソッドから直接受け取る代わりに、メンバ変数などで受け取る方法もあります。

　　　　非同期呼び出しで呼び出した処理の終了を効率よく知るための方法に、7-12節で説明するコールバックがあります。BeginInvokeメソッドの引数についても、その節で解説します。

　非同期メソッドが呼び出し元よりも早く終わった場合、EndInvokeメソッドはすぐに終了し、

呼び出し元はブロックされません（図 7.25）。

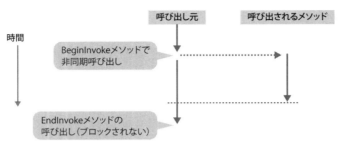

図7.25●呼び出し元がブロックされない様子

反対に、呼び出し元が非同期メソッドよりも早く終わった場合、EndInvoke メソッドによって、非同期メソッドが終了するまで呼び出し元の処理はブロックされます。

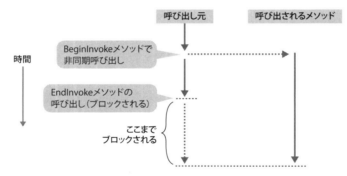

図7.26●呼び出し元がブロックされる様子

■実行

プログラムの実行結果を次に示します。

```
C:¥>async
プログラム・スタート．
呼び出し元動作中．
非同期メソッド開始．
非同期呼び出しの返却値=[3000]．
```

メッセージとその発信元を表 7.1 に示します。

表7.1●メッセージと発信元

メッセージ	呼び出し元／呼び出し先
プログラム・スタート.	元
呼び出し元動作中.	元
非同期メソッド開始.	先
非同期呼び出しの返却値 =[3000].	元

「呼び出し元動作中.」を表示する前に、BeginInvoke メソッドを呼び出しています。このメッセージが「非同期メソッド開始.」の前に表示されていることから、呼び出し元と呼び出し先が並行動作していることが分かります。

返却値も正確に返されています。実際に動作させると分かりますが、asyncMethod 内に Thread.Sleep(wait); があるため、EndInvoke メソッド呼び出しで、呼び出し元がブロックされているらしいことが観測できます。

ところで、本節で紹介した BeginInvoke メソッドを用いた**非同期呼び出し**ですが、特に工夫を必要としない一般的な非同期呼び出しを行いたい場合、もっと簡単な方法として、第 6 章「並列処理と GUI」の 6-7 節「非同期メソッド」で解説した async 修飾子と await 演算子で解決できる場合が少なくありません。どちらが良いか、両者を比較して目的に一致し、綺麗なコードとなる方を採用してください。async 修飾子と await 演算子は、.NET Framework 4.5/C# 5.0 以降から提供された機能です。

7-6 同期呼び出し

本節では、同期呼び出しを使用してスレッド間でコントロールをアクセスするプログラムを示し、同期呼び出しの利点について解説します。同期呼び出しでは、呼び出したメソッドが終了するまで呼び出し元の処理はブロックされますが、制御が戻った時点で、呼び出したメソッドの処理は完了していることが保証されます。

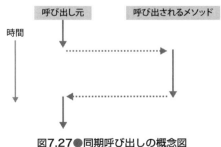

図7.27●同期呼び出しの概念図

図7.28に、フォームの外観を示します。これまでと同じように、フォームやボタンコントロールなどのプロパティはフォームがロードされたときに設定するため、デザイン時のフォームと実行時のフォームの外観は異なります。

図7.28●フォームの外観

プログラムのソースリストを次に示します。

リスト7.8●ch07¥06sync¥form¥Form1.cs

```csharp
    ⋮
    // デリゲート
    private void drawCount(int inCounters)
    {
        tBCount.Text = inCounters.ToString();
    }       // 「開始」ボタン
    private void bStart_Click(object sender, EventArgs e)
    {
        const int numOfLoop = 10;
        Object LockObject = new Object();
        int count = 0;

        try
        {
            Task[] tasks = new Task[10];

            for (int i = 0; i < tasks.Length; i++)
            {
                Action<int> dCount = drawCount;

                tasks[i] = new Task(() =>
                {
                    for (int loop = 0; loop < numOfLoop; loop++)
                    {
                        lock (LockObject)
                        {
                            count++;
                            // 同期呼び出し
                            this.Invoke(dCount, new object[] { count });
                            Thread.Sleep(1);
                        }
```

```
                        }
                    });
            }

            for (int i = 0; i < tasks.Length; i++)
                tasks[i].Start();                              // スレッドを開始する
        }
        catch (Exception ex)
        {
            MessageBox.Show(ex.Message);
        }
    }
    ⋮
```

コンストラクタで、各種プロパティを設定します。

drawCount メソッドは、スレッド内からデリゲートを使用して呼び出されます。単に引数の値を GUI へ設定するだけです。

［開始］ボタンを押すと bStart_Click メソッドに制御が渡ります。lock 文に使用するオブジェクトの宣言と生成も行います。このオブジェクトには書き込みを行わないので、readonly を指定します。各スレッドでカウントアップする count の宣言と初期化も行います。次に、Task オブジェクトを格納する配列を生成します。このプログラムでは多数のスレッドを実行するため、それらの管理に配列を使用します。for ループで多数の Task オブジェクトを生成します。一連の作業が終わったら、別のループで Start メソッドを使用しスレッドの起動を行います。各スレッドは、lock 文に専用のロックオブジェクトを引数として渡し、クリティカルセクションを作ります。クリティカルセクションの内部で count をインクリメントします。この値を表示するために、Invoke メソッドでデリゲートを同期呼び出しします。

■実行

プログラムを起動して［開始］ボタンを押すと、カウントアップが始まります。

図7.29●カウントアップが始まる

スレッドでカウントアップしていますので、カウントアップ中でもウィンドウの移動などが可能です。

図7.30●ウィンドウの移動

全スレッドが終了するとカウンタの値が100になります。

図7.31●全スレッドが終了の様子

`lock`文のクリティカルセクションを外した場合を次に示します。カウントアップがスレッド間で競合するため、処理結果は正常ではなくなります。また、毎回結果は異なります。

図7.32●lock文をコメントアウトした場合

禁則処理を行っていないため、すでに動作中であっても「開始」ボタンを押すことが可能です。できれば、全スレッドが完了するまでボタンを無効化すると良いでしょう。ただし、本節の目的は同期的にデリゲートを呼び出す説明ですので、細かな部分は省略しました。

7-7 | BeginInvoke メソッド

本節では、前節の同期呼び出しのプログラムを、非同期呼び出しを行うように書き換えます。非同期呼び出しや同期呼び出しについては、前々節、前節の解説を参照してください。変更部分のみを解説します。

プログラムのソースコードを次に示します。

リスト7.9●ch07¥07bInvoke¥form¥Form1.cs

```csharp
    :
// 「開始」ボタン
private void bStart_Click(object sender, EventArgs e)
{
    const int numOfLoop = 10;
    Object LockObject = new Object();
    int count = 0;

    try
    {
        Task[] tasks = new Task[10];

        for (int i = 0; i < tasks.Length; i++)
        {
            Action<int> dCount = drawCount;

            tasks[i] = new Task(() =>
            {
                for (int loop = 0; loop < numOfLoop; loop++)
                {
                    lock (LockObject)
                    {
                        count++;
                        // 非同期呼び出し
                        IAsyncResult ar = this.BeginInvoke(dCount,
                                               new object[] { count });
                        Thread.Sleep(1);
                        tBCount.EndInvoke(ar);   // 同期
                    }
                }
            });
        }

        for (int i = 0; i < tasks.Length; i++)
            tasks[i].Start();                                 // スレッドを開始する
    }
    catch (Exception ex)
    {
        MessageBox.Show(ex.Message);
    }
}
    :
```

drawCount デリゲートなどは前節と変わらないので省略します。bStart_Click メソッドも

前節とほぼ同じですが、lock 文の内部を少し変更します（リスト 7.10）。

リスト7.10●lock文
```
    :
lock (LockObject)
{
    count++;
    // 非同期呼び出し
    IAsyncResult ar = this.BeginInvoke(dCount, new object[] { count });
    Thread.Sleep(1);
    tBCount.EndInvoke(ar);   // 同期
}
    :
```

［開始］ボタンを押すと bStart_Click メソッドへ制御が渡ってきます。BeginInvoke メソッドでデリゲートを非同期呼び出します。Sleep メソッドで少し時間を置いた後、EndInvoke メソッドで、非同期呼び出しが完了するまで待ちます。他は前節と同じです。［閉じる］ボタンを押したときの処理も前節と変わりません。

本プログラムは非同期呼び出しを使用しています。ところが終了処理で何のチェックも行っていません。つまり、非同期呼び出しが完了していないため、破棄されたコントロールにアクセスする可能性があります。このような問題を回避するには、すべての非同期呼び出しが完了したことを監視すればよいでしょう。

先に説明したように、本節のプログラムも async 修飾子と await 演算子（6-7 節参照）で解決できる場合が少なくありません。どちらが良いか、両者を比較して目的に一致し、綺麗なコードとなる方を採用してください。

実行に関しては、前節と同じなので省略します。

7-8 EventHandler デリゲートによる同期呼び出し

これまでは、デリゲートを使用する際は、4-1 節「デリゲート」で解説した定義済みデリゲートである値を返さない Action(T) デリゲートや、値を返す Func(TResult) デリゲートを使用しました。これらについては説明済みですが、これ以外にも定義済みデリゲートが存在します。本節では EventHandler デリゲートを使用するプログラムを紹介します。これ以外にも MethodInvoker デリゲートなどが定義されています。EventHandler デリゲートは定義済みデ

リゲートであり、単純なデリゲートとして使用することができます。

EventHandlerデリゲートにはsenderとeの2つの引数があり、それぞれ、Invokeメソッドを呼び出したコントロール、EventArgs.Emptyとなります。本デリゲートは、一般的にイベントとメソッドを結びつけるときに使用しますが、単なる定義済みデリゲートとして使用することも可能です。詳しくは、これまでに作成したイベント、たとえば［開始］ボタンを押したときのメソッドの定義を参照してください。EventHandlerデリゲートは、一般的にイベントをそのハンドラに関連付けるデリゲートですが、ここで示すような使用方法もあります。

EventHandlerデリゲートのシグネチャは値を返しません。このメソッドの最初の引数はObject型であり、イベントを発生させるコントロールを示します。次の引数はEventArgsから派生し、イベントデータを保持します。ただし、Invokeメソッドで呼び出した場合、2番目の引数はEventArgs.Emptyとなります。

図7.33にフォームの外観を示します。これまでと同じように、プロパティ設定はフォームのロード時に行われるので、デザイン時のフォームと実行時のフォームの外観は異なります。

図7.33●フォームの外観

プログラムのソースリストを次に示します。

リスト7.11●ch07¥08eHandler¥form¥Form1.cs

```csharp
using System;
using System.Windows.Forms;
using System.Threading.Tasks;

namespace form
{
    public partial class Form1 : Form
    {
        //コンストラクタ
        public Form1()
        {
            InitializeComponent();

            Text = "EventHandler";
            MaximizeBox = MinimizeBox = false;
            FormBorderStyle = FormBorderStyle.FixedSingle;
```

```csharp
            bStart.Text = "開始";
            bClose.Text = "閉じる";
        }

        // デリゲート
        private void drawCount(object sender, EventArgs e)
        {
            label.Text = "EventHandlerのテスト";
        }

        // [開始] ボタン
        private void bStart_Click(object sender, EventArgs e)
        {
            Task.Run(() => {
                // 同期呼び出し
                this.Invoke(new EventHandler(drawCount),
                            new object[] { null, null });
            });
        }

        // [閉じる] ボタン，スレッドの状況は監視していない
        private void bClose_Click(object sender, EventArgs e)
        {
            Close();
        }
    }
}
```

このプログラムは、ワーカスレッドからメインスレッドのコントロールをアクセスするためにデリゲートを使用し、それをInvokeメソッドで同期呼び出しします。今までと違い、EventHandlerデリゲートを使用します。定義済みデリゲートですので、これまでどおりデリゲートの宣言は必要ありません。EventHandlerデリゲートは最初から用意されているデリゲートです。特に変わったことを行っているわけではなく、スレッド内からLabelコントロールのTextプロパティを変更します。

[開始] ボタンや [閉じる] ボタンを押したときの処理はこれまでと同様なので、説明は省略します。

■ 実行

起動直後のプログラムの様子を、図7.34に示します。

図7.34●起動直後の様子

［開始］ボタンを押すとラベルの表示が変わります。

図7.35●ラベルの表示が変わる

7-9 ManualResetEvent と同期

　本節では、手動で設定する待機クラスを使用した同期プログラムを紹介します。ManualResetEvent クラスは待機ハンドルです。待機ハンドルはシグナル／非シグナル状態を持ち、スレッド間で相互に同期を行う場合に便利な機能を提供します。

　ManualResetEvent クラスは、いったんシグナル状態になると手動でリセットする必要があります。自動でリセットされるクラスは次節で紹介します。ManualResetEvent は、Reset メソッドが呼び出されると非シグナル状態になります。このクラスは、基本クラス EventWaitHandle の特殊なケースです。

　ManualResetEvent クラスを使用すると、スレッド間でシグナルを通じて相互に同期できます。この機能を使用すると、あるスレッドが完了しないと別のスレッドが続行できないというような機能を実現できます。

　Reset メソッドは、ManualResetEvent を非シグナル状態にします。Set メソッドは、ManualResetEvent をシグナル状態にします。シグナル状態を待機するには、ManualResetEvent の WaitOne メソッドを呼び出します。WaitOne メソッドを呼び出したスレッドは、シグナル状態になるまでブロックされます。制御を取得したスレッドは、処理が完了したら Set メソッドを呼び出して ManualResetEvent をシグナル状態に変更し、待機しているスレッドに対して続行できることを示します。シグナルを受け取ると、ManualResetEvent は手動で Reset されるまでシグナル状態になります。

　ManualResetEvent オブジェクトの初期状態は、コンストラクタに渡す Boolean 値で決まり

ます。本節のプログラムでは、ManualResetEvent オブジェクトをシグナル状態で生成しています。初期状態をシグナル状態にする場合は true、非シグナル状態にする場合は false を指定します。

C#には、WaitHandle クラスから派生したクラスとして、ManualResetEvent、AutoResetEvent および Mutex クラスが用意されています。これらのクラスについては本書ですべて解説します。

プログラムのソースリストを次に示します。

リスト7.12●ch07¥09Event¥form¥Form1.cs

```
using System;
using System.Windows.Forms;
using System.Threading;
using System.Threading.Tasks;

namespace form
{
    public partial class Form1 : Form
    {
        private ManualResetEvent mEvent;
        private int mCount;

        //コンストラクタ
        public Form1()
        {
            InitializeComponent();

            Text = "ManualResetEvent";
            MaximizeBox = MinimizeBox = false;
            FormBorderStyle = FormBorderStyle.FixedSingle;

            tBCount.ReadOnly = true;
            tBCount.TabStop = false;
            tBCount.TextAlign = HorizontalAlignment.Right;

            bStart.Text = "開始";
            bClose.Text = "閉じる";

            // イベントオブジェクトの生成
            mEvent = new ManualResetEvent(true);

            timer.Interval = 50;     // タイマーインターバル
        }

        // 「開始」ボタン
```

7-9 ManualResetEvent と同期

```csharp
private void bStart_Click(object sender, EventArgs e)
{
    const int numOfLoop = 10;
    Object LockObject = new Object();

    mCount = 0;
    try
    {
        Task[] tasks = new Task[10];

        for (int i = 0; i < tasks.Length; i++)
        {
            tasks[i] = new Task(() =>
            {
                for (int loop = 0; loop < numOfLoop; loop++)
                {
                    lock (LockObject)          // 待ち
                    {
                        mEvent.WaitOne();      // 待ち
                        mEvent.Reset();
                    }

                    int tmp = mCount;
                    Thread.Sleep(1);
                    tmp++;
                    mCount = tmp;

                    mEvent.Set();              // 解放
                }
            });
        }

        for (int i = 0; i < tasks.Length; i++)
            tasks[i].Start();                  // スレッドを開始する

        timer.Start();                         // タイマースタート
    }
    catch (Exception ex)
    {
        MessageBox.Show(ex.Message);
    }
}

// 「閉じる」ボタン,スレッドの状況は監視していない
private void bClose_Click(object sender, EventArgs e)
{
    Close();
}
```

```csharp
            }

            // タイマーメソッド
            private void timer_Tick(object sender, EventArgs e)
            {
                tBCount.Text = mCount.ToString();
            }
        }
    }
```

　コンストラクタでフォームの各種プロパティを設定し、ManualResetEventの生成も行います。ManualResetEventであるmEventは、シグナル状態で生成します。

　bStart_Clickメソッドは、[開始]ボタンを押したときに制御の渡るメソッドです。まず、lock文に使用するオブジェクトの宣言と生成を行います。次に、スレッド間で共有するカウンタmCountを初期化します。そして、Taskオブジェクトを格納する配列を生成します。このプログラムでは多数のスレッドを実行するため、それらの管理に配列を使用します。forループで多数のTaskオブジェクトを生成します。一連の作業が終わったら、別のループでStartメソッドを使用しスレッドの起動を行います。

　これらのスレッドは、ManualResetEventオブジェクトmEventでスレッド間の同期を行います。WaitOneメソッドとResetメソッドの呼び出しは、lock文のクリティカルセクション内で行います。lock文を使用しているのは、ManualResetEventは手動でシグナル／非シグナル状況を制御するからです。このため、WaitOneメソッドを抜けてきても、mEventオブジェクトはシグナル状態のままとなります。このことは、多数のスレッドがWaitOneメソッドから解放されることを意味します。そこで、本節のプログラムでは、WaitOneメソッドとResetメソッドの呼び出しをlock文のクリティカルセクション内で行っています。なお、次節ではlock文を使用する必要のない例を紹介します。各スレッドは、ManualResetEventで作成したクリティカルセクション内でmCountをインクリメントします。

　[閉じる]ボタンを押したときに制御が渡るのがbClose_Clickメソッドです。起動したスレッドの監視などは一切行っていません。すぐにCloseメソッドを呼び出して、ウィンドウを閉じます。

　timer_Tickはタイマーメソッドです。このメソッドでは単純にmCountメンバ変数の内容をフォームに表示します。

■実行

　プログラムを起動して[開始]ボタンを押すと、カウントアップが始まります。

図7.36●[開始]ボタンを押す

全スレッドが終了するとカウンタの値が 100 になります。

図7.37●全スレッドが終了

7-10 AutoResetEvent と同期

前節で、手動で設定する待機クラスを使用した同期プログラムを紹介しました。本節では、ほぼ同じプログラムを、自動で設定する待機クラスを使用して開発します。AutoResetEvent クラスは待機ハンドルです。待機ハンドルはシグナル／非シグナル状態を持ち、スレッド間の同期に利用できます。スレッドを相互に同期させるのに便利な機能を提供します。AutoResetEvent クラスは、待機中の 1 つのスレッドが解放された後、シグナル状態になったときに自動的にリセットされます。前節のプログラムでは、WaitOne メソッドと Reset メソッドの呼び出しを lock 文のクリティカルセクション内で行っていましたが、これを AutoResetEvent のみで実現できます。

待機中のスレッドが解放されると、AutoResetEvent オブジェクトは、システムによって自動的に非シグナル状態に設定されます。待機中のスレッドがない場合、オブジェクトの状態はシグナル状態のままとなります。

プログラムのソースコードを次に示します。

リスト7.13●ch07¥10aEvent¥form¥Form1.cs

```
    ⋮
    // 「開始」ボタン
    private void bStart_Click(object sender, EventArgs e)
    {
```

```csharp
                const int numOfLoop = 10;
                AutoResetEvent aEvent = new AutoResetEvent(true);

                mCount = 0;
                try
                {
                    Task[] tasks = new Task[10];

                    for (int i = 0; i < tasks.Length; i++)
                    {
                        tasks[i] = new Task(() =>
                        {
                            for (int loop = 0; loop < numOfLoop; loop++)
                            {
                                aEvent.WaitOne();           // 待ち

                                int tmp = mCount;
                                Thread.Sleep(1);
                                tmp++;
                                mCount = tmp;

                                aEvent.Set();               // 解放
                            }
                        });
                    }

                    for (int i = 0; i < tasks.Length; i++)
                        tasks[i].Start();                   // スレッドを開始する

                    timer.Start();                          // タイマースタート
                }
                catch (Exception ex)
                {
                    MessageBox.Show(ex.Message);
                }
            }
            ⋮
```

メンバ変数やコンストラクタは、前節とほぼ同じです。

bStart_Clickメソッドは、[開始] ボタンを押したときに制御の渡るメソッドです。まず、AutoResetEventのオブジェクトをシグナル状態で生成します。次に、スレッド間で共有するカウンタmCountを初期化します。前節と同様に、Taskオブジェクトを格納する配列の生成、起動を行います。AutoResetEventクラスは、待機中の1つのスレッドが解放された後、シグナル状態になったときに自動的にリセットされます。そのため、前節でlock文を使用した処理を

WaitOneメソッドのみで処理することができます。

［閉じる］ボタンやタイマーメソッドの処理など、その他の処理は前節と同じです。実行結果も変わらないので省略します。

7-11 スレッドプール

前節までは、スレッドを単独で起動する方法を解説してきました。多数のスレッドを生成する際も、配列で管理し、各スレッドを別々に起動していました。

本書で扱うスレッドは、Sleepや待機、あるいは他の条件のポーリングを行う場合が多く、実際の作業を行っている時間はそれほど多くありません。このようなスレッドを多数起動すると、システムにかかる負荷の割に、無駄なCPU時間やリソースを専有する場合が少なくありません。C#には、このような場合を考えてスレッドプール（スレッドプーリングと呼ぶ場合も多い）が用意されています。

多数のスレッドを使用するアプリケーションでは、イベント待ちのスレッドが少なからず存在します。また、他の情報を取得するためにポーリングを繰り返すスレッドなどは、ポーリングとSleepを繰り返すループから成り立っています。ただ、ポーリング自体は時間のかかる処理ではないため、ほとんどスリープ状態にあるといってもよいでしょう。このような状況でスレッドを有効利用するために、スレッドプールは威力を発揮します。

スレッドプールはシステムによって管理されるため、全体のスレッドの状態をアプリケーションで最適に保つ必要はありません。このため、スレッドをスレッドプールに追加する処理を行ってしまえば、その後アプリケーションは本来のタスクに集中することができます。

スレッドプールの各スレッドは、既定の優先順位で実行されます。スレッドがイベント待機中などのアイドル状態になると、スレッドプールは別のスレッドを挿入します。スレッド管理は、常にシステムがビジー状態になるように行われます。スレッドプールのすべてのスレッドがビジー状態であり、キューに保留中のスレッドが存在する場合、一定の期間後に別のスレッドを作成します。ただ、アクティブなスレッド数が最大値を超えることはありません。このように、スレッドプールを使用するとシステムは最適化され、システムのスループットは向上します。

ThreadPoolオブジェクトはプロセスに1つ存在します。メモリの許すかぎり、スレッドプールのキューにおけるスレッドの数に制限はありませんが、アクティブにできるスレッドの数は制限されます。このため、システムのスループットが向上しても、単独のアプリケーションのスループットや性能が向上するとはかぎりません。

図7.38にスレッドプールの概念図を示します。

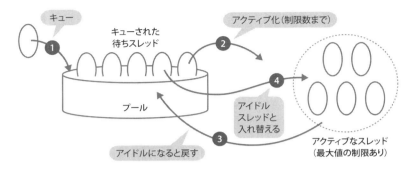

図7.38●スレッドプールの概念図

図 7.39 にフォームの外観を示します。

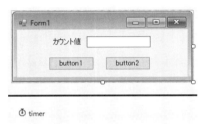

図7.39●フォームの外観

プログラムのソースリストを次に示します。

リスト7.14●ch07¥11tPool¥form¥Form1.cs

```
using System;
using System.Windows.Forms;
using System.Threading;

namespace form
{
    public partial class Form1 : Form
    {
        private const int numOfThread = 10;
        private const int numOfLoop = 10;
        private readonly Object LockObject = new Object();
        private int mCount;

        //コンストラクタ
        public Form1()
        {
            InitializeComponent();
```

```csharp
        Text = "スレッド・プール";
        MaximizeBox = MinimizeBox = false;
        FormBorderStyle = FormBorderStyle.FixedSingle;

        tBCount.ReadOnly = true;
        tBCount.TabStop = false;
        tBCount.TextAlign = HorizontalAlignment.Right;

        bStart.Text = "開始";
        bClose.Text = "閉じる";

        timer.Interval = 50;      // タイマーインターバル
    }

    // スレッド・メソッド
    private void threadSub(object obj)
    {
        for (int i = 0; i < numOfLoop; i++)
        {
            lock (LockObject)
            {
                int tmp = mCount;
                Thread.Sleep(1);
                tmp++;
                mCount = tmp;
            }
        }
    }

    // 「開始」ボタン
    private void bStart_Click(object sender, EventArgs e)
    {
        try
        {
            mCount = 0;

            for (int i = 0; i < numOfThread; i++)
                //メソッドをスレッドプールのキューに追加する
                ThreadPool.QueueUserWorkItem(new WaitCallback(threadSub));

            timer.Start();                    // タイマースタート
        }
        catch (Exception ex)
        {
            MessageBox.Show(ex.Message);
        }
```

```csharp
        }
        // 「閉じる」ボタン，スレッドの状況は監視していない
        private void bClose_Click(object sender, EventArgs e)
        {
            Close();
        }

        // タイマー
        private void timer_Tick(object sender, EventArgs e)
        {
            tBCount.Text = mCount.ToString();
        }
    }
}
```

[開始]ボタンを押すと、bStart_Clickメソッドに制御が渡ります。ここではまず、ThreadPoolクラスのQueueUserWorkItemメソッドに、多数のthreadSubメソッドをforループで追加します。QueueUserWorkItemメソッドは、メソッドをキューに追加します。メソッドが正常にキューされるとtrueが返されるので、エラー判定も追加した方がよいでしょう。キューされたメソッドは、スレッドプールで管理されたスレッドにより効率的に処理されます。スレッドのキューが終わったら、mCountの内容を表示するタイマーを起動します。

threadSubメソッドは、[開始]ボタンを押したときに制御の渡るメソッドで生成、起動されます。lock文（クリティカルセクション）の内部でmCountをカウントアップします。これまでと大差ありませんので、説明は省略します。[閉じる]ボタンを押したときの処理やタイマーメソッドの処理も、これまでと同様なので省略します。

■実行

起動直後のプログラムの様子を図7.40に示します。

図7.40●起動直後の様子

［開始］ボタンを押すとカウントアップが始まります。

図7.41●［開始］ボタンを押す

さらに［開始］ボタンを押すとスレッドがキューされます。このため、［開始］ボタンを押した数だけ表示されるカウンタの値は多くなります。図7.42の場合、［開始］ボタンを3回押しています。

図7.42●［開始］ボタンを複数回押す

スレッドプール使用によるスループット向上は、複雑なプログラムを実行して性能の測定を行わないと、実感しにくいかもしれません。本節のプログラムも、今までのプログラムとの性能上の違いは分かりにくいです。ただ、自身でスレッドを多数起動する方法と、スレッドプールを使用する方法の違いは理解しておいてください。なお、キューするスレッドに引数を渡すこともできますが、本プログラムでは引数は使用しません。

7-12 コールバックでメソッド完了を知る

非同期呼び出しを使用すると、呼び出し元の処理も並行して実行できる効率的なプログラムを開発できます。しかし、呼び出し先の処理結果を呼び出し元で使用するには、何らかの方法で同期をとる必要があります。

これまでに解説した方法では、同期をとる際に呼び出し元がブロックされるケースが多く、プログラムの作り方によっては決して効率がよいとはいえません。そこで本節では、コールバックで完了通知を受け取るようにします。

非同期呼び出しは、BeginInvokeメソッドで行います。このメソッドは、非同期的に実行するメソッドと同じ引数を指定します。さらに2つの引数を指定します。本プログラムでは、このメソッドにAsyncCallbackデリゲートを渡します。コールバックの引数に非同期呼び出しデリ

ゲート自体を渡します。このようにして、EndInvokeをコールバックメソッドの中で呼び出すようにします。

ただ、最新の.NET Framework（.NET Framework 4.5/C# 5.0以降）は、async修飾子とawait演算子(6-7節参照)を提供しています。これらを使うと、await演算子以降のコードはコールバックのように動作します。このため、非同期とコールバックを組み合わせたい場合、async修飾子とawait演算子を使うのも良い方法です。ここで紹介する方法と比較して、自身のアプリケーションに適切な方法を選択してください。

コールバックメソッドを使用するには、AsyncCallbackデリゲートをBeginInvokeメソッドに指定する必要があります。コールバックメソッドで使用する情報を渡すこともできます。本節のプログラムでも、呼び出しを開始するために使用したデリゲートを渡し、コールバックメソッド内でEndInvokeメソッドを呼び出します。

図7.43に非同期呼び出しの概念図を示します。非同期呼び出しは呼び出し元をブロックせず、双方が並行して動作します。呼び出されるメソッドの処理結果を呼び出し元が要求する場合、何らかの方法で処理の状態を知る必要があります。ほとんどのプログラムでは、呼び出し元と呼び出し先は相互に関係を持っており、呼び出し元は呼び出し先の終了を知る必要があります。

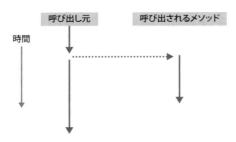

図7.43●非同期呼び出しの概念図

一般的には、ポーリングするかEndInvokeメソッドを呼び出して、非同期呼び出しの完了を待ちます。非同期呼び出し先が先に終わると、EndInvokeメソッドはすぐに制御を戻します。そうでない場合、呼び出し元はブロックされます。EndInvokeメソッドを使って同期する場合の概念図を次に示します。

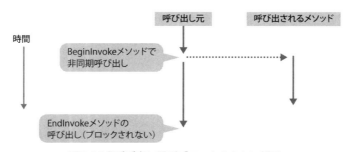

図7.44●呼び出し元がブロックされない様子

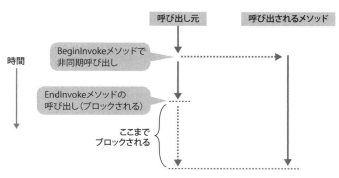

図7.45●呼び出し元がブロックされる様子

　コールバックを使うと、非同期呼び出しが完了した時点でコールバックメソッドが呼び出されます。呼び出し元はポーリングしなくても完了通知されるため、効率の良いプログラムを開発できます。

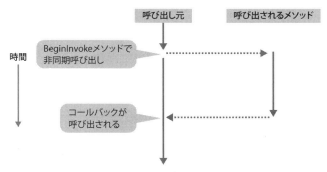

図7.46●呼び出し元がブロックされない様子

　非同期呼び出しを行う際に、AsyncCallbackデリゲートでBeginInvokeメソッドにコールバックメソッドを渡します。このようにすると、非同期呼び出しが完了した時点でコールバックメソッドが呼び出されます。コールバックに非同期呼び出しのデリゲートを引数で渡します。そして、コールバックメソッド内でEndInvokeメソッドを呼び出します。

　プログラムのソースリストを次に示します。

リスト7.15●ch07¥12asyncComplete¥simple¥Program.cs

```
using System;
using System.Threading;

namespace async
{
    class Program
```

```csharp
{
    // メイン
    static void Main(string[] args)
    {
        // asyncオブジェクト生成
        asyncClass async = new asyncClass();

        // デリゲート生成
        Func<int, String> dlgt = new Func<int, String>(async.asyncMethod);

        // 非同期呼び出し，コールバック指定
        IAsyncResult ar = dlgt.BeginInvoke(300,
                        new AsyncCallback(CallbackMethod), dlgt);

        Thread.Sleep(1);

        Console.WriteLine("この期間はメイン・スレッドは別の作業が可能.");

        Thread.Sleep(1000);
        Console.WriteLine("");
        Console.Write("Enterキーを押してください: ");
        Console.ReadLine(); // 待ち
    }

    // コールバックメソッド
    private static void CallbackMethod(IAsyncResult ar)
    {
        //デリゲートオブジェクトの取得
        Func<int, String> dlgt = (Func<int, String>)ar.AsyncState;

        //EndInvokeを呼び出し、結果を取得
        string ret = dlgt.EndInvoke(ar);

        //結果を表示
        Console.WriteLine("非同期呼び出し完了：渡した値は=[{0}].", ret);
    }

    // asyncClassクラス
    public class asyncClass
    {
        // 非同期実行されるメソッド
        public string asyncMethod(int wait)
        {
            Console.WriteLine("非同期メソッド開始.");
            Thread.Sleep(wait);

            return wait.ToString();
```

```
            }
        }
    }
}
```

7-5節「非同期呼び出し」のプログラムと比較すると、BeginInvokeメソッドの引数と、EndInvokeメソッドがコールバックに移動しています。Mainメソッドでは、非同期呼び出しの完了と同期処理を行う必要がありません。

Mainメソッドでは、まずasyncClassクラスのインスタンスasyncを生成します。この中に非同期呼び出しされるメソッドが存在します。次にデリゲートを作成し、それをBeginInvokeメソッドで非同期に呼び出します。このとき、AsyncCallbackと非同期呼び出しデリゲートを引数で渡します。続いて、少しの間スリープ状態にした後、入力を求めるようにしました。これらは、非同期呼び出しやコールバックの動作を分かりやすくするために挿入したコードです。

CallbackMethodメソッドは、非同期呼び出しが完了したときに呼び出されるメソッドです。渡された引数から非同期呼び出しの返却値を受け取り、EndInvokeメソッドの呼び出しも行います。

asyncClassは非同期呼び出しメソッドが含まれるクラスです。簡単な内容なので説明は省略します。

■実行

プログラムの実行結果を示します。非同期呼び出しが起動され、呼び出し元と並行して動作します。その後、コールバックメソッドが非同期呼び出し完了後に呼び出されています。最後に、呼び出し元からEnterキー入力の案内メッセージが表示されます。

```
C:¥>asyncComplete
非同期メソッド開始．
この期間はメイン・スレッドは別の作業が可能．
非同期呼び出し完了：渡した値に=[300]．

Enterキーを押してください：
```

メッセージとその発信元を表7.2にまとめます。

表7.2●メッセージとその発信元のメソッド

メッセージ	メソッド
非同期メソッド開始.	asyncMethod
この期間はメイン・スレッドは別の作業が可能.	Main
非同期呼び出し完了：渡した値は =[300].	CallbackMethod
Enter キーを押してください：	Main

メッセージの表示順位から、制御の移行する様子が分かります。ただし、メッセージは同期していないものもあります。ほとんどの場合は表 7.2 のように表示されるはずですが、このシーケンスが完全に保証されているわけではありません。肝心なことは、「非同期メソッド開始.」が「非同期呼び出し完了：渡した値は =[300].」の前に表示されていることです。また、「この期間はメイン・スレッドは別の作業が可能.」の表示から、呼び出し元と呼び出し先が並行動作していることが分かります。

コールバックで、返却値も取得できているのも観察できます。細かく観察したければ Sleep に与える値などを変更してください。

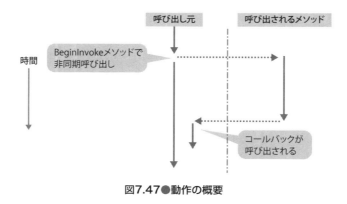

図7.47●動作の概要

7-13 コールバックとたくさんの非同期呼び出し

本節では、前節のプログラムを少し複雑にした例として、非同期メソッドが操作するメンバを呼び出し側から使用するプログラムを示します。図 7.48 に動作の概要を示します。

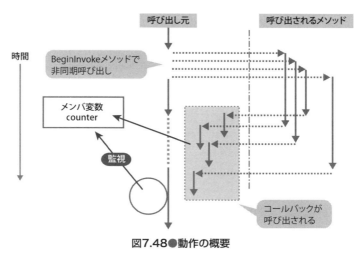

図7.48●動作の概要

プログラムのソースリストを次に示します。

リスト7.16●ch07¥13asyncComplete02¥simple¥Program.cs

```
using System;
using System.Threading;

namespace async
{
    class Program
    {
        private static int counter;

        // メイン
        static void Main(string[] args)
        {
            asyncClass[] async = new asyncClass[10];
            Func<int, String>[] dlgt = new Func<int, String>[async.Length];
            IAsyncResult[] ar = new IAsyncResult[async.Length];

            counter = async.Length;

            // asyncオブジェクト生成
            for (int i = 0; i < async.Length; i++)
                async[i] = new asyncClass();

            // デリゲート生成
            for (int i = 0; i < dlgt.Length; i++)
                dlgt[i] = new Func<int, String>(async[i].asyncMethod);
```

```csharp
            // 非同期呼び出し，コールバック指定
            for (int i = 0; i < ar.Length; i++)
                ar[i] = dlgt[i].BeginInvoke(300 + i,
                            new AsyncCallback(CallbackMethod), dlgt[i]);

            Thread.Sleep(0);

            Console.WriteLine("この期間はメイン・スレッドは別の作業が可能.");

            // 非同期呼び出しが終わるまで待機
            while (counter > 0)
            {
                Thread.Sleep(10);
                Console.WriteLine("終了待ち，残={0}", counter);
            }
            Console.WriteLine("完了");
        }

        //コールバックメソッド
        private static void CallbackMethod(IAsyncResult ar)
        {
            //デリゲートオブジェクトの取得
            Func<int, String> dlgt = (Func<int, String>)ar.AsyncState;

            //EndInvokeを呼び出し、結果を取得
            string ret = dlgt.EndInvoke(ar);

            //結果を表示
            Console.WriteLine("非同期呼び出し完了[{0}].", ret);

            Interlocked.Decrement(ref counter); // デクリメント
        }
    }

    // asyncClassクラス
    public class asyncClass
    {
        // 非同期実行されるメソッド
        public string asyncMethod(int wait)
        {
            Console.WriteLine("非同期メソッド開始={0}.", (wait - 300));
            Thread.Sleep(wait);

            return (wait - 300).ToString();
        }
    }
}
```

基本的な処理は、前節のプログラムとほぼ同じです。多数の非同期呼び出しを行うコードや、すべてのコールバックメソッドが呼び出されることを確認するコードが追加されています。

まず、非同期メソッドを含むクラスのインスタンスを多数生成し、同じ数のデリゲートを作成します。そして、同数の BeginInvoke メソッドで非同期呼び出しを行います。この BeginInvoke メソッドに、AsyncCallback デリゲートでコールバックメソッドを渡します。すると、非同期呼び出しが完了した時点でコールバックメソッドが呼び出されます。コールバックの引数に先に生成した配列を使用して、非同期呼び出しのデリゲートを渡します。コールバックメソッドで EndInvoke メソッドを呼び出すとともに、メンバ変数 counter をデクリメントします。呼び出し側は、この counter が 0 になるまで表示を続けます。すべてのコールバックメソッドが呼び出されると、この値は 0 になります。

■実行

非同期呼び出しによって呼び出された処理が、呼び出し元の処理と並行に動作しています。その後、コールバックメソッドが非同期呼び出し完了後に呼び出され、メンバ変数をデクリメントします。正常に処理されると、そのメンバ変数の内容は 0 になります。

呼び出し元は非同期に動作するため、そのメンバを表示するループで内容が 0 になったらプログラムを終了させるように作られています。

メッセージの抜粋を次に示します。メッセージの表示順位から制御の移行の様子が分かります。

```
C:\>asyncComplete02
この期間はメイン・スレッドは別の作業が可能.
非同期メソッド開始=0.
非同期メソッド開始=2.
非同期メソッド開始=3.
非同期メソッド開始=1.
終了待ち, 残=10
終了待ち, 残=10
    :
終了待ち, 残=2
終了待ち, 残=2
終了待ち, 残=2
終了待ち, 残=2
非同期呼び出し完了[8].
終了待ち, 残=1
終了待ち, 残=1
終了待ち, 残=1
終了待ち, 残=1
非同期呼び出し完了[9].
終了待ち, 残=0
完了
```

7-14 volatile キーワード

本節では volatile キーワードの使用について解説します。コンパイラによって変数へのアクセスを最適化されると困るときに、その変数に volatile を指定します。このプログラムは、複数のワーカスレッドから共通変数をカウントアップします。メインスレッドではこの変数を表示します。図 7.49 に動作の概念図を示します。

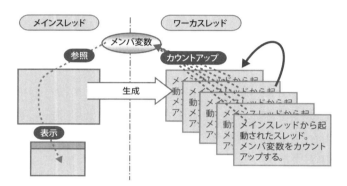

図7.49●動作の概念図

プログラムのソースリストを次に示します。

リスト7.17●ch07¥14volatile¥simple¥Program.cs

```csharp
using System;
using System.Threading;
using System.Threading.Tasks;

namespace simple
{
    class Program
    {
        private static volatile int mCounter;

        // メイン
        static void Main(string[] args)
        {
            const int numOfLoop = 10;
            string lockData = "";

            mCounter = 0;

            Task[] tasks = new Task[10];
```

```csharp
            for (int i = 0; i < tasks.Length; i++)
            {
                // メッセージ作成
                string str = String.Format("ワーカスレッド{0}.", i);

                tasks[i] = new Task((msg) =>
                {
                    for (int index = 0; index < numOfLoop; index++)
                    {
                        Monitor.Enter(lockData);

                        int tmp = mCounter;
                        Thread.Sleep(1);
                        tmp++;
                        mCounter = tmp;

                        Console.WriteLine("{0}: counter={1}", msg, mCounter);

                        Monitor.Exit(lockData);
                    }
                }, str);
            }

            for (int i = 0; i < tasks.Length; i++)
                tasks[i].Start();                        // スレッドを開始する

            Task.WaitAll(tasks);

            Console.WriteLine("メインスレッド.");
        }
    }
}
```

　mCounterは複数のスレッドから参照されるメンバ変数です。この変数の宣言部に、volatileキーワードを追加します。
　volatileは、複数のスレッドなどによって内容が変更される可能性があることを示すキーワードです。volatileと宣言されているメンバは、基本的にコンパイラの最適化の対象にはならないため、読み込みや書き込みを行うたびに必ずメンバ変数の実体にアクセスします。したがって、メンバ変数には常に最新の値が格納されます。そのため、むやみにvolatileキーワードを使用するとプログラムの性能は低下します。
　volatileキーワードを必要とする理由を考えてみましょう。ある変数を複数のスレッドで更新していたとします。この変数にvolatileキーワードがなければ、コンパイラは処理の最適化

を行い、キャッシュやレジスタの内容を使用することが考えられます。すると、性能は向上しますが、実体が保持する内容とキャッシュやレジスタの内容が同じとはかぎらず、プログラムは正常な処理ができません。

ただ、一般的なプログラムでvolatileキーワードが必要になることは少ないでしょう。C#のような高級言語では希なケースといえます。何らかの理由により、変数の更新をコンパイラが認識できないのではないかと予想される場合に指定してください。たとえば、組み込みシステムでは、マルチスレッドでなくても、ハードウェアによって内容が書き換えられる場合があります。また、ほとんどのハードウェアレジスタはソフトウェアの動作と無関係に変化するため、volatileが必要になります。割り込みで変更するような変数などにもvolatileが必要です。

7-15 ReaderWriterLockによるクラス同期

たいていの同期オブジェクトや同期機構は、排他制御するオブジェクトの書き込みや読み込みに依存しません。ReaderWriterLockクラスを使用すると、複数のスレッドから同時に1つのリソースを読み出すことができます（書き込みは1つのスレッドからしかできません）。このクラスを使用することで、おもに参照処理を多用するアプリケーションにおいて、性能向上が期待できます。

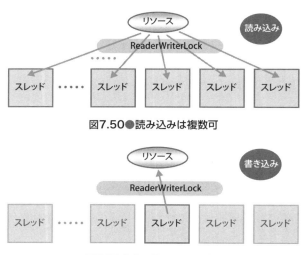

図7.50●読み込みは複数可

図7.51●書き込みは1つだけ

他の同期と同じように、ReaderWriterLockで共有リソースを排他的に制御します。異なるのは、共有リソースを更新する部分と、読み込みのみ行う部分を区別することです。共有リソース

の更新部分は排他的に動作します。その部分をなるべく短時間で済ませると、プログラムの性能が向上します。

プログラムの動作概要を図 7.52 に示します。多数のスレッドが共有リソースを読み込みます。メインスレッドも読み込みを行います。書き込みを行うスレッドは 1 つのみです。

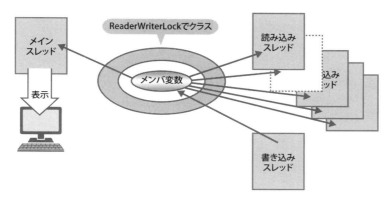

図7.52●動作概要

図 7.53 にフォームの外観を示します。

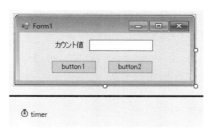

図7.53●フォームの外観

プログラムのソースリストを次に示します。

リスト7.18●ch07¥15rwLock¥form¥Program.cs

```
using System;
using System.Windows.Forms;
using System.Threading;
using System.Threading.Tasks;

namespace form
{
    public partial class Form1 : Form
    {
```

```csharp
            private const int numOfLoop = 500;
            private volatile int mCount;
            private ReaderWriterLock rwLock;

            //コンストラクタ
            public Form1()
            {
                InitializeComponent();

                Text = "ReaderWriterLock";
                MaximizeBox = MinimizeBox = false;
                FormBorderStyle = FormBorderStyle.FixedSingle;

                tBCount.ReadOnly = true;
                tBCount.TabStop = false;
                tBCount.TextAlign = HorizontalAlignment.Right;

                bStart.Text = "開始";
                bClose.Text = "閉じる";

                rwLock = new ReaderWriterLock();        // ReaderWriterLock生成

                timer.Interval = 50;                    // タイマースタート
            }

            // 「開始」ボタン
            private void bStart_Click(object sender, EventArgs e)
            {
                try
                {
                    mCount = 0;

                    Task wTask = new Task(() =>
                    {
                        for (int i = 0; i < numOfLoop; i++)
                        {
                            // ライタロック取得
                            rwLock.AcquireWriterLock(Timeout.Infinite);

                            mCount++;

                            // ライタロック解放
                            rwLock.ReleaseWriterLock();

                            Thread.Sleep(1);
                        }
                    });
```

```csharp
            Task[] rTasks = new Task[10];
            for (int i = 0; i < rTasks.Length; i++)
            {
                rTasks[i] = new Task(() =>
                {
                    while (true)
                    {
                        // リーダーロック取得
                        rwLock.AcquireReaderLock(Timeout.Infinite);

                        int localCount = mCount;

                        // リーダーロック解放
                        rwLock.ReleaseReaderLock();

                        if (localCount >= numOfLoop)
                            break;

                        Thread.Sleep(1);
                    }
                });
            }

            for (int i = 0; i < rTasks.Length; i++)
                rTasks[i].Start();            // スレッドを開始する
            wTask.Start();

            bStart.Enabled = false;           // 再入禁止

            timer.Start();
        }
        catch (Exception ex)
        {
            MessageBox.Show(ex.Message);
        }
    }

    // 「閉じる」ボタン，スレッドの状況は監視していない
    private void bClose_Click(object sender, EventArgs e)
    {
        Close();
    }

    // タイマーメソッド
    private void timer_Tick(object sender, EventArgs e)
    {
```

```
            try
            {
                if (mCount >= numOfLoop)
                {
                    bStart.Enabled = true;
                    timer.Stop();
                }
                // リーダーロック取得
                rwLock.AcquireReaderLock(Timeout.Infinite);

                int localCount = mCount;

                // リーダーロック解放
                rwLock.ReleaseReaderLock();

                tBCount.Text = localCount.ToString();
            }
            catch (Exception ex)
            {
                MessageBox.Show(ex.Message);
            }
        }
    }
}
```

コンストラクタで、フォームの各種プロパティを設定します。ReaderWriterLock オブジェクトの生成も行います。

[開始] ボタンを押すと bStart_Click メソッドに制御が渡ります。スレッド間で共有するカウンタ mCount を初期化します。そして、mCount を更新する Task オブジェクト wTask を生成します。続いて、mCount を参照する Task オブジェクトを格納する配列 rTasks を生成します。読み込むスレッドを多数生成するため、これらの管理に配列を使用します。そして、for ループで多数の rTasks スレッドを起動します。次に1つだけ、書き込み用 wTask スレッドを起動します。スレッドの起動が終わったら、再入を防ぐために [開始] ボタンを無効にし、最後に mCount の値を表示するタイマーを起動します。

wTask は共有リソースに書き込みを行うスレッドで、1つだけ起動されます。まず、ReaderWriterLock オブジェクトの AcquireWriterLock メソッドでライタロックを取得し、共有リソースを更新します。その後、ReleaseWriterLock メソッドでライタロックを解放します。一定の回数ループした後でメソッドを抜けます。

rTasks は共有リソースを読み込むスレッドで、多数並列動作します。まず、ReaderWriterLock オブジェクトの AcquireReaderLock メソッドでリーダーロックを取得し、共有リソースを読み込みます。その後、ReleaseReaderLock メソッドでリーダーロックを解放

します。このままではスレッドが永遠に終わらないので、mCount が一定の値に達したらループから抜けるようになっています。

　[閉じる]ボタンを押すと、bClose_Click メソッドに制御が渡ります。このメソッドでは、ワーカスレッドの監視などは一切行っていません。本来は動作中のスレッドの終了を確認すべきですが、ここで動作させるような単純なスレッドは長くても数秒で終わるため、特に対策は行っていません。

　タイマーメソッド timer_Tick には周期的に制御が渡ります。mCount メンバ変数の内容をGUI に表示するのが主な機能です。それに先立ち、mCount の値で全スレッドの終了を判断します。すべてのスレッドが終了していたら、[開始]ボタンを有効にするとともに Stop メソッドでタイマーを停止します。フォームに表示する mCount メンバ変数の内容は同期して読み込みます。ReaderWriterLock オブジェクトの AcquireReaderLock メソッドでリーダーロックを取得し、共有リソースを読み込んだら、ReleaseReaderLock メソッドでリーダーロックを解放します。

　なお、mCount メンバ変数の内容で全スレッドの終了を判断するのは、あまりよい方法ではありません。このような単純なプログラムでは問題は起きませんが、複雑なプログラムではデッドロックを引き起こす可能性があります。たとえば、何らかの原因でスレッド内で例外が起きたり外部からスレッドを強制終了すると、mCount メンバ変数の内容がソースコードに示す値には到達しません。正確に処理するには全スレッドを監視すべきですが、プログラムを簡単にするため、このような方法を採用しました。

■実行

　プログラムを起動して[開始]ボタンを押すと、カウントアップが始まります。カウントアップ中は、[開始]ボタンを押せなくなります。これは再入するのを防ぐためです。

図7.54●[開始]ボタンを押す

　全スレッドが終了し、カウンタの値が 500 に達したら、再び[開始]ボタンを押せるようになります。

図7.55●全スレッドが終了

7-16 ミューテックス

本節では、ミューテックスを使用して同期処理を行うプログラムを開発します。まず、シンプルなミューテックスのサンプルを示します。メインスレッドからワーカスレッドを生成し、スレッド間の同期をミューテックスで行います。このプログラムを実行すると、メインスレッドとワーカスレッドは並行して動作します。

同期にはMutexクラスを使用します。このクラスの同期機能は、スレッド間だけでなくプロセス間の同期にも使用できます。プロセス間のミューテックスについては第9章で解説します。

1つの共有リソースに複数のスレッドから同時にアクセスする場合、不整合が起きないように、一度にリソースを使用するのは1つのスレッドだけということを保証する同期機構を組み込む必要があります。Mutexクラスは、共有リソースへの排他アクセス権を1つのスレッド（あるいはプロセス）のみに付与する機構を組み込むための同期機能です。あるスレッドがミューテックスを取得すると、そのミューテックスを取得しようとしている他のスレッドは、ミューテックスを獲得しているスレッドがミューテックスを解放するまでブロックされます。

ミューテックスの所有権を要求するには、WaitHandleクラスのWaitOneメソッドを使用します。WaitOneメソッドには、ミューテックスが所有できるまでブロックするものと、一定時間だけ待つものが存在します。ここでは、プログラムを単純にするため、前者を使用します。ミューテックスを所有するスレッドがReleaseMutexメソッドを呼び出すと、そのミューテックスはシグナル状態になり、待機中のスレッドに所有権が移ります。どのスレッドにも所有されていないミューテックスの状態は、シグナル状態です。

本節で作成するプログラムの動作の概念図を次に示します。2つのスレッドをミューテックスで同期させるプログラムです。

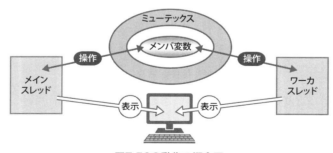

図7.56●動作の概念図

プログラムのソースリストを次に示します。

リスト7.19● ch07¥16mutex¥simple¥Program.cs

```csharp
using System;
using System.Threading;
using System.Threading.Tasks;

namespace simple
{
    class Program
    {
        // メイン
        static void Main(string[] args)
        {
            try
            {
                const int cLimit = 50;
                int counter = 0;

                // 所有権なしでミューテックスを作成
                Mutex mutex = new Mutex(false, "test");

                Task task = Task.Run(() => {
                    for (int i = 0; i < cLimit; i++)
                    {
                        mutex.WaitOne();        // ミューテックス待機

                        counter++;
                        Thread.Sleep(1);
                        Console.WriteLine("ワーカ・スレッド:counter={0}", counter);

                        mutex.ReleaseMutex();   // ミューテックス解放
                    }
                });

                for (int i = 0; i < cLimit; i++)
                {
                    mutex.WaitOne();            // ミューテックス待機

                    counter++;
                    Thread.Sleep(10);
                    Console.WriteLine("メイン・スレッド:counter={0}", counter);

                    mutex.ReleaseMutex();       // ミューテックス解放
                }

                task.Wait();
            }
```

```
                    catch (Exception ex)
                    {
                        Console.WriteLine(ex.Message);
                    }
                }
            }
        }
```

　Mainメソッドでは、まず、共用するメンバ変数 counter を初期化し、ミューテックスを所有権なし（シグナル状態）で生成します。次に、スレッドの生成と起動を行います。生成されたワーカスレッドでは、通常のC#ステートメント（counter++;）でカウントアップします。カウントアップ処理が排他的に行われるように、その前後でミューテックスの獲得と解放を行います。

　続くメインスレッドでも、for ループで counter をカウントアップします。排他処理の方法もワーカスレッドと同様です。counter の表示は両方とも Console.WriteLine で行うので、デリゲートなどを使用する必要はありません。

　最後に、ワーカスレッドに対してスレッド完了を待つ Wait メソッド呼び出しを行います。これは、メインスレッドの終了がワーカスレッドより早かった場合、ワーカスレッドが置き去りになるのを避けるためです。そのような場合、最終の counter の値は表示されません。このような現象を避けるために、ワーカスレッドの完了を監視します。

■実行

　このプログラムは、両方のスレッドからメッセージを標準出力に出力するので、コマンドプロンプトで実行してください。メッセージの抜粋を次に示します。メッセージの表示順位から、制御の移行の様子が分かります。お互いがミューテックスを交互に獲得するので、表示も交互に行われます。

```
C:\>mutex
メイン・スレッド:counter=1
ワーカ・スレッド:counter=2
メイン・スレッド:counter=3
ワーカ・スレッド:counter=4
メイン・スレッド:counter=5
ワーカ・スレッド:counter=6
メイン・スレッド:counter=7
ワーカ・スレッド:counter=8
    ⋮
メイン・スレッド:counter=85
ワーカ・スレッド:counter=86
メイン・スレッド:counter=87
```

```
ワーカ・スレッド:counter=88
メイン・スレッド:counter=89
ワーカ・スレッド:counter=90
メイン・スレッド:counter=91
ワーカ・スレッド:counter=92
メイン・スレッド:counter=93
ワーカ・スレッド:counter=94
メイン・スレッド:counter=95
ワーカ・スレッド:counter=96
メイン・スレッド:counter=97
ワーカ・スレッド:counter=98
メイン・スレッド:counter=99
ワーカ・スレッド:counter=100
```

ミューテックスを使用して同期する部分を完全に取り払ったプログラムを紹介します。リスト7.20にスレッドメソッドの部分を示します。その他の部分はリスト7.19と同じです。

リスト7.20● ミューテックスを使用して同期する部分を完全に取り払ったプログラム

```
// 所有権なしでミューテックスを作成
Mutex mutex = new Mutex(false, "test");

Task.Run(() => {
    for (int i = 0; i < cLimit; i++)
    {
        //mutex.WaitOne();        // ミューテックス待機

        counter++;
        Thread.Sleep(1);
        Console.WriteLine("ワーカ・スレッド:counter={0}", counter);

        //mutex.ReleaseMutex();   // ミューテックス解放
    }
});

for (int i = 0; i < cLimit; i++)
{
    //mutex.WaitOne();        // ミューテックス待機

    counter++;
    Thread.Sleep(1);
    Ccnsole.WriteLine("メイン・スレッド:counter={0}", counter);

    //mutex.ReleaseMutex();   // ミューテックス解放
}
```

このプログラムの実行例を次に示します。正常に同期していないことが分かります。

```
C:\>mutex
メイン・スレッド:counter=2
ワーカ・スレッド:counter=2
ワーカ・スレッド:counter=4
メイン・スレッド:counter=4
ワーカ・スレッド:counter=6
メイン・スレッド:counter=6
ワーカ・スレッド:counter=8
メイン・スレッド:counter=8
    ⋮
メイン・スレッド:counter=86
ワーカ・スレッド:counter=86
ワーカ・スレッド:counter=88
メイン・スレッド:counter=88
ワーカ・スレッド:counter=90
メイン・スレッド:counter=90
ワーカ・スレッド:counter=92
メイン・スレッド:counter=92
ワーカ・スレッド:counter=94
メイン・スレッド:counter=94
メイン・スレッド:counter=96
ワーカ・スレッド:counter=96
ワーカ・スレッド:counter=98
メイン・スレッド:counter=98
ワーカ・スレッド:counter=100
メイン・スレッド:counter=100
```

C#のミューテックスは、生成がCreateMutex、WaitOneメソッドがWaitForSingleObject、ReleaseMutexメソッドがReleaseMutexの各Windows APIに対応しています。

7-17 ミューテックス（GUI版）

前節に続いて、ミューテックスを使用した同期処理プログラムを開発します。基本的な動作は前節のプログラムと同じですが、本節のプログラムにはGUIがあります。そのため、タイマーメソッドから表示を行います。プログラムの動作の概念図を次に示します。

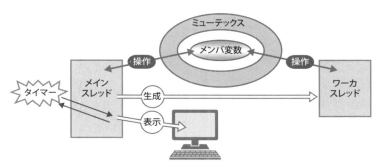

図7.57●動作の概念図

図 7.58 にフォームの外観を示します。

図7.58●フォームの外観

プログラムのソースリストを次に示します。

リスト7.21●ch07¥17mutexGui¥form¥Form1.cs

```
using System;
using System.Windows.Forms;
using System.Threading;
using System.Threading.Tasks;

namespace form
{
    public partial class Form1 : Form
    {
        private const int cLimit = 100;
        private const int numOfTasks = 10;
        private int mCount;
        Task[] mTasks;

        //コンストラクタ
        public Form1()
        {
            InitializeComponent();
```

7 同期

```csharp
            Text = "同期:mutex";
            MaximizeBox = MinimizeBox = false;
            FormBorderStyle = FormBorderStyle.FixedSingle;

            tBCount.ReadOnly = true;
            tBCount.TabStop = false;
            tBCount.TextAlign = HorizontalAlignment.Right;

            bStart.Text = "開始";
            bClose.Text = "閉じる";
        }

        // 「開始」ボタン
        private void bStart_Click(object sender, EventArgs e)
        {
            try
            {
                bStart.Enabled = false;

                // 所有権なしでミューテックスを作成
                Mutex mutex = new Mutex(false, "test");

                mCount = 0;

                mTasks = new Task[numOfTasks];

                for (int i = 0; i < mTasks.Length; i++)
                {
                    mTasks[i] = new Task(() =>
                    {
                        for (int j = 0; j < cLimit; j++)
                        {
                            mutex.WaitOne();        // ミューテックス待機

                            int temp = mCount;
                            Thread.Sleep(1);
                            temp++;
                            mCount = temp;

                            mutex.ReleaseMutex();   // ミューテックス解放
                        }
                    });
                }

                timer.Interval = 10;                // タイマーインターバル
                timer.Start();
```

```csharp
                    for (int i = 0; i < mTasks.Length; i++)
                        mTasks[i].Start();                    // スレッドを開始する
            }
            catch (Exception ex)
            {
                MessageBox.Show(ex.Message);
            }
        }

        // 「閉じる」ボタン，スレッドの状況は監視していない
        private void bClose_Click(object sender, EventArgs e)
        {
            Close();
        }

        // タイマーメソッド
        private void timer_Tick(object sender, EventArgs e)
        {
            try
            {
                if (Task.WaitAll(mTasks, 1) == true)   // Fin.
                {
                    bStart.Enabled = true;
                    timer.Stop();
                }
                tBCount.Text = mCount.ToString();
            }
            catch (Exception ex)
            {
                MessageBox.Show(ex.Message);
            }
        }
    }
}
```

コンストラクタで、フォームの各種プロパティを設定します。これらの設定はフォームのデザイン時に設定できますが、コンストラクタで設定した方が確実です。

[開始] ボタンを押すとbStart_Clickメソッドに制御が渡ります。まず、動作中に [開始] ボタンが再び押されないように、ボタンを無効化します。スレッド間の同期に使用するミューテックスを宣言し、所有権なし（シグナル状態）で生成します。そして、スレッド間で共有するカウンタmCountを初期化します。次に、Taskオブジェクトを格納する配列を生成します。このプログラムでは多数のスレッドを生成するため、それらの管理に配列を使用します。forループ

で多数のTaskオブジェクトを生成します。一連の作業が終わったらタイマーを起動し、forループでStartメソッドを使用して多数のスレッドを起動します。各スレッドは、WaitHandleクラスのWaitOneメソッドと、ReleaseMutexメソッドでクリティカルセクションを作ります。そのクリティカルセクション内でmCountをインクリメントします。共有するカウンタmCountの表示はタイマーメソッドで行います。

タイマーメソッドは、最初にすべてのスレッドが終了しているか調べます。全スレッドの状態はTaskクラスのWaitAllメソッドで検査します。すべてのスレッドが終了していたら、[開始]ボタンを有効化し、タイマーを停止します。最後に、共有するカウンタmCountをGUIへ表示します。mCountの表示とスレッド終了検査のシーケンスは、ここで示した順序を守ってください。そうでないと、GUIに表示される値が最終の値とはかぎらなくなります。

■実行

起動して[開始]ボタンを押すと、カウントアップが始まります。

図7.59● [開始] ボタンを押す

カウントアップ中は[開始]ボタンが押せなくなります。ただし、ウィンドウを操作することはできます。

図7.60●カウントアップが始まる、ウィンドウの移動も可能

スレッドが終了すれば、再び[開始]ボタンを押せるようになります。ミューテックスで同期しながら処理するため、終了時のカウンタ表示は必ず1000になります。

図7.61●完了

7-18 セマフォ

前節に続いて、セマフォを使用した同期処理プログラムを開発します。基本的な動作は前節のプログラムと同じですが、同期オブジェクトにセマフォを使用します。他の処理は前節と同様です。プログラムの動作の概念図を次に示します。

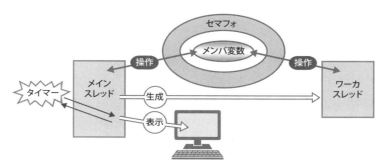

図7.62●動作の概念図

フォームは前節と同様なので説明は省きます。プログラムのソースリストを次に示します。

リスト7.22●ch07¥18semaphoreGui¥form¥Form1.cs

```csharp
    ⋮
// 「開始」ボタン
private void bStart_Click(object sender, EventArgs e)
{
    try
    {
        bStart.Enabled = false;

        // 所有権なしでセマフォを作成
        Semaphore semaphore = new Semaphore(1, 1);

        mCount = 0;

        mTasks = new Task[numOfTasks];

        for (int i = 0; i < mTasks.Length; i++)
        {
            mTasks[i] = new Task(() =>
            {
                for (int j = 0; j < cLimit; j++)
                {
```

```
                        semaphore.WaitOne();      // セマフォ待機

                        int temp = mCount;
                        Thread.Sleep(1);
                        temp++;
                        mCount = temp;

                        semaphore.Release();      // セマフォ解放
                    }
                });
            }

            timer.Interval = 10;                  // タイマーインターバル
            timer.Start();

            for (int i = 0; i < mTasks.Length; i++)
                mTasks[i].Start();                // スレッドを開始する
        }
        catch (Exception ex)
        {
            MessageBox.Show(ex.Message);
        }
    }
    ⋮
```

　前節のプログラムと異なるのは、ミューテックスがセマフォに変わる点だけです。

　［開始］ボタンを押すとbStart_Clickメソッドに制御が渡ります。前節ではミューテックスを生成しましたが、代わりに名前なしのセマフォを生成します。名前なしのセマフォで同期処理を行う場合、それぞれのスレッドからこのセマフォが参照できなければなりません。名前付きセマフォを使う場合、同一プログラムにかかわらず、プロセスをまたがった同期を行うことが可能です。第1引数は同時に許可されるセマフォの要求の初期数、第2引数は同時に許可されるセマフォの要求の最大数です。第1引数が第2引数より小さい場合、その差の回数だけ現在のスレッドがWaitOneを呼び出した場合と同じ結果になります。セマフォを作成するスレッド用にエントリを予約しない場合、第1引数と第2引数は同じ値を使用してください。単純にクリティカルセクションを作成したい場合は、両方に1を設定すればよいでしょう。

　他の部分や実行結果は前節のプログラムと同じですので、解説は省略します。

7-19 コンカレントコレクション

並列処理プログラムでも、コレクションを使用したプログラムを使用することは少なくないでしょう。これまでのように同期機構を使用してもかまいませんが、.NET Framework 4 から便利なコレクションがいくつか用意されました。ここでは、そのようなコレクションを使用したプログラムを紹介します。

■ ConcurrentQueue クラス

従来のコレクションを使用しても並列化が可能ですが、同期処理などを自身で組み込む必要があります。しかし、それでは面倒な上に、並列化による性能向上は期待できない場合が多くなります。この種のプログラムを有効に並列化するには、.NET Framework 4.0 で新たに用意された、より便利なコンカレントコレクションクラスを使用することを推奨します。コンカレントコレクションクラスは、System.Collections.Concurrent 名前空間に用意されたスレッドセーフなコレクションクラスです。複数のスレッドから同時にコレクションにアクセスする必要がある場合、System.Collections 名前空間や System.Collections.Generic 名前空間に用意されているクラスの代わりに使用すると、非常に便利で、性能も向上します。

コンカレントコレクションクラスの 1 つである ConcurrentQueue クラスを使用した例を示します。コンカレントコレクションクラスはスレッドセーフなので、並列処理プログラムでも非常に簡単にコレクションを扱うことができます。

■ 逐次プログラム

最初に、コンカレントコレクションクラスを使用しない一般的な逐次プログラムを紹介します。一般的なキューに 0 から 9999 までの数値を格納し、その内容すべてを取り出して総和を求める例を示します。

プログラムのソースリストを次に示します。

リスト7.23 ●ch07¥19collections¥01queue¥simple¥Program.cs

```
using System;
using System.Threading.Tasks;
using System.Collections.Generic;

namespace pgm
{
    class Program
    {
```

```
            static void Main(string[] args)
            {
                Queue<int> queueSequential = new Queue<int>();
                int total = 0;

                //Enqueue
                for (int i = 0; i < 10000; i++)
                    queueSequential.Enqueue(i);

                //Dequeue and add
                while (queueSequential.Count > 0)
                    total += queueSequential.Dequeue();

                Console.WriteLine("total = {0}", total);
            }
        }
    }
```

Queue オブジェクト queueSequential に、Enqueue メソッドで 0 から 9999 までの数値を格納します。そして、キューが空になるまで while 文で 1 つずつ値を取り出し、total へ加算します。total は初期値として 0 を格納しておきます。実行例を次に示します。

```
C:¥>queue
total = 49995000
```

■ ConcurrentQueue クラスを使う

直前（リスト 7.23）のプログラムで、従来のコレクションを使用し、逐次処理する例を示しました。従来のコレクションと同期処理を組み合わせて、並列化することは可能です。しかし、この種のプログラムを有効に並列化するには、.NET Framework 4.0 で新たに用意された、より便利なコンカレントコレクションクラスを使用することを推奨します。

直前のプログラムを、コンカレントコレクションクラスの 1 つである ConcurrentQueue クラスで書き換えてみましょう。コンカレントコレクションクラスはスレッドセーフなので、並列処理プログラムでも非常に簡単にコレクションを扱うことができます。

プログラムのソースリストを次に示します。

リスト7.24●ch07¥19collections¥02concurrentQueue¥simple¥Program.cs

```
using System;
using System.Threading;
using System.Threading.Tasks;
```

```
using System.Collections.Concurrent;

namespace pgm
{
    class Program
    {
        static void Main(string[] args)
        {
            ConcurrentQueue<int> queue = new ConcurrentQueue<int>();
            int total = 0;

            //Enqueue
            for (int i = 0; i < 10000; i++)
                queue.Enqueue(i);

            //Dequeue and add
            Task[] tasks = new Task[]
            {
                Task.Factory.StartNew(() =>
                {
                    int dequeueData;

                    while (!queue.IsEmpty)
                        while (queue.TryDequeue(out dequeueData))
                            Interlocked.Add(ref total, dequeueData);
                }),
                Task.Factory.StartNew(() =>
                {
                    int dequeueData;

                    while (!queue.IsEmpty)
                        while (queue.TryDequeue(out dequeueData))
                            Interlocked.Add(ref total, dequeueData);
                })
            };

            Task.WaitAll(tasks);

            Console.WriteLine("total = {0}", total);
        }
    }
}
```

usingでSystem.ThreadingとSystem.Collections.Concurrentを追加します。それぞれ、TaskクラスとConcurrentクラス用です。直前（リスト7.23）のプログラムでは

Queueクラスを使用しましたが、このプログラムではConcurrentQueueクラスを使用します。ConcurrentQueueクラスは、スレッドセーフな先入れ先出し（FIFO）コレクションです。ConcurrentQueue<T>のパブリックメンバとプロテクトメンバはすべてスレッドセーフです。

　本プログラムでは、ConcurrentQueueオブジェクトへのアクセスで同期処理は必要ありません。ただし、総和を保持するtotalへの加算はInterlockedクラスで排他処理しなければなりません。また、ConcurrentQueueオブジェクトqueueから取り出した値はタスクローカルに格納しなければならないため、dequeueDataをスレッド内で宣言します。ConcurrentQueueオブジェクトにデータが残っているか調べるには、Countプロパティの数値を確認するのではなく、IsEmptyプロパティの値を参照する方法が推奨されています。

　プログラムの実行結果は先のものと変わらないので省略します。

■ タスク配列と返却値

　各タスクで各自の担当部分の合計を返すようにすれば、各スレッドで総和にアクセスする必要がなくなるため、Interlockedクラスを使用する必要がなくなります。ただし、ConcurrentQueueオブジェクトqueueから取り出した値を保持するdequeueDataに加え、担当部分の合計を保持するスレッドローカルなsubTotalを内部で宣言しなければなりません。また、subTotalは各スレッドで0に初期化する必要があります。

　プログラムのソースリストを次に示します。

リスト7.25● ch07¥19collections¥03taskResultArray¥simple¥Program.cs

```
using System;
using System.Threading.Tasks;
using System.Collections.Concurrent;

namespace pgm
{
    class Program
    {
        static void Main(string[] args)
        {
            ConcurrentQueue<int> queue = new ConcurrentQueue<int>();
            Task<int>[] tasks = new Task<int>[10];
            int total = 0;

            //Enqueue
            for (int i = 0; i < 10000; i++)
                queue.Enqueue(i);

            //Dequeue and add
```

```csharp
            for (int i = 0; i < tasks.Length; i++)
            {
                tasks[i] = Task.Run(() =>
                {
                    int dequeueData, subTotal = 0;

                    while (!queue.IsEmpty)
                        while (queue.TryDequeue(out dequeueData))
                            subTotal += dequeueData;

                    return subTotal;
                });
            }

            for (int i = 0; i < tasks.Length; i++)
                total += tasks[i].Result;

            Console.WriteLine("total = {0}", total);
        }
    }
}
```

　リスト7.24を参照すると分かりますが、各タスクは、まったく同じコードであることが分かります。ここではタスクローカルな変数に加え、タスク配列も使用します。

　これまでは明示的にタスクを起動していましたが、このプログラムではタスク配列を宣言し、タスクを暗黙的に起動します。このプログラムは、タスク配列の宣言で要素数を変更することで、タスクの起動数を簡単に変更できます。この例ではタスクを10個起動します。リスト7.23のプログラムと異なり、タスク内でsubTotalを宣言し初期化します。Interlockedクラスを使用して総和に加算する必要はなく、単純にタスク内の変数subTotalに加算するだけです。これは各タスクの担当部分の合計であり、全体の総和ではありません。各タスクは、これをタスクの返却値として返します。

　メインスレッドで各タスクの返却値にアクセスしますが、各タスクの完了を監視する必要はありません。このため、先のプログラムに存在したTaskクラスのWaitAllメソッドは不要です。

　全体の総和はfor文を使用したループで、各タスクの返却値をtotalへ加算します。このようにすると、Interlockedクラスを使用する必要がなくなるだけでなく、タスク間の同期を取る必要もなくなるため、各タスクは自由に動作でき、性能の向上も期待できます。実行結果はリスト7.23のプログラムと同じです。

　コンカレントクラスを使用すれば、このようにコレクションを使用するプログラムを簡単に並列化でき、性能向上も期待できます。

■ ConcurrentStack

リスト 7.25 のプログラムを ConcurrentStack クラスで書き換えます。ConcurrentStack<T> クラスは、スレッドセーフな後入れ先出し（LIFO）コレクションのクラスです。ConcurrentStack<T> のパブリックメンバとプロテクトメンバはすべてスレッドセーフです。

プログラムのソースリストを次に示します。

リスト7.26●ch07¥19collections¥04concurrentStack¥simple¥Program.cs

```csharp
using System;
using System.Threading.Tasks;
using System.Collections.Concurrent;

namespace pgm
{
    class Program
    {
        static void Main(string[] args)
        {
            ConcurrentStack<int> stack = new ConcurrentStack<int>();
            Task<int>[] tasks = new Task<int>[10];
            int total = 0;

            //Enqueue
            for (int i = 0; i < 10000; i++)
                stack.Push(i);

            //Dequeue and add
            for (int i = 0; i < tasks.Length; i++)
            {
                tasks[i] = Task.Run(() =>
                {
                    int dequeueData, subTotal = 0;

                    while (!stack.IsEmpty)
                        while (stack.TryPop(out dequeueData))
                            subTotal += dequeueData;

                    return subTotal;
                });
            }

            for (int i = 0; i < tasks.Length; i++)
                total += tasks[i].Result;
```

```
                Console.WriteLine("total = {0}", total);
        }
    }
}
```

コレクションが ConcurrentQueue から ConcurrentStack へ変わるだけです。値の取り出し順が変わりますが、このプログラムのように総和を求めるアプリケーションでは、取り出し順は結果に影響しません。また、並列処理プログラムの場合、各タスク間の順序が不定ですので、順序が FIFO であろうが LIFO であろうが、そもそも意味を成さない場合が多いです。

■ ConcurrentBag

リスト 7.25 のプログラムを、今度は ConcurrentBag クラスで書き換えます。ConcurrentBag<T> クラスは、スレッドセーフなオブジェクトの順序付けられていないコレクションのクラスです。

プログラムのソースリストを次に示します。

リスト7.27 ● ch07¥19collections¥05concurrentBag¥simple¥Program.cs

```
using System;
using System.Threading.Tasks;
using System.Collections.Concurrent;

namespace pgm
{
    class Program
    {
        static void Main(string[] args)
        {
            ConcurrentBag<int> bag = new ConcurrentBag<int>();
            Task<int>[] tasks = new Task<int>[10];
            int total = 0;

            //Enqueue
            for (int i = 0; i < 10000; i++)
                bag.Add(i);

            //Dequeue and add
            for (int i = 0; i < tasks.Length; i++)
            {
                tasks[i] = Task.Run(() =>
                {
```

```
                    int dequeueData, subTotal = 0;

                    while (!bag.IsEmpty)
                        while (bag.TryTake(out dequeueData))
                            subTotal += dequeueData;

                    return subTotal;
                });
            }

            for (int i = 0; i < tasks.Length; i++)
                total += tasks[i].Result;

            Console.WriteLine("total = {0}", total);
        }
    }
}
```

コレクションが ConcurrentBag<T> クラスへ変わるだけです。多少メソッド名が変わりますが、ほとんど先のプログラムと同様です。

■ コンカレントコレクション応用例

以前 Queue を使用したスレッド間のコントロールアクセスを紹介しました（第 6 章「並列処理と GUI」の 6-16 節「スレッドと Queue クラスでスレッド間のコントロールアクセス」）。そこでは、Queue を使用したため、同期機構を組み込む必要がありました。従来のコレクションを使用する場合、同期処理などを自身で組み込む必要があります。

.NET Framework 4.0 で新たに用意された、より便利なコンカレントコレクションクラスを使用して、同期機構を外したプログラムを紹介します。プログラムのフォームや動作などは、以前のものと、まったく同じですので説明は省略します。プログラムの機能や内容については以前の説明を参照してください。

プログラムのソースリストを次に示します。

リスト7.28●ch07¥19collections¥06boundsConcurrentQueue¥bounds¥Form1.cs

```csharp
using System;
using System.Drawing;
using System.Windows.Forms;
using System.Threading;
using System.Threading.Tasks;
using System.Collections.Generic;
using System.Collections.Concurrent;
```

```csharp
namespace bounds
{
    public partial class Form1 : Form
    {
        private readonly int numOfLines = 50;
        private Graphics mGraphics;
        private Boolean mContinue;
        private byte mColorIndex;
        public ConcurrentQueue<String> mQueue;
        private string ttl = "バウンズ・ConcurrentQueue";

        // コンストラクタ
        public Form1()
        {
            InitializeComponent();

            Text = ttl;
            MaximizeBox = MinimizeBox = false;
            Size = new Size(800, 600);
            FormBorderStyle = FormBorderStyle.FixedSingle;

            mColorIndex = 0;                        // ラインカラーを初期化

            // グラフィックスオブジェクトの対象を設定
            mGraphics = Graphics.FromHwnd(panel.Handle);

            mQueue = new ConcurrentQueue<String>(); // キューの生成
        }

        // 「開始」メニュー
        private void menuFileStart_Click(object sender, EventArgs e)
        {
            try
            {
                Size pSize = new Size(panel.Width, panel.Height);
                Pen backPen = new Pen(panel.BackColor);
                IntPtr hWnd = this.Handle;

                Task.Run(() =>
                {
                    int dX = -8, dY = -8, dX2 = dX - 8, dY2 = dY - 4;
                    List<Point> sPoint = new List<Point>();
                    List<Point> ePoint = new List<Point>();

                    for (int i = 0; i < numOfLines; i++)    // 初期化
                    {
```

```
                        sPoint.Add(new Point(0, 0));
                        ePoint.Add(new Point(0, 0));
                    }
                    mContinue = true;

                    while (mContinue)                          // スレッド続行か
                    {
                        // 古い線を消す
                        int endp = sPoint.Count - 1;
                        string sendData = "erase" +
                                    "," + sPoint[endp].X.ToString() +
                                        "," + sPoint[endp].Y.ToString() +
                                            "," + ePoint[endp].X.ToString() +
                                                "," + ePoint[endp].Y.ToString();

                        mQueue.Enqueue(sendData);     // 古い線を消す

                        // 当該データを削除
                        sPoint.RemoveAt(sPoint.Count - 1);
                        ePoint.RemoveAt(ePoint.Count - 1);

                        // 新しい線を引く
                        sendData = "draw" +
                                    "," + sPoint[0].X.ToString() +
                                        "," + sPoint[0].Y.ToString() +
                                            "," + ePoint[0].X.ToString() +
                                                "," + ePoint[0].Y.ToString();

                        mQueue.Enqueue(sendData);     // 新しい線を引く

                        // 境界のチェック
                        if (sPoint[0].X < 0 || sPoint[0].X >= pSize.Width - 1)
                            dX = -dX;
                        if (sPoint[0].Y < 0 || sPoint[0].Y >= pSize.Height - 1)
                            dY = -dY;
                        if (ePoint[0].X < 0 || ePoint[0].X >= pSize.Width - 1)
                            dX2 = -dX2;
                        if (ePoint[0].Y < 0 || ePoint[0].Y >= pSize.Height - 1)
                            dY2 = -dY2;

                        // 次の座標を追加
                        sPoint.Insert(0, new Point(sPoint[0].X + dX,
                                                    ↳ sPoint[0].Y + dY));
                        ePoint.Insert(0, new Point(ePoint[0].X + dX2,
                                                    ↳ ePoint[0].Y + dY2));

                        Thread.Sleep(10);              // 速すぎるのでウェイト
```

```csharp
                }
            });

            timer.Interval = 1;
            timer.Start();                      // タイマー設定

            menuFileStart.Enabled = false;      // 多重起動を抑止
        }
        catch (Exception ex)
        {
            MessageBox.Show(ex.Message);
        }
    }

    // タイマー・メソッド
    private void timer_Tick(object sender, EventArgs e)
    {
        try
        {
            string recvData;

            while (!mQueue.IsEmpty)
            {
                mQueue.TryDequeue(out recvData);
                drawLine(recvData);
            }
        }
        catch (Exception ex)
        {
            MessageBox.Show(ex.Message);
        }
    }

    // ドロー
    private void drawLine(string msg)
    {
        char[] delimiter = { ',', ':', '/' };   // 区切り記号
        string[] split = null;

        try
        {
            split = msg.Split(delimiter);       // スプリット
            if (split.Length != 5)              // 要素が5あるか
                return;

            Pen drawPen = null;
            switch (split[0])
```

```csharp
                    {
                        case "erase":    // 線を消す
                            drawPen = new Pen(panel.BackColor);
                            break;

                        case "draw":     // 新しい線を引く
                            drawPen = new Pen(Color.FromArgb(mColorIndex,
                                            255 - mColorIndex, mColorIndex++));
                            break;

                        default:
                            break;
                    }
                    Point sPoint = new Point(Convert.ToInt32(split[1]),
                                            Convert.ToInt32(split[2]));
                    Point ePoint = new Point(Convert.ToInt32(split[3]),
                                            Convert.ToInt32(split[4]));
                    mGraphics.DrawLine(drawPen, sPoint, ePoint);    // 線を引く
                }
                catch (Exception ex)
                {
                    MessageBox.Show(ex.Message);
                }
            }

            // 「閉じる」メニュー
            private void menuFileClose_Click(object sender, EventArgs e)
            {
                Close();
            }

            // クロージング
            //   スレッドが直ぐに終了に向かうようにする.本当は同期させた方が良い.
            private void Form1_FormClosing(object sender, FormClosingEventArgs e)
            {
                try
                {
                    mContinue = false;                    // スレッドに停止を通知
                }
                catch (Exception ex)
                {
                    MessageBox.Show(ex.Message);
                }
            }
        }
    }
```

以前のプログラムは Queue クラスを使用しましたが、本プログラムは ConcurrentQueue クラスを使用します。このため、キューに対する同期処理が不要になります。以前のプログラムと異なる部分を抜き出して説明します。まず、Queue の宣言と生成を ConcurrentQueue へ変更します。

以前のコード

```
using System.Collections;
    ⋮
    public Queue mQueue;
        ⋮
        mQueue = new Queue();        // キューの生成
        ⋮
```

今回のコード

```
⋮
using System.Collections.Concurrent;
    ⋮
    public ConcurrentQueue<String> mQueue;
        ⋮
        mQueue = new ConcurrentQueue<String>(); // キューの生成
        ⋮
```

　menuFileStart_Click メソッドは、[ファイル] － [開始] の選択時に制御が渡るメソッドです。このメソッドでキューをアクセスしますが、ConcurrentQueue クラスを使用しますので、同期処理が不要になります。

以前のコード

```
// 「開始」メニュー
private void menuFileStart_Click(object sender, EventArgs e)
{
    ⋮
    while (mContinue)                // スレッド続行か
    {
        ⋮
        Monitor.Enter(mQueue);       // キューをロック
        mQueue.Enqueue(sendData);    // 古い線を消す
        Monitor.Exit(mQueue);        // キューを解放
        ⋮
        Monitor.Enter(mQueue);       // キューをロック
        mQueue.Enqueue(sendData);    // 新しい線を引く
```

```
        Monitor.Exit(mQueue);         // キューを解放
    ⋮
}
```

今回のコード

```
// 「開始」メニュー
private void menuFileStart_Click(object sender, EventArgs e)
{
    ⋮
    while (mContinue)               // スレッド続行か
    {
        ⋮
        mQueue.Enqueue(sendData);    // 古い線を消す
        ⋮
        mQueue.Enqueue(sendData);    // 新しい線を引く
    ⋮
}
```

timer_Tick メソッドは、一定の周期でタイマーから起動されるメソッドです。このメソッドもキューをアクセスしますが、ConcurrentQueue クラスを使用しますので、同期処理が不要になります。

以前のコード

```
// タイマー・メソッド
private void timer_Tick(object sender, EventArgs e)
{
    try
    {
        Monitor.Enter(mQueue);   // キューをロック

        while (mQueue.Count > 0)
        {
            // キューから取得
            string recvData = (string)mQueue.Dequeue();
            drawLine(recvData);
        }

        Monitor.Exit(mQueue);    // キューを解放
    }
    catch (Exception ex)
    {
        MessageBox.Show(ex.Message);
```

        }
}
```

**今回のコード**

```
// タイマー・メソッド
private void timer_Tick(object sender, EventArgs e)
{
    try
    {
        string recvData;

        while (!mQueue.IsEmpty)
        {
            mQueue.TryDequeue(out recvData);
            drawLine(recvData);
        }
    }
    catch (Exception ex)
    {
        MessageBox.Show(ex.Message);
    }
}
```

　以前のプログラムに比べるとキューに対する同期処理が不要になるため、プログラムが簡易化されます。また、性能も向上すると思われます。このような単純なキューの使用法でなく、複雑なケースでは、もっとコンカレントコレクションの有用性を感じるでしょう。

　実行の様子を次に示します。

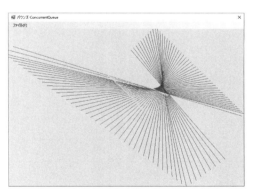

図7.63●実行の様子
```

8 フォーム間のコントロールアクセス

　C# プログラミングにおいてはフォーム間、およびスレッド間におけるコントロールのデータの受け渡しについて混乱するときがあります。すでにスレッド間におけるコントロールのアクセスについては解説済みです。本章では、フォーム間のコントロールのアクセスについてまとめます。

8-1 親フォームから子フォームのラベル表示

　まず、簡単な例を紹介します。このプログラムは、親フォームから子フォームを生成し、親フォームが渡した文字列を子フォームのラベルに表示します。フォームを生成したコードからそのフォームにアクセスするのは簡単ですが、あるフォームのコードから他のフォームのコントロールにアクセスするのは面倒です。

　基本的には、フォームとコードを対に作成するのは良い方法です。フォーム間で自身以外のフォームを操作するのはマナーの良いプログラムとは言えません。しかし、プログラムを開発していると、どうしても他のフォームを操作しなければならない場合があります。ここでは、そのようなときにどうすれば良いかを解説します。

　簡単な方法は、生成したフォームに public なフィールドか public なメソッドを用意し、それらを参照するか呼び出すだけです。最初ですので簡単な例を紹介します。動作の概念図を次に示します。

8 フォーム間のコントロールアクセス

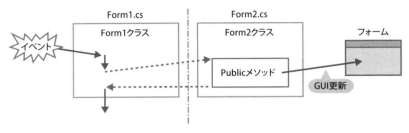

図8.1●動作の概念図

Form1からForm2を生成し、Form2のpublicメソッドを呼び出し、Form2のラベルにForm1が渡した文字列を表示します。実行例を次に示します。[子ウィンドウ表示]ボタンを押すと子ウィンドウが現れ、子ウィンドウの中心に配置したLabelコントロールに親ウィンドウから渡した文字列が表示されます。

図8.2●実行の様子

Form1のソースリストを次に示します。

リスト8.1●ch08¥01basicP2C¥control¥Form1.cs

```csharp
using System;
using System.Windows.Forms;

namespace control
{
    public partial class Form1 : Form
    {
        private string ttl = "親ウィンドウ";

        public Form1()
        {
            InitializeComponent();


            Text = ttl;
            this.MaximizeBox = this.MinimizeBox = false;
            this.FormBorderStyle = FormBorderStyle.FixedSingle;

            button1.Text = "子ウィンドウ表示";
```

```csharp
            }

            private void button1_Click(object sender, EventArgs e)
            {
                using (Form2 f2 = new Form2())
                {
                    f2.labelText("Hello.");
                    f2.ShowDialog();
                }
            }
        }
    }
```

コンストラクタで、フォームの各種プロパティを設定します。

［子ウィンドウ表示］ボタンを押すと button1_Click メソッドに制御が渡ります。Form2 を生成し、Form2 インスタンス f2 の labelText を呼び出します。そして ShowDialog を呼び出します。

Form2 のソースリストを次に示します。

リスト8.2●ch08¥01basicP2C¥control¥Form2.cs

```csharp
using System.Windows.Forms;

namespace control
{
    public partial class Form2 : Form
    {
        private string ttl = "子ウィンドウ";

        public Form2()
        {
            InitializeComponent();

            Text = ttl;
            this.MaximizeBox = this.MinimizeBox = false;
            this.FormBorderStyle = FormBorderStyle.FixedSingle;
        }

        public void labelText(string text)
        {
            label1.Text = text;
        }
    }
}
```

こちらも、コンストラクタでフォームの各種プロパティを設定します。

labelText メソッドは Form1 から呼び出されます。public メソッドなのでどこから呼び出されても構いません。渡された文字列を Label コントロールに表示します。

このように、public メソッドを経由して他のフォームのコントロールを操作するのは、最も簡単な方法です。

ついでに、labelText をプロパティで記述したものを示します。まず、Form1 のソースリストを示します。

リスト8.3●ch08¥01basicP2Cprop¥control¥Form1.cs

```
    ：
    private void button1_Click(object sender, EventArgs e)
    {
        using (Form2 f2 = new Form2())
        {
            f2.labelText = "Hello.";
            f2.ShowDialog();
        }
    }
    ：
```

先ほどはメソッドとしていたため、labelText メソッドを呼び出していましたが、ここでは labelText をプロパティとしたので、文字列を代入します。

Form2 のソースリストを次に示します。

リスト8.4●ch08¥01basicP2Cprop¥control¥Form2.cs

```
    ：
    public string labelText
    {
        set
        {
            label1.Text = value;
        }
    }
    ：
```

labelText プロパティへアクセサメソッドを用意します。本プログラムでは set のみ用意しました。

8-2 親フォームから子フォームのコンストラクタでラベル表示

先ほどのプログラムは、親フォームから子フォームのpublicメソッドを呼び出し、子フォームのコントロールをアクセスしています。ここでは、コンストラクタで文字列を渡し、コントロールの表示を設定するプログラムを紹介します。Form1のソースリストを次に示します。

リスト8.5●ch08¥02basicP2C¥control¥Form1.cs

```csharp
using System;
using System.Windows.Forms;

namespace control
{
    public partial class Form1 : Form
    {
        private string ttl = "親ウィンドウ";

        public Form1()
        {
            InitializeComponent();


            Text = ttl;
            this.MaximizeBox = this.MinimizeBox = false;
            this.FormBorderStyle = FormBorderStyle.FixedSingle;

            button1.Text = "子ウィンドウ表示";
        }

        private void button1_Click(object sender, EventArgs e)
        {
            using (Form2 f2 = new Form2("Hello"))
            {
                f2.ShowDialog();
            }
        }
    }
}
```

先ほどとほとんど同じです。[子ウィンドウ表示] ボタンを押すとbutton1_Clickメソッドに制御が渡ります。その際にForm2を生成しますが、先ほどと違いコンストラクタに文字列を指定します。

Form2のソースリストを次に示します。

リスト8.6 ●ch08¥02basicP2C¥control¥Form2.cs

```csharp
using System.Windows.Forms;

namespace control
{
    public partial class Form2 : Form
    {
        private string ttl = "子ウィンドウ";

        public Form2()
        {
            InitializeComponent();

            Text = ttl;
            this.MaximizeBox = this.MinimizeBox = false;
            this.FormBorderStyle = FormBorderStyle.FixedSingle;
        }

        public Form2(string sArgs) : this()
        {
            this.label1.Text = sArgs;
        }
    }
}
```

　先ほどと異なり、public メソッド labelText は存在しません。代わりにコンストラクタが増えています。追加したコンストラクタには「:this()」という文字列が付加されています。これは、このコンストラクタの実行に先立ち、同じクラス内で引数なしのコンストラクタを実行せよという意味を持ちます。つまり、このコンストラクタで、Label コントロールの Text が渡された文字列で更新されます。このため、子ウィンドウが表示されると、ラベルに親ウィンドウが渡した文字列が表示されます。
　このように、単に値を1回だけ渡したい場合は、この方法を使うと便利です。

8-3 子フォームから返却値を受け取る

先ほどのプログラムは、親フォームから子フォームへデータを渡す方法の解説でした。ここでは、子フォームから親フォームへデータを返す例を紹介します。ここで紹介する例は、あるフォームで入力したデータを、そのフォームが閉じた時に親フォームが取得する例です。アプリケーションから何らかの問い合わせを行うときに、頻繁に遭遇するケースです。Form1 のソースリストを次に示します。

リスト8.7● ch08¥03basicC2PClose¥control¥Form1.cs

```csharp
using System;
using System.Windows.Forms;

namespace control
{
    public partial class Form1 : Form
    {
        private string ttl = "親ウィンドウ";

        public Form1()
        {
            InitializeComponent();

            Text = ttl;
            MaximizeBox = MinimizeBox = false;
            FormBorderStyle = FormBorderStyle.FixedSingle;

            button1.Text = "子ウィンドウ表示";
        }

        public string TestText
        {
            set
            {
                label1.Text = value;     //ラベル変更
            }
        }

        private void button1_Click(object sender, EventArgs e)
        {
            using (Form2 f2 = new Form2())
            {
```

```
            label1.Text = "label1";
            f2.ShowDialog(this);
        }
    }
}
```

［子ウィンドウ表示］ボタンを押すと button1_Click メソッドに制御が渡ります。その際に Form2 を生成します。自身の表示を変更したのち、ShowDialog メソッドで子フォームを表示します。

Form2 のソースリストを次に示します。

リスト8.8 ● ch08¥03basicC2PClose¥control¥Form2.cs

```csharp
using System.Windows.Forms;

namespace control
{
    public partial class Form2 : Form
    {
        private string ttl = "子ウィンドウ";

        public Form2()
        {
            InitializeComponent();

            Text = ttl;
            MaximizeBox = MinimizeBox = false;
            FormBorderStyle = FormBorderStyle.FixedSingle;

            button1.Text = "閉じる";
            label1.Text = "返す値";
        }

        private void button1_Click(object sender, System.EventArgs e)
        {
            Form1 fm = this.Owner as Form1;      //親フォームを取得
            fm.TestText = this.label1.Text;      //値を返す
            this.Close();
        }
    }
}
```

こちらも、コンストラクタで、フォームの各種プロパティを設定します。

自身の Owner プロパティから親のフォームを fm へ求めます。この fm を使用し、親の TestText へ自身の Label コントロールの Text プロパティを渡します。これによって、親ウィンドウの表示が変わります。

■実行

プログラムを起動すると、ウィンドウが現れます。

図8.3●プログラム起動

親ウィンドウの［子ウィンドウ］ボタンを押すと、子ウィンドウが現れます。

図8.4●子ウィンドウが現れる

子ウィンドウの［閉じる］ボタンを押すと、子ウィンドウが閉じます。

図8.5●[閉じる]ボタンを押す

すると子ウィンドウが閉じ、子ウィンドウに表示されていた文字列が親ウィンドウに返され、親ウィンドウにその文字列が表示されます。

図8.6●子ウィンドウが親ウィンドウへ値を返す

8-4 親フォームから子フォームのコントロールをアクセス

あるフォームから、そのフォームが生成したフォームのコントロールを任意の時期に制御する方法を紹介します。生成したフォームに public なフィールドか public なメソッドを用意し、それらを参照するか呼び出すだけです。ごく一般的な、親フォームから子フォームのコントロールにアクセスするプログラムを開発します。動作の概念図を次に示します。

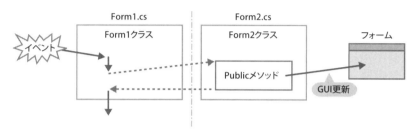

図8.7●動作の概念図

Form1 から Form2 を生成し、Form2 の public メソッドを呼び出し、Form2 のコントロールを更新します。図 8.8 に Form1 と Form2 の外観図を示します。親フォームに貼り付けたボタンコントロールを押して、Form2 の TrackBar コントロールや Label コントロールを変更します。

図8.8●Form1とForm2の外観図

Form1 のソースリストを次に示します。

リスト8.9●ch08¥04fromP2C¥control¥Form1.cs

```
using System;
using System.Windows.Forms;

namespace control
{
    public partial class Form1 : Form
    {
        private Form2 fm2;
        private string ttl = "親ウィンドウ";
```

```csharp
        public Form1()
        {
            InitializeComponent();


            Text = ttl;
            MaximizeBox = MinimizeBox = false;
            this.FormBorderStyle = FormBorderStyle.FixedSingle;

            button1.Text = "←";      //ボタン表示
            button2.Text = "→";
            button3.Text = "終了";

            fm2 = new Form2();       //Form2生成
            fm2.Show();
        }


        //ボタン1
        private void button1_Click(object sender, EventArgs e)
        {
            fm2.pLeft(button1.Text);
        }

        //ボタン2
        private void button2_Click(object sender, EventArgs e)
        {
            fm2.pRight(button2.Text);
        }

        //ボタン3
        private void button3_Click(object sender, EventArgs e)
        {
            Close();
        }
    }
}
```

　コンストラクタで、フォームの各種プロパティを設定します。Form2の生成や表示もコンストラクタで行います。

　[←] ボタンを押すと、button1_Clickメソッドに制御が渡ります。Form2のpLeftメソッドを呼び出します。pLeftメソッドの引数には [←] ボタンのTextプロパティを渡します。

　[→] ボタンを押すと、button2_Clickメソッドに制御が渡ります。button1_Clickメソッド同様、Form2のpRightメソッドを呼び出します。pRightメソッドの引数には [→] ボタン

8 フォーム間のコントロールアクセス

のTextプロパティを渡します。

［閉じる］ボタンを押すと、button3_Clickメソッドに制御が渡ります。このメソッドは、Closeメソッドを呼び出してプログラムを終了させます。

Form2のソースリストを次に示します。

リスト8.10 ●ch08¥04fromP2C¥control¥Form2.cs

```
using System;
using System.Windows.Forms;

namespace control
{
    public partial class Form2 : Form
    {
        private string ttl = "子ウィンドウ";

        public Form2()
        {
            InitializeComponent();

            Text = ttl;
            this.MaximizeBox = this.MinimizeBox = false;
            this.FormBorderStyle = FormBorderStyle.FixedSingle;

            trackBar1.Maximum = 10;         //トラックバー設定
            trackBar1.Minimum = 0;

            label1.Text = "親が送ったメッセージ";
        }

        //親から呼ばれるpublicメソッド１
        public void pLeft(String msg)
        {
            label1.Text = msg;

            if (trackBar1.Value > trackBar1.Minimum)
                trackBar1.Value -= 1;
        }

        //親から呼ばれるpublicメソッド２
        public void pRight(String msg)
        {
            label1.Text = msg;

            if (trackBar1.Value < trackBar1.Maximum)
```

```
                    trackBar1.Value += 1;
        }
    }
}
```

コンストラクタで、フォームの各種プロパティを設定します。

pLeft メソッドは、Form1 から呼び出される public メソッドです。渡された文字列を Label コントロールに表示します。その後、トラックバーの位置を左に移動します。

pRight メソッドは、Form1 から呼び出される public メソッドです。渡された文字列を Label コントロールに表示します。その後、トラックバーの位置を右に移動します。

■実行

プログラムを起動すると、2 つのウィンドウが現れます。親ウィンドウの［→］ボタンを押すと、子ウィンドウに「→」が表示され、トラックバーの位置が右に移動します。

図8.9●トラックバーの位置が右に移動

親ウィンドウの［←］ボタンを押すと、子ウィンドウに「←」が表示され、トラックバーの位置が左に移動します。

図8.10●トラックバーの位置が左に移動

これで、プログラム実行の説明を終わります。

8-5 子フォームから親フォームを直接呼び出す

本節では、前節とは逆に、生成されたフォームから、生成元フォームのコントロールをアクセスする例を示します。本節では、子ウィンドウに親フォームの参照用メンバ変数を public で宣言します。その public なメンバ変数に、親フォームを設定します。子フォームは、この public メンバを使用し、親の public メソッドを呼び出します。動作の概念図を次に示します。

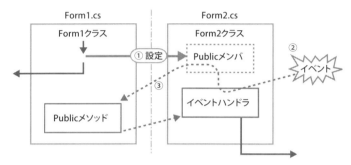

図8.11●動作の概念図

Form1 から Form2 を生成し、Form2 から Form1 の public メソッドを直接呼び出します。図8.12に Form1 と Form2 の外観図を示します。子フォームに貼り付けたボタンコントロールを押して、Form1 の TrackBar コントロールや Label コントロールを変更します。

図8.12●Form1とForm2の外観図

Form1 のソースリストを次に示します。

リスト8.11●ch08¥05fromC2PdirectCall¥control¥Form1.cs

```
using System;
using System.Windows.Forms;

namespace control
{
    public partial class Form1 : Form
    {
        private Form2 fm2;
```

```
            private string ttl = "親ウィンドウ";

            public Form1()
            {
                InitializeComponent();

                Text = ttl;
                MaximizeBox = MinimizeBox = false;
                this.FormBorderStyle = FormBorderStyle.FixedSingle;

                trackBar1.Maximum = 10;      //トラックバー設定
                trackBar1.Minimum = 0;

                fm2 = new Form2();           //Form2生成
                fm2.fm1 = this;              //子に親を渡す
                fm2.Show();
            }

            //子から呼び出されるpublicメソッド1
            public void pLeft(String msg)
            {
                label1.Text = msg;

                if (trackBar1.Value > trackBar1.Minimum)
                    trackBar1.Value -= 1;
            }

            //子から呼び出されるpublicメソッド2
            public void pRight(String msg)
            {
                label1.Text = msg;

                if (trackBar1.Value < trackBar1.Maximum)
                    trackBar1.Value += 1;
            }
        }
    }
```

　コンストラクタで、フォームの各種プロパティを設定します。Form2の生成や表示もコンストラクタで行います。

　pLeftメソッドはForm2から呼び出されるpublicメソッドです。渡された文字列をLabelコントロールに表示します。その後、トラックバーの位置を左に移動します。

　pRightメソッドもForm2から呼び出されるpublicメソッドです。渡された文字列をLabelコントロールに表示します。その後、トラックバーの位置を右に移動します。

Form2のソースリストを次に示します。

リスト8.12●ch08¥05fromC2PdirectCall¥control¥Form2.cs

```csharp
using System;
using System.Windows.Forms;

namespace control
{
    public partial class Form2 : Form
    {
        public Form1 fm1;
        private string ttl = "子ウィンドウ";

        public Form2()
        {
            InitializeComponent();

            Text = ttl;
            this.MaximizeBox = this.MinimizeBox = false;
            this.FormBorderStyle = FormBorderStyle.FixedSingle;

            button1.Text = "←";        //ボタン表示
            button2.Text = "→";
        }

        //親メソッドを直接呼ぶ
        private void button1_Click_1(object sender, EventArgs e)
        {
            fm1.pLeft(button1.Text);
        }

        //親メソッドを直接呼ぶ
        private void button2_Click(object sender, EventArgs e)
        {
            fm1.pRight(button2.Text);
        }
    }
}
```

コンストラクタで、フォームの各種プロパティを設定します。

［←］ボタンを押すとbutton1_Clickメソッドに制御が渡ります。Form1のpLeftメソッドをfm1経由で呼び出します。pLeftメソッドの引数には［←］ボタンのTextプロパティを渡します。

［→］ボタンを押すとbutton2_Clickメソッドに制御が渡ります。Form1のpRightメソッ

ドを fm1 経由で呼び出します。pRight メソッドの引数には［→］ボタンの Text プロパティを渡します。

■実行

プログラムを起動すると、2 つのウィンドウが現れます。子ウィンドウの［→］ボタンを押すと、親ウィンドウに→が表示され、トラックバーの位置が右に移動します。

図8.13●トラックバーの位置が右に移動

子ウィンドウの［←］ボタンを押すと、親ウィンドウに「←」が表示され、トラックバーの位置が左に移動します。

図8.14●トラックバーの位置が左に移動

プログラムを終了させるには、親ウィンドウの［×］ボタンを押してウィンドウを閉じます。これでプログラムは終了し、子ウィンドウも消えます。子ウィンドウの［×］ボタンを押すと、子ウィンドウのみが閉じてしまい、二度と子ウィンドウを表示できなくなります。

これで、プログラム実行の説明を終わります。

8-6 子フォームから親に Paint イベントを送る（1）

本節では、子フォームで Invalidate メソッドを呼び出すことによって親フォームに間接的に Paint イベントを発生させます。親フォームに Paint メソッドを記述することによって、条件の変化を GUI に反映することが可能になります。なお、親フォームの Invalidate メソッドを呼び出すには、子フォームが親フォームを参照できなければなりません。これは前節と同様な方法を採用します。子ウィンドウに親フォームの参照用メンバ変数を public で宣言します。その public

なメンバ変数に親フォームを設定します。子フォームは、この public メンバを使用し、親フォームの Invalidate メソッドを呼び出します。動作の概念図を次に示します。

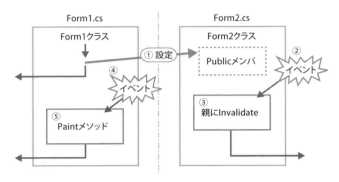

図8.15●動作の概念図

Form1 から Form2 を生成します。Form2 で Form1 へ Paint イベントを発生させます。ただし、このイベントが Form2 で発生させたものか、他のフォームやシステムによって発生させられたものか判断できません。純粋に親フォームの状態を再表示したいときに使用できる手法です。Form1 と Form2 の外観図を次に示します。

図8.16●Form1とForm2の外観図

Form1 のソースリストを次に示します。

リスト8.13●ch08¥06fromC2PInvalidate¥control¥Form1.cs

```
using System;
using System.Windows.Forms;

namespace control
{
    public partial class Form1 : Form
    {
        public static String mMsg = "ラベル";
        private Form2 fm2;
        private string ttl = "親ウィンドウ";

        public Form1()
        {
```

```
            InitializeComponent();


            Text = ttl;
            MaximizeBox = MinimizeBox = false;
            FormBorderStyle = FormBorderStyle.FixedSingle;

            button1.Text = "クリア";    //ボタン表示

            fm2 = new Form2();           //Form2生成
            fm2.fm1 = this;              //子に親を渡す
            fm2.Show();
        }

        //ボタン1
        private void button1_Click(object sender, EventArgs e)
        {
            mMsg = "";
            this.Invalidate();
        }

        //Paint
        private void Form1_Paint(object sender, PaintEventArgs e)
        {
            label1.Text = mMsg;
        }
    }
}
```

コンストラクタで、フォームの各種プロパティを設定します。Form2 の生成や表示もコンストラクタで行います。

[クリア] ボタンを押すと button1_Click メソッドに制御が渡ります。public な文字列 mMsg をクリアし、自分自身の Invalidate メソッドを呼び出します。この呼び出しは、間接的に自分自身に Paint イベントを発生させます。

Form1_Paint メソッドは、フォームの再描画が必要になったときに呼び出されます。public な文字列 mMsg を Label コントロールに表示します。

Form2 のソースリストを次に示します。

リスト8.14●ch08¥06fromC2PInvalidate¥control¥Form2.cs

```
using System;
using System.Windows.Forms;

namespace control
```

```csharp
{
    public partial class Form2 : Form
    {
        public Form1 fm1;
        private string ttl = "子ウィンドウ";

        public Form2()
        {
            InitializeComponent();


            Text = ttl;
            MaximizeBox = MinimizeBox = false;
            FormBorderStyle = FormBorderStyle.FixedSingle;

            button1.Text = "親にPaint発行";        //ボタン表示
        }

        //親にPaintを送る
        private void button1_Click(object sender, EventArgs e)
        {
            Form1.mMsg = button1.Text;
            fm1.Invalidate();
        }
    }
}
```

コンストラクタで、フォームの各種プロパティを設定します。

［親に Paint 発行］ボタンを押すと、button1_Click メソッドに制御が渡ります。Form1 の public な文字列 mMsg へ button1 の Text プロパティを設定し、Form1 の Invalidate メソッドを呼び出します。この呼び出しは、間接的に Form1 に Paint イベントを発生させます。

つまり、Form1 は Paint が発生したときに public なメンバ変数によって、何が引き金となって本イベントが発生したか知ることができます。あるいは、同じオブジェクトを表示することによって、イベントの要因にかかわらず GUI の表示を最新へ更新できます。

■実行

起動直後のプログラムの様子を、図 8.17 に示します。2 つのウィンドウが現れます。

図8.17●起動直後の様子

子ウィンドウの［親に Paint 発行］ボタンを押すと、親ウィンドウのラベルに「親に Paint 発行」が表示されます。

図8.18●子ウィンドウの［親にPaint 発行］ボタンを押す

このように、子ウィンドウから親ウィンドウにイベントを発生させることができます。親ウィンドウの［クリア］ボタンを押すと、ラベルがクリアされます。

図8.19●親ウィンドウの［クリア］ボタンを押す

8-7 子フォームから親に Paint イベントを送る（2）

本節では、前節同様、子フォームで Invalidate メソッドを呼び出すことによって親フォームに間接的に Paint イベントを発生させます。親フォームに Paint メソッドを記述することによって、条件の変化を GUI に反映することが可能になります。なお、親フォームの Invalidate メソッドを呼び出すには、子フォームが親フォームを参照できなければなりません。本節では前節と異なる方法を採用します。子フォームの Owner プロパティに親フォームを設定します。これにより、子フォームは親フォームに所有されます。

フォームが別のフォームによって所有されている場合、所有している側のフォームと連動して最小化したり閉じたりします。また、この場合、子フォームを親フォームの背面に表示することはできません。

前節のプログラムでは親フォームに public メンバ変数を使って Paint イベントを発生させていましたが、本節のプログラムは public メンバ変数を使用せず Owner プロパティで同じことを行います。動作の概念図を次に示します。

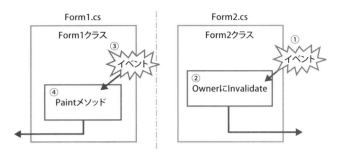

図8.20●動作の概念図

Form1 から Form2 を生成します。Form2 の Owner を Form1 にします。Form2 で Owner に Paint イベントを発生させます。Form1 は間接的に Paint イベントを受け取ります。ただし、このイベントが Form2 から送られてきたものか、他の要因によって発生したものか判断できません。純粋に親フォームの状態を再表示したいときに使用できる手法です。Form1 と Form2 の外観図を次に示します。

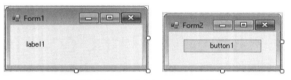

図8.21●Form1とForm2の外観図

Form1 のソースリストを次に示します。

リスト8.15●ch08¥07fromC2POwner¥control¥Form1.cs

```
using System.Windows.Forms;

namespace control
{
    public partial class Form1 : Form
    {
        private Form2 fm2;
        private int counter = 0;
        private string ttl = "親ウィンドウ";

        public Form1()
        {
            InitializeComponent();


            Text = ttl;
```

```
                MaximizeBox = MinimizeBox = false;
                FormBorderStyle = FormBorderStyle.FixedSingle;

                fm2 = new Form2();           //Form2生成
                fm2.Owner = this;
                fm2.Show();
            }

            //Paint
            private void Form1_Paint(object sender, PaintEventArgs e)
            {
                label1.Text = counter++.ToString();
            }
        }
    }
```

コンストラクタで、フォームの各種プロパティを設定します。Form2 の生成や表示もコンストラクタで行います。Form2 の Owner プロパティに自身を設定します。これにより、子フォームは親フォームに所有されます。

Form1_Paint メソッドは、フォームの再描画が必要になったときに呼び出されます。private メンバ変数 counter をカウントアップし、それを Label コントロールに表示します。

Form2 のソースリストを次に示します。

リスト8.16●ch08¥07fromC2POwner¥control¥Form2.cs

```
using System;
using System.Windows.Forms;

namespace control
{
    public partial class Form2 : Form
    {
        private string ttl = "子ウィンドウ";

        public Form2()
        {
            InitializeComponent();


            Text = ttl;
            MaximizeBox = MinimizeBox = false;
            FormBorderStyle = FormBorderStyle.FixedSingle;

            button1.Text = "親にPaint発行";    //ボタン表示
```

```
            }
            //親にPaintを送る
            private void button1_Click(object sender, EventArgs e)
            {
                this.Owner.Invalidate();
            }
        }
    }
```

コンストラクタで、フォームの各種プロパティを設定します。

［親に Paint 発行］ボタンを押すと、button1_Click メソッドに制御が渡ります。自身の Owner の Invalidate メソッドを呼び出します。この呼び出しは、間接的に Form1 に Paint イベントを発生させます。

■実行

起動直後のプログラムの様子を図 8.22 に示します。2 つのウィンドウが現れます。

図8.22●起動直後の様子

子ウィンドウの［親に Paint 発行］ボタンを押すと、親ウィンドウのラベルの値が更新されます。

図8.23●子ウィンドウの［親にPaint発行］ボタンを押す

このように、子ウィンドウから親ウィンドウにイベントを発生させることができます。ただし、Paint イベントはいろいろな要因で発生します。たとえば、親ウィンドウを最小化後、再びウィンドウを表示すると Paint イベントが発生します。このため、親ウィンドウは Paint イベントが子ウィンドウから発行されたものか、システムが発生したものか知ることはできません。通常のプログラムでは、表示を更新したいときだけに使用されると予想されるため、このことがプログラムの制限になることは少ないでしょう。

8-8 イベントハンドラで子フォームから親に通知

本節では、もっとスマートな方法を解説します。イベントハンドラを定義し、子フォームから親フォームのイベントハンドラを呼び出すようにします。このような方法を使うと、通常のメソッド呼び出しに近い形で子フォームから親フォームに制御を移すことが可能です。イベント（デリゲート）を使用して子フォームから親フォームのメソッドを呼び出します。動作の概念図を次に示します。

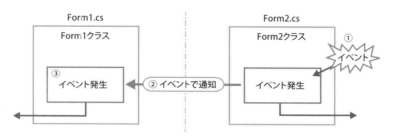

図8.24●動作の概念図

Form1とForm2の外観図を次に示します。

図8.25●Form1とForm2の外観図

Form1のソースリストを次に示します。

リスト8.17●ch08¥08fromC2Pevent¥control¥Form1.cs

```csharp
using System;
using System.Windows.Forms;

namespace control
{
    public partial class Form1 : Form
    {
        private Form2 fm2;
        private string ttl = "親ウィンドウ";

        public Form1()
        {
```

```csharp
        InitializeComponent();

        Text = ttl;
        MaximizeBox = MinimizeBox = false;
        FormBorderStyle = FormBorderStyle.FixedSingle;

        button1.Text = "テスト";         //ボタン表示

        fm2 = new Form2();              //Form2生成
        fm2.myCommEventHandler += new Action<string>(commFunc);
    }

    //ボタン1
    private void button1_Click(object sender, EventArgs e)
    {
        if (fm2.IsDisposed)
        {
            fm2 = new Form2();
            fm2.myCommEventHandler += new Action<string>(commFunc);
        }
        fm2.Show();
    }

    //イベントハンドラ
    private void commFunc(string msg)
    {
        label1.Text = msg;
    }
  }
}
```

　コンストラクタで、フォームの各種プロパティを設定します。Form2の生成やイベントハンドラの関連づけも行います。

　button1_Clickメソッドは、[テスト]ボタンが押されたときに制御が渡ります。Form2が破棄されていたらForm2を生成し、イベントハンドラの関連づけも行います。その後、Form2を表示します。commFuncメソッドはイベントハンドラです。引数の文字列をLabelコントロールに表示します。

　Form2のソースリストを次に示します。

リスト8.18●ch08¥08fromC2Pevent¥control¥Form2.cs

```csharp
using System;
using System.Windows.Forms;
```

```
namespace control
{
    public partial class Form2 : Form
    {
        public event Action<string> myCommEventHandler;
        private string ttl = "子ウィンドウ";

        public Form2()
        {
            InitializeComponent();


            Text = ttl;
            MaximizeBox = MinimizeBox = false;
            FormBorderStyle = FormBorderStyle.FixedSingle;

            button1.Text = "イベントで通知";     //ボタン表示
        }

        //ボタン1
        private void button1_Click(object sender, EventArgs e)
        {
            myCommEventHandler(textBox1.Text);
        }
    }
}
```

クラスのメンバ変数として、イベントを通知するためのデリゲートとイベントの宣言を行っています。Form1 から参照するため public でなければなりません。

コンストラクタで、フォームの各種プロパティを設定します。［イベントで通知］ボタンを押すと、button1_Click メソッドに制御が渡ります。すぐにイベントハンドラ myCommEventHandler を呼び出します。これで、対応づけられた Form1 のイベントハンドラが起動されます。

■実行

起動直後のプログラムの様子を図 8.26 に示します。1 つのウィンドウしか現れません。

図8.26●起動直後の様子

［テスト］ボタンを押すと子ウィンドウが表示されます。

図8.27●［テスト］ボタンを押す

子ウィンドウの［イベントで通知］ボタンを押すと、子ウィンドウのテキストボックスの内容が親ウィンドウの Label コントロールに表示されます。

図8.28●［イベントで通知］ボタンを押す

子ウィンドウの［×］ボタンを押すと子ウィンドウは閉じます。

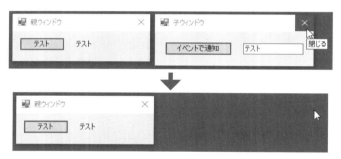

図8.29●子ウィンドウの［×］ボタンを押す

この状態で再び親ウィンドウの［テスト］ボタンを押すと、再び子ウィンドウが表示されます。

図8.30●再び子ウィンドウが表示される

8-9 フォーム間のメッセージ通信によるコントロールアクセス

フォーム間でメッセージを送り、コントロールにアクセスする方法を解説します。本節のプログラムは、子フォームから親フォームへメッセージを送ります。メッセージを送るには親フォームのハンドルが必要です。以前のプログラムで示したように、子フォームの Owner プロパティに親フォームを設定します。これにより、子フォームは親フォームのハンドルを Owner プロパティから得ることができます。動作の概念図を次に示します。

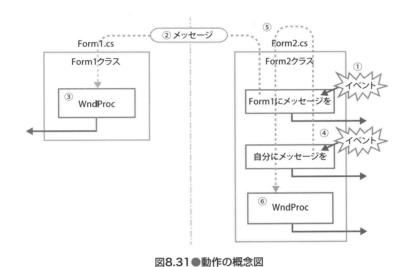

図8.31●動作の概念図

Form1 と Form2 の外観図を次に示します。

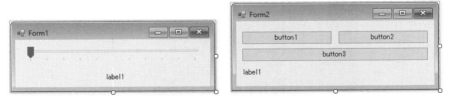

図8.32●Form1とForm2の外観図

Form1 のソースコードを次に示します。

リスト8.19●ch08¥09fromC2Pmessege¥control¥Form1.cs

```
using System.Windows.Forms;

namespace control
```

8 フォーム間のコントロールアクセス

```csharp
{
    public partial class Form1 : Form
    {
        private Form2 fm2;
        private string ttl = "親ウィンドウ";

        public Form1()
        {
            InitializeComponent();


            Text = ttl;
            MaximizeBox = MinimizeBox = false;
            FormBorderStyle = FormBorderStyle.FixedSingle;

            trackBar1.Maximum = 10;      //トラックバー設定
            trackBar1.Minimum = 0;

            fm2 = new Form2();           //Form2生成
            fm2.Owner = this;
            fm2.Show();
        }

        // WndProcをオーバーライド
        protected override void WndProc(ref Message msg)
        {
            switch (msg.Msg)
            {
                case 0x8001:
                    label1.Text = "←";
                    if (trackBar1.Value > trackBar1.Minimum)
                        trackBar1.Value -= 1;
                    break;

                case 0x8002:
                    label1.Text = "→";
                    if (trackBar1.Value < trackBar1.Maximum)
                        trackBar1.Value += 1;
                    break;

                default:
                    base.WndProc(ref msg);        // 元のWndProc呼び出し
                    break;
            }
        }
    }
}
```

コンストラクタで、フォームの各種プロパティを設定します。Form2 の生成や表示もコンストラクタで行います。Form2 の Owner プロパティに自身を設定します。これにより、子フォームは親フォームに所有されます。

WndProc メソッドは、ウィンドウメッセージを処理します。このメソッドは WndProc をオーバーライドします。このメソッドは、ウィンドウメッセージの 0x8001 と 0x8002 を処理します。ウィンドウメッセージは、WM_USER で指定される以上の値をユーザーが使用できます。ここでは、WM_USER より十分大きな値を使用しました。0x8001 を受け取った場合、Label コントロールに［←］を表示した後、トラックバーの位置を左に移動します。0x8002 を受け取った場合、Label コントロールに［→］を表示した後、トラックバーの位置を右に移動します。処理しなかったメッセージは必ず、オリジナルのメッセージ処理メソッドに制御を渡さなければなりません。もし、これを忘れるとプログラムは正常に動作しません。

Form2 のソースリストを次に示します。

リスト8.20●ch08¥09fromC2Pmessege¥control¥Form2.cs

```
using System;
using System.Windows.Forns;

namespace control
{
    public partial class Form2 : Form
    {
        public Form1 fm1;
        private int x = 0, y = 0;
        private string ttl = "子ウィンドウ";

        public Form2()
        {
            InitializeComponent();


            Text = ttl;
            MaximizeBox = MinimizeBox = false;
            FormBorderStyle = FormBorderStyle.FixedSingle;

            button1.Text = "親へ←を送る";      //ボタン表示
            button2.Text = "親へ→を送る";
            button3.Text = "自分にメッセージを送る";
        }

        // DllImport属性
        [System.Runtime.InteropServices.DllImport("USER32.DLL")]
        static extern int PostMessage(int hwnd, int msg, int wparam, int lparam);
```

```csharp
        // WndProcをオーバーライド
        protected override void WndProc(ref Message msg)
        {
            try
            {
                switch (msg.Msg)
                {
                    case 0x8001:
                        int X = (int)msg.WParam;
                        int Y = (int)msg.LParam;
                        label1.Text = "X=" + X.ToString() + ",Y=" + Y.ToString();
                        break;

                    default:
                        base.WndProc(ref msg);        // 元のWndProc呼び出し
                        break;
                }
            }
            catch (Exception ex)
            {
                MessageBox.Show(ex.Message);
            }
        }

        private void button1_Click(object sender, EventArgs e)
        {
            // 親ウィンドウにウィンドウ・メッセージを送信
            PostMessage(this.Owner.Handle.ToInt32(), 0x8001, 3, 4);
        }

        private void button2_Click(object sender, EventArgs e)
        {
            // 親ウィンドウにウィンドウ・メッセージを送信
            PostMessage(this.Owner.Handle.ToInt32(), 0x8002, 1, 2);
        }

        private void button3_Click(object sender, EventArgs e)
        {
            // 自分自身にウィンドウ・メッセージを送信
            PostMessage(this.Handle.ToInt32(), 0x8001, x++, y++);
        }

    }
}
```

コンストラクタで、フォームの各種プロパティを設定します。

フォームにメッセージを渡しますが、それにはWindows APIを使用します。そこでWindows APIの宣言を行います。

WndProcメソッドは、ウィンドウメッセージを処理します。実は、このプログラムはForm1にメッセージを送りますが、自分自身にもメッセージを送ります。このため、Form2にもWndProcメソッドが存在します。このメソッドは、ウィンドウメッセージの0x8001を処理します。ウィンドウメッセージは、WM_USERで指定される以上の値をユーザーが使用できます。ここでは、WM_USERより十分大きな値を使用しました。0x8001を受け取った場合、X、Yの値を引数のWParamとLParamから取り出しLabelコントロールに表示します。

［親へ←を送る］ボタンを押すとbutton1_Clickメソッドに制御が渡ります。PostMessage APIを使用してForm1へ0x8001のメッセージを送ります。PostMessage APIの先頭引数はウィンドウのハンドルです。このハンドルにthis.Owner.Handle.ToInt32()を指定します。つまり、自身のOwnerウィンドウへメッセージを送ります。

［親へ→を送る］ボタンを押すとbutton2_Clickメソッドに制御が渡ります。PostMessage APIを使用してForm1へ0x8002のメッセージを送ります。後は、［親へ←を送る］ボタンを押したときと同様です。

［自分にメッセージを送る］ボタンを押すとbutton3_Clickメソッドに制御が渡ります。PostMessage APIを使用して自分自身へ0x8001のメッセージを送ります。PostMessage APIの先頭引数はウィンドウのハンドルです。このハンドルにthis.Handle.ToInt32()を指定します。つまり、自分自身へメッセージを送ります。引数はprivateメンバ変数のxとyを指定します。これは、WndProcメソッドで受け取るMessageのWParamとLParamに格納されます。privateメンバ変数のxとyは、［自分にメッセージを送る］ボタンを押されるたびにカウントアップされます。

■実行

起動直後のプログラムの様子を図8.33に示します。2つのウィンドウが現れます。

図8.33●起動直後の様子

子ウィンドウの［親へ→を送る］ボタンを押すと、親ウィンドウに「→」が表示され、トラックバーの位置が右に移動します。

図8.34●トラックバーの位置が右に移動

　子ウィンドウの［親へ←を送る］ボタンを押すと、親ウィンドウに「←」が表示され、トラックバーの位置が左に移動します。

図8.35●トラックバーの位置が左に移動

　［自分にメッセージを送る］ボタンを押すと、Labelコントロールに内部変数の値が表示されます。この値は、［自分にメッセージを送る］ボタンを押すたびにカウントアップされます。

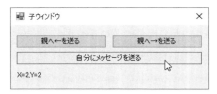

図8.36●［自分にメッセージを送る］ボタンを押す

9 プロセス

　本章では、プロセスの起動、同期、およびプロセス間通信について解説します。すでに説明したスレッドは、複数の実行単位の作成に大変便利な方法です。また、スレッドは各実行単位が同一のメモリ空間に存在するため、コンテキストスイッチのオーバーヘッドが少なく、性能も改善されます。グローバル変数はコピーを作らないため、各スレッド間の通信も、単純にグローバル変数を介するだけで可能です。

　このように便利なスレッドですが、処理が複雑になりがちで、またクライアントサーバモデルのような形態は実現できません。そのような場合、プロセスを使用して共同作業を行うことになります。プロセスの結合はスレッド間のそれよりも疎なため、プログラムは開発しやすくなります。ただしその反面、通信や同期は若干難しくなります。

9-1　プロセスの起動

　プログラムから、他のプロセスを起動する方法を解説します。プロセスはアプリケーションと考えてかまいません。厳密には、直接ユーザーには見えないような作業を行っているプログラムもプロセスですが、アプリケーションもプロセスの1つの形態です。図9.1に、プログラムの動作の概念図を示します。

9 プロセス

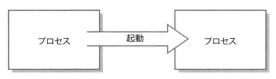

図9.1●動作の概念図

　C#には、プロセスの制御に便利なProcessクラスが用意されています。コントロールも用意されていますが、本節のプログラムではコントロールを使用せず、直接クラスから制御を行います。Processクラスを使用することで、アプリケーションの起動、中断、監視などを行うことができます。本節のプログラムでは、最も簡単なプロセスの起動を行います。

　フォームの外観を図9.2に示します。フォームやButtonコントロールなどのプロパティはコンストラクタで設定するため、デザイン時のフォームと実行時のフォームの外観は異なります。

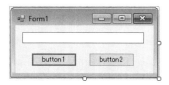

図9.2●フォームの外観

　ユーザーがEnterキーを押したときにクリックされるボタンと、Escキーを押したときにクリックされるボタンは、デザイン時に設定します。もちろん、これらのプロパティもコンストラクタで設定してもかまいません。

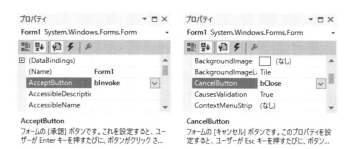

図9.3●キーの設定

　プログラムのソースリストを次に示します。

リスト9.1●ch09¥01process¥process¥Form1.cs

```
using System;
using System.Windows.Forms;
```

```csharp
namespace process
{
    public partial class Form1 : Form
    {
        public Form1()
        {
            InitializeComponent();

            Text = "プロセスの起動";
            MaximizeBox = MinimizeBox = false;
            FormBorderStyle = FormBorderStyle.FixedSingle;

            tbProcess.Text = "notepad";

            bInvoke.Text = "実行";
            bClose.Text = "閉じる";
        }

        // 「実行」ボタン
        private void bInvoke_Click(object sender, EventArgs e)
        {
            try
            {
                if (tbProcess.Text.Length == 0) // プロセスは指定されているか
                    return;

                System.Diagnostics.Process proc =
                            new System.Diagnostics.Process();

                proc.StartInfo.FileName = tbProcess.Text;
                proc.Start();                      // プロセスを起動
            }
            catch (Exception ex)
            {
                MessageBox.Show(ex.Message);
            }
        }

        // 「閉じる」ボタン
        private void bClose_Click(object sender, EventArgs e)
        {
            Close();
        }
    }
}
```

コンストラクタで、フォームの各種プロパティを設定します。これらの設定はフォームのデザイン時にもできますが、操作ミスによる不要な変更を避けるためにも、コンストラクタで設定するのはよい方法です。

［実行］ボタンを押すと、bInvoke_Click メソッドに制御が渡ります。まず、アプリケーション名が指定されているか、テキストボックスコントロールの Length プロパティで判断します。アプリケーション名が指定されていれば、Process クラスのオブジェクトを生成してアプリケーションの起動を行い、指定されていなければ、すぐにメソッドを抜けます。

アプリケーションは、Process クラスのオブジェクトの StartInfo.FileName プロパティにアプリケーション名を指定し、Start メソッドで起動します。StartInfo は、アプリケーションの起動に必要な情報を保持する Process クラスのメンバです。パスが通っていない場所にあるアプリケーションを起動するには、名前の指定にパスを含める必要があります。

なお、FileName プロパティには、実行可能ファイルだけでなく、アプリケーションに関連付けられている拡張子を持つ、任意のファイルを指定できます。たとえば、拡張子 .txt をアプリケーション「秀丸」に関連付けしておけば、FileName プロパティに「~.txt」というファイルを指定して、そのファイルを秀丸で開くことができます。FileName プロパティにアプリケーション名を指定する場合は、拡張子を省略することも可能です。

［閉じる］ボタンを押すと、bClose_Click メソッドに制御が渡ります。このメソッドでは、プロセスの状態などは監視せず、Close メソッドの呼び出しのみを行っています。

■ 実行

起動直後のプログラムの様子を図 9.4 に示します。フォームのロード時にプロパティ設定が行われるので、デザイン時とは外観が異なります。起動するアプリケーション名として「notepad」があらかじめ指定されています。

図9.4●起動直後の様子

［実行］ボタンを押すか、または Enter キーを入力すると、メモ帳が起動します。

図9.5●［実行］ボタンを押す

図9.6●メモ帳が起動

データファイルを指定して［実行］ボタンを押すと、拡張子で関連付けられたアプリケーションが起動します。筆者の環境では、拡張子 .txt が秀丸エディタに関連付けられているため、秀丸エディタが起動して、指定したデータファイルが開かれます。

図9.7●データファイルを指定

図9.8●関連付けされたアプリケーションが起動

起動を行うプログラムと起動されたアプリケーションは互いに無関係に動作するため、先にプログラムを終了しても、アプリケーションは何の影響も受けません。

9-2 プロセスを起動し同期で完了を待つ

前節に引き続き、プログラムから他のプロセスを起動する方法について解説します。本節では、起動したプロセスが終了するまで監視を続けるプログラムを作成します。図9.9にプログラムの動作の概念図を、図9.10に動作シーケンスの概要を示します。

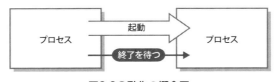

図9.9●動作の概念図

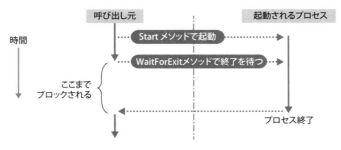

図9.10●動作シーケンスの概要

　前節のプログラムでは、Process クラスからインスタンスを生成してプロセスを起動しました。しかし、C# にはプロセスを制御する便利なコントロールが用意されています。本節では、これらのコントロールを使用したプログラムを作成します。Process コントロールはツールバーの［コンポーネント］に存在します。あるいは、［すべての Windows フォーム］から配置してもかまいません。

　フォームの外観を図 9.11 に示します。

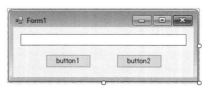

図9.11●フォームの外観

Process コントロールも配置します。

図9.12●コントロール

プログラムのソースリストを次に示します。

リスト9.2 ●ch09¥02waitProcess¥waitProcess¥Form1.cs

```csharp
    :
    public Form1()
    {
        InitializeComponent();

        Text = "プロセス起動・プロセスの終了を待つ";
        MaximizeBox = MinimizeBox = false;
        FormBorderStyle = FormBorderStyle.FixedSingle;
        AcceptButton = bInvoke;
        CancelButton = bClose;

        tbProcess.Text = "notepad";

        bInvoke.Text = "実行";
        bClose.Text = "閉じる";
    }

    // 「実行」ボタン
    private void bInvoke_Click(object sender, EventArgs e)
    {
        try
        {
            process1.StartInfo.FileName = tbProcess.Text;
            process1.Start();            // 開始

            process1.WaitForExit();      // 終わるまで待つ
        }
        catch (Exception ex)
        {
            MessageBox.Show(ex.Message);
        }
    }
    :
```

　コンストラクタで、フォームの各種プロパティを設定します。特に変わったことは行っていません。ただ、ユーザーがEnterキーを押したときにクリックされるボタンと、Escキーを押したときにクリックされるボタンを設定します。前節では、これらをデザイン時に設定していました。
　[実行]ボタンを押すと、bInvoke_Clickメソッドに制御が渡ります。本メソッドは、テキストボックスに指定したアプリケーションを起動します。ほとんど前節と同じですが、プロセスの終了を待つところが異なります。ProcessコントロールのStartInfo.FileNameプロパティにテキストボックスからアプリケーション名を設定し、Startメソッドで起動します。コントロールを使用したため、前節とは異なり、process1のオブジェクト化は不要です。起動したアプリ

ケーションが終わるまで WaitForExit メソッドで待機します。その間、プログラムは一切の処理を受け付けません。

■実行

起動直後のプログラムの様子を図 9.13 に示します。起動するアプリケーション名の入力欄には、あらかじめ「notepad」が指定されています。

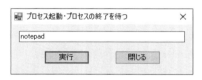

図9.13●起動直後の様子

この状態で［実行］ボタンを押すと、メモ帳が起動します。

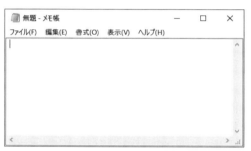

図9.14●［実行］ボタンを押し、メモ帳を起動

アプリケーションの実行後プログラムは直ちに終了待機に入り、他の処理を受け付けなくなります。ユーザーの操作はすべて無視され、メモ帳が動作中はボタンなども押せなくなります。

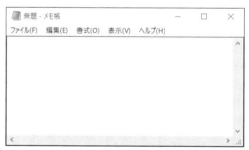

図9.15●起動したプロセスが終了するまで何もできない

メモ帳を終了させると、プログラムはウィンドウに対する操作を受け付けるようになります。

図9.16●メモ帳を終了させる

図9.17●ウィンドウに対する操作を受け付ける

　起動するプロセス名の入力欄に、存在しない、あるいはパスが有効でないアプリケーション名を指定すると、例外が発生します。また、例外の原因を示すメッセージがダイアログで表示されます。

図9.18●存在しないアプリケーション名を指定

9-3　プロセスを起動し非同期で完了を待つ

　本節では、前節のプログラムを改良して、起動したプロセスの終了を待っている間も、ウィンドウに対する操作を受け付けるプログラムを作成します。図 9.19 にプログラムの動作の概念図を、図 9.20 に動作シーケンスの概要を示します。

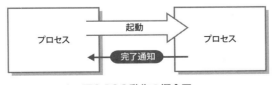

図9.19●動作の概念図

9 プロセス

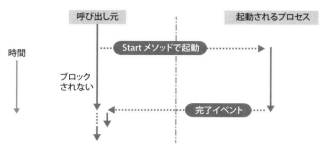

図9.20●動作シーケンスの概要

フォームの外観を次に示します。フォームやボタンコントロールなどのプロパティ設定は前節と同様です。前節同様、Process コントロールも配置します。

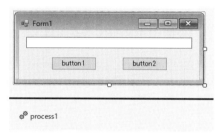

図9.21●フォームの外観

プログラムのソースリストを次に示します。

リスト9.3●ch09¥03waitProcess¥waitProcess¥Form1.cs

```
using System;
using System.Windows.Forms;

namespace waitProcess
{
    public partial class Form1 : Form
    {
        private bool bExited;

        public Form1()
        {
            InitializeComponent();

            Text = "プロセス起動・プロセスの終了を待つ";
            MaximizeBox = MinimizeBox = false;
            FormBorderStyle = FormBorderStyle.FixedSingle;
            AcceptButton = bInvoke;
```

```csharp
            CancelButton = bClose;

            tbProcess.Text = "notepad";

            bInvoke.Text = "実行";
            bClose.Text = "閉じる";

            // 完了フラグ
            bExited = true;

            // Exitedイベント発生フラグ
            process1.EnableRaisingEvents = true;
        }

        // 「実行」ボタン
        private void bInvoke_Click(object sender, EventArgs e)
        {
            try
            {
                process1.StartInfo.FileName = tbProcess.Text;

                bExited=false;

                process1.Start();    // 開始
            }
            catch (Exception ex)
            {
                MessageBox.Show(ex.Message);
            }
        }

        // 「閉じる」ボタン
        private void bClose_Click(object sender, EventArgs e)
        {
            Close();
        }

        // クロージング
        private void Form1_FormClosing(object sender, FormClosingEventArgs e)
        {
            if(bExited==false)           // 追加コード
                e.Cancel=true;
        }

        // Exitedイベント
        private void process1_Exited(object sender, EventArgs e)
        {
```

```
                bExited=true;
            }
        }
    }
```

　クラスの変数である bExited メンバ変数は、起動したアプリケーションの状態を示す Boolean 型変数です。起動したアプリケーションが終了していれば true、動作中であれば false を格納します。この値は、Process コントロールの Exited イベントで更新され、フォームが閉じられようとしたときに参照されます。

　コンストラクタで、フォームの各種プロパティを設定します。これらの設定はフォームのデザイン時に設定できます。しかし、ケアレスミスを避けるためにコンストラクタで設定するのはよい方法です。

　bExited は true に設定します。さもないと、プログラムの起動後、すぐに［閉じる］ボタンを押してプログラムを終了させるという操作ができなくなります。また、Process.EnableRaisingEvents プロパティを true に設定します。これは、本プログラムから起動したプロセスが終了したときに Exited イベントを発生させるためです。Process クラスの EnableRaisingEvents プロパティは、プロセスの終了時に Exited イベントを発生させるかどうかの設定、またはその値の取得に使用します。Exited イベントを発生させる場合は true を、そうでない場合は false を設定します。フォームデザイン時に Process コントロールをダブルクリックすると、Exited イベントが自動的に作成されます。Exited イベントについては後述します。このプロパティが true の場合、プログラムから起動したアプリケーションが完了すると、正常終了か異常終了かにかかわらず Exited イベントが発生します。

　［実行］ボタンを押すと、bInvoke_Click メソッドに制御が渡ります。前節では、本メソッドで、起動したプロセスの終了を待っていました。本節では、bExited メンバ変数を false に設定し、プロセスの起動後すぐにメソッドから抜けます。

　［閉じる］ボタンの処理は変更していないので、説明は省略します。

　Form1_FormClosing メソッドへは、フォームが閉じられるときに制御が渡ります。bExited メンバ変数が false であれば、つまりプロセスが動作中であれば、FormClosingEventArgs の Cancel プロパティを true に設定してプログラムの終了をキャンセルします。したがって、プロセスの起動中に［閉じる］ボタンを押しても無視されます。

　　　本プログラムは、アプリケーションの多重起動などについて考慮していません。説明文はアプリケーションを 1 つ起動することを前提に記述しています。

process1_Exited メソッドへは、Exited イベントの発生時に制御が渡ります。Exited イベントは、起動したプロセスが正常、異常にかかわらず終了したときに発生します。このメソッドを定義するには、配置した Process コントロールをダブルクリックするか、Visual Studio のデザイン画面で Process コントロールを選択し、プロパティのイベントを選んで Exited 欄をダブルクリックします。

図9.22●Exitedイベントに対するメソッドの設定

■実行

　起動直後のプログラムの外観を図 9.23 に示します。デザイン時とは異なるのが分かります。起動するアプリケーション名には、あらかじめ「notepad」が指定されています。

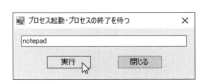

図9.23●起動直後の様子

　［実行］ボタンを押すとメモ帳が起動します。

図9.24●［実行］ボタンを押す

　本節のプログラムは、起動したプロセスの終了を監視しています。起動したプログラムが終了

するまで、[閉じる] ボタンを押しても無視されます。

図9.25● [閉じる] ボタンを押しても無視

同様に [×] ボタンも無視されます。

図9.26● [×] ボタンも無視

起動したアプリケーションを終了させれば、[閉じる] ボタンでプログラムを終了できるようになります。

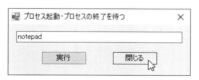

図9.27● [閉じる] ボタンで終了

9-4 ミューテックスでインスタンスの多重起動を禁止

本節では、Mutex クラスを利用して、インスタンスの二重起動を禁止するシンプルなプログラムを開発します。なお、ミューテックスを使用する方法は、図 9.28 に示すように、インスタンスだけでなくプロセス間にも適用することができます。

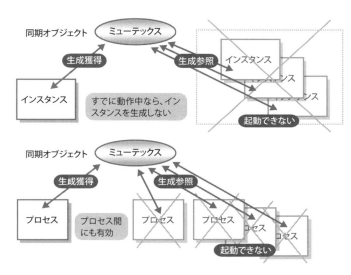

図9.28●ミューテックスの使用

フォームの外観を次に示します。

図9.29●フォームの外観

プログラムのソースリストを次に示します。

リスト9.4●ch09¥04bootMutex¥boot¥Form1.cs

```
    ：
public partial class Form1 : Form
{
    private Mutex mutex;
```

```csharp
        public Form1()
        {
            InitializeComponent();

            Text = "多重起動チェック・プログラム";
            MaximizeBox = MinimizeBox = false;
            FormBorderStyle = FormBorderStyle.FixedSingle;

            bClose.Text = "閉じる";

            // 所有権なしでミューテックスを生成
            mutex = new Mutex(false, "test mutex");
        }

        // フォームロード
        private void Form1_Load(object sender, EventArgs e)
        {
            // ミューテックスが離されるまでチェック
            if (mutex.WaitOne(1, false) == false)
            {
                MessageBox.Show("既に動作中...", "警告",
                        MessageBoxButtons.OK, MessageBoxIcon.Exclamation);
                Close();
            }
        }
        :
```

コンストラクタで、ミューテックス mutex を所有権なし（シグナル状態）で生成します。

フォームロードの Form1_Load メソッドでは、まず WaitOne メソッドでミューテックスを取得します。プログラムのブロックを防ぐため、引数で時間指定を行い、制御がすぐ返るようにします。プログラムは所有権なしでミューテックスを生成します。そのため、この WaitOne メソッドは、すぐにミューテックスの獲得に成功します。その後すぐにメソッドを抜けます。

2番目以降に起動したプログラムは、すでにミューテックスが占有されているため、WaitOne メソッドで false を受け取ります。ミューテックス獲得に失敗したら、すでに動作中であることを示すメッセージを表示します。メッセージボックスの [OK] ボタンが押されたら、Close メソッドを呼び出してプログラムを終了させます。よって、2番目以降の起動では、ウィンドウの表示を行う前にプログラムは終了します。

［閉じる］ボタンのメソッドは、これまでのプログラムと変わらないので省略します。

本節のプログラムでは、ミューテックスの解放を明示的に行っていません。本来はプログラム終了時に解放する方がよいのですが、本節のプログラムでは実害がないので省略しています。

■実行

起動直後のプログラムの様子を図 9.30 に示します。

図9.30●起動直後の様子

同じプログラムを再度起動すると、警告メッセージが表示されます。

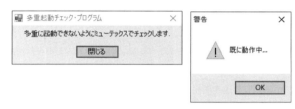

図9.31●警告メッセージ

最初に起動したプログラムを終了させます。

図9.32●プログラムを終了

　すると、プログラムは再び起動できるようになります。つまり、同時に起動できるプログラムは 1 つのみです。この例では同じプログラムの二重起動禁止に使用していますが、同じミューテックスを使用すれば、異なるプログラム間でも起動の制御に応用できます。

図9.33●同時に起動できるプログラムは1つのみ

9-5 セマフォでプログラムの多重起動を禁止

前節で Mutex クラスを使ったプログラムを紹介しました。本節では、Semaphore クラスを利用してインスタンスの二重起動を禁止するシンプルなプログラムを開発します。なお、セマフォを使用する方法は、図 9.34 に示すように、インスタンスだけでなくプロセス間にも適用することができます。ほとんど前節のミューテックスを使用したプログラムと同じです。

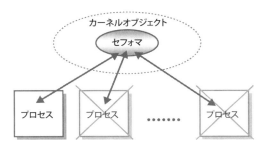

図9.34●セマフォの使用

フォームの外観を次に示します。

図9.35●フォームの外観

プログラムのソースリストを次に示します。

リスト9.5●ch09¥05bootSemaphore¥boot¥Form1.cs

```
    ⋮
    public partial class Form1 : Form
    {
        private Semaphore semaphore=null;

        public Form1()
        {
            InitializeComponent();
            ⋮
            // 所有権なしでセマフォを生成
            semaphore = new Semaphore(1, 1, "test semaphore");
        }
```

```
        // フォームロード
        private void Form1_Load(object sender, EventArgs e)
        {
            // セマフォ離されるまでチェック
            if (semaphore.WaitOne(1, false) == false)
            {
                MessageBox.Show("既に動作中...", "警告",
                    MessageBoxButtons.OK, MessageBoxIcon.Exclamation);
                Close();
            }
        }
        ：
```

　コンストラクタで、フォームの各種プロパティを設定します。さらに、セマフォ semaphore を所有権なし、名前付きで生成します。名前なしのセマフォについては第 7 章「同期」の 7-18 節を参照してください。

　フォームロードのメソッドでは、まず WaitOne メソッドでセマフォを取得します。プログラムのブロックを防ぐため、引数で時間指定を行い、制御がすぐ返るようにしています。プログラムは所有権なしでセマフォを生成しています。そのため、この WaitOne メソッドは、すぐにセマフォの獲得に成功します。その後すぐにメソッドを抜けます。

　2 番目以降のプログラムは、すでにセマフォが占有されているため、WaitOne メソッドで false を受け取ります。セマフォ獲得に失敗したら、すでに動作中であることを示すメッセージを表示します。メッセージボックスの［OK］ボタンが押されたら、Close メソッドを呼び出してプログラムを終了させます。よって、2 番目以降の起動では、ウィンドウの表示を行う前にプログラムは終了します。

　［閉じる］ボタンのメソッドは、これまでのプログラムと変わらないので省略します。

　　　本節のプログラムでは、セマフォの解放を明示的に行っていません。本来はプログラム終了時に解放する方がよいのですが、本節のプログラムでは実害がないので省略しています。

■ 実行

起動直後のプログラムの様子を図 9.36 に示します。

図9.36●起動直後の様子

同じプログラムを再度起動すると、警告メッセージが表示されます。

図9.37●警告メッセージ

9-6 プロセス名で多重起動を禁止

本節では、Process クラスを利用してプロセスの二重起動を禁止するシンプルなプログラムを開発します。Process クラスを使用するとさまざまなプロセス間の情報を取得できます。プログラムのソースリストを次に示します。

リスト9.6●ch09¥06bootProcess¥boot¥Form1.cs

```csharp
using System;
using System.Windows.Forms;
using System.Diagnostics;

namespace boot
{
    public partial class Form1 : Form
    {
        public Form1()
        {
            InitializeComponent();
```

```csharp
            Text = "多重起動チェック・プログラム(プロセス名)";
            MaximizeBox = MinimizeBox = false;
            FormBorderStyle = FormBorderStyle.FixedSingle;

            bClose.Text = "閉じる";
        }

        // フォームロード
        private void Form1_Load(object sender, EventArgs e)
        {
            Process process = Process.GetCurrentProcess();
            Process[] processes = Process.GetProcessesByName(process.ProcessName);

            if (processes.Length > 1)
            {
                MessageBox.Show(process.ProcessName + "はすでに起動しています。",
                            "警告", MessageBoxButtons.OK, MessageBoxIcon.Exclamation);
                Close();
            }
            else
            {
                lName.Text = "プロセス名="+process.ProcessName;
            }
        }

        // 「閉じる」ボタン
        private void bClose_Click(object sender, EventArgs e)
        {
            Close();
        }
    }
}
```

コンストラクタで、フォームの各種プロパティを設定します。

フォームロードの Form1_Load メソッドでは、GetCurrentProcess メソッドで新しい Process を取得し、現在のアクティブなプロセスに関連付けます。次に、GetProcessesByName メソッドで新しい Process の配列を作成し、コンピュータ上で同じ実行可能ファイルを実行しているすべてのプロセスリソースに関連付けます。このとき、対応するプロセスが存在しなければ、空の配列が返されます。

本節のプログラムでは、関連付けられるプロセスの有無によって、指定のプロセスが実行中であるかどうかを判断します。関連付けができたら、すでにプロセスが起動中と解釈し、メッセージボックスを表示してプログラムを閉じます。

［閉じる］ボタンのメソッドは、これまでと変わらないので省略します。

■ **実行**

起動直後のプログラムの様子を図 9.38 に示します。

図9.38●起動直後の様子

同じプログラムを再度起動すると、警告メッセージが表示されます。

図9.39●警告メッセージ

最初に起動したプログラムを終了させれば、再びプログラムを起動できるようになります。つまり、同時に起動できるプログラムは 1 つのみです。この例では、同じプログラムの二重起動禁止に使用していますが、プロセス名を操作すれば、異なるプログラム間でも起動の制御に応用できます。

9-7 DLL によるプロセス制御

9-4 節〜 9-6 節で、Mutex クラス、Semaphore クラス、Process クラス（コントロール）を使用したプロセスの二重起動を制限するプログラムを開発しました。同様のプログラムを本節では、DLL を使用したプロセス間（インスタンス間）のメモリ共有を応用して作成します。開発するプログラムは次の 3 つです。

- プロセス間でメモリを共有するための DLL
- 二重起動のできないアプリケーション
- 同時に 3 つまで起動できるアプリケーション

9-7 DLLによるプロセス制御

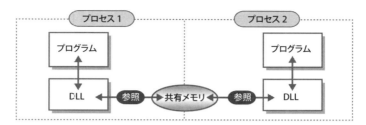

図9.40●DLLを使用して複数のプロセスから共有メモリにアクセス

■ DLL の開発

DLL のソースリストを次に示します。DLL の開発手順については第 2 章を参照してください。

リスト9.7●ch09¥07sectionDll¥sharedll¥sharedll¥share.cpp

```cpp
#include <windows.h>

#pragma data_seg( "kitayama" )
LONG instanceCounter = -1 ;
#pragma data_seg()

//   DLL エクスポート関数プロトタイプ宣言
#ifdef  __cplusplus
extern "C"
{
#endif  /*  __cplusplus */

int __declspec(dllexport) __stdcall getInstance(void);

#ifdef  __cplusplus
}
#endif  /*  __cplusplus */


// Entry Point
BOOL WINAPI DllMain( HINSTANCE hDLL, DWORD dwReason, LPVOID lpReserved )
{
    switch( dwReason )
    {
        case DLL_PROCESS_ATTACH:
            InterlockedIncrement( &instanceCounter ) ;
            break ;

        case DLL_THREAD_ATTACH:
        case DLL_THREAD_DETACH:
```

```
            break ;

        case DLL_PROCESS_DETACH:
            InterlockedDecrement( &instanceCounter ) ;
            break ;
    }
    return TRUE ;
}

// getInstance
int __declspec(dllexport) __stdcall getInstance( void )
{
    return (int)instanceCounter ;
}
```

変数がインスタンスごとにアロケートされないように、#pragma data_segを使用します。

getInstance関数は、共有メモリinstanceCounterの値を返します。このカウンタは、本DLLにアタッチされているプロセス数を表します。

DllMainに引数として渡されるdwReasonから、DLLのアタッチ／デタッチ条件を知ることができます。DLL_PROCESS_ATTACHが渡されたら、instanceCounterをInterlockedIncrement APIでインクリメントします。DLL_PROCESS_DETACHが渡されたら、instanceCounterをInterlockedDecrement APIでデクリメントします。これにより、本DLLがアタッチされているアプリケーション（プロセス）の数を、getInstanceを呼び出すことで知ることができます。ここで使用するAPIは、変数へのアクセスをスレッドやプロセスで排他制御する必要がある場合に使用します。

リスト9.8●ch09¥07sectionDll¥sharedll¥sharedll¥def.def

```
LIBRARY    sharedll

SECTIONS
    kitayama    READ WRITE SHARED
```

本節のプログラムでは、モジュール定義ファイル（.DEFファイル）を、プロセス間でのメモリ共有に使用します。

■呼び出し側の開発（1）

ここでは、二重起動できないプログラムを作成します。これまでProcessクラスやSemaphoreクラス、Mutexクラスを使用して開発したプログラムを、DLLとプロセス間で共有

できるメモリを利用して実現します。

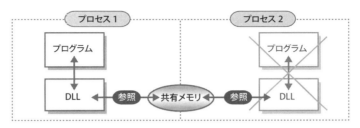

図9.41●DLLを使用してプロセス間で共有メモリにアクセス

DLL は C++ のアンマネージドコードで開発します。アプリケーションプログラムは C# で開発します。本節の解説は、過去の資産であるアンマネージドコード（ネイティブコード）と .NET Framework を融合させる側面も持ちます。フォームの様子を次に示します。

図9.42●フォームの外観

プログラムのソースリストを次に示します。

リスト9.9●ch09¥07sectionDll¥share01¥share01¥Form1.cs

```
using System;
using System.Windows.Forns;

namespace share01
{
    public partial class Form1 : Form
    {
        public Form1()
        {
            InitializeComponent();

            Text = "Dllでプロセス間通信";
            MaximizeBox = MinimizeBox = false;
            FormBorderStyle = FormBorderStyle.FixedSingle;

            bClose.Text = "閉じる";
        }

        // DllImport属性
```

```csharp
        [System.Runtime.InteropServices.DllImport("sharedll.dll")]
        static extern int getInstance();

        // フォームロード
        private void Form1_Load(object sender, EventArgs e)
        {
            try
            {
                Int32 i = getInstance();
                if (i != 0)
                {
                    MessageBox.Show("既に動作中...", "警告",
                        MessageBoxButtons.OK, MessageBoxIcon.Exclamation);
                    this.Close();
                }
            }
            catch (Exception ex)
            {
                MessageBox.Show(ex.Message);
                Close();
            }
        }

        // 「閉じる」ボタン
        private void bClose_Click(object sender, EventArgs e)
        {
            Close();
        }
    }
}
```

フォームの各種プロパティはコンストラクタで設定します。

このプログラムの中心となるのは、フォームロード時に制御の渡るForm1_Loadメソッドです。getInstanceメソッドを呼び出し、値を取得します。getInstanceメソッドはDLL内のプロシージャです。フォームロードの直前にDllImport属性の宣言を行っています。もし、getInstanceメソッドで取得したデータが0以外の場合、メッセージボックスで警告を表示します。

最初に起動したプロシージャは、getInstanceメソッドで0を取得します。以降のプログラム起動では1が返ってくるので、警告メッセージを表示します。直後にCloseメソッドの呼び出しがあるため、プログラムはすぐに終了します。つまり、最初のプログラム以外起動されません。

DLLを見つけることができない場合、例外が発生します。例外をcatchで捕捉し、メッセージボックスでException.Messageを表示します。例外が発生した場合も、メッセージ表示直後に

Closeメソッドが呼び出され、プログラムはすぐに終了します。

■実行

DLLを使用するため、実行ファイルとDLLを同じディレクトリに置いてください。起動直後のプログラムの様子を図9.43に示します。

図9.43●起動直後の様子

さらに同じプログラムを起動すると、警告メッセージが表示されます。

図9.44●警告メッセージ

このプログラムをDLLの存在しないディレクトリで実行すると、例外が発生してメッセージが表示されます。

図9.45●DLLが見つからない場合

■呼び出し側の開発（2）

ここでは、同時に3つまで起動できるプログラムを作成します。直前のプログラムは、getInstanceメソッドが返す値が0以外かどうかをチェックしていました。このプログラムでは、getInstanceメソッドが返す値の数値を調べるようにします。次節で紹介しますが、この共有メモリの内容を使用する方法を採用すると、多様な制御をプロセス間で実現でき、複雑な処理が可能になります。

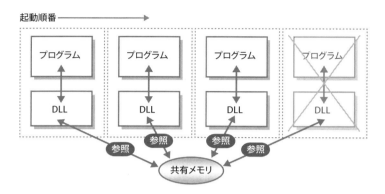

図9.46●同時に3つまで起動できる

プログラムはC#で開発します。フォームの様子を次に示します。

図9.47●フォームの外観

プログラムのソースコードを次に示します。

リスト9.10●ch09¥07sectionDll¥share02¥share02¥Form1.cs

```
        :
// フォームロード
private void Form1_Load(object sender, EventArgs e)
{
    try
    {
        Int32 i = getInstance();
        if (i > 2)
        {
            MessageBox.Show("既に3プロセスが動作中...", "警告",
                        MessageBoxButtons.OK, MessageBoxIcon.Exclamation);
            this.Close();
        }
    }
    catch (Exception ex)
    {
        MessageBox.Show(ex.Message);
        Close();
    }
```

```
            }
            ⋮
```

　コンストラクタや［閉じる］ボタンは、直前のプログラムと同様です。このプログラムで中心となるのは、フォームロード時に制御の渡るForm1_Loadメソッドです。DLL内のプロシージャgetInstanceメソッドを呼び出し、値を取得します。getInstanceメソッドで取得したデータが2より大きい場合、メッセージボックスで警告を表示します。起動するプログラムが4以上の場合、getInstanceメソッドは3以上の値を返します。DLLを見つけることができない場合に例外が発生する点も、直前のプログラムと同じです。

　C#のプログラムをAny CPUでビルドする場合、DLLは使用中のOSのビット数に合わせてください。あるいは、C#のビルドとC++のビルドでプラットフォームを同一にしてください。一般的にはWindowsが64ビットであることが普通でしょうから、C#のプログラムはAny CPU、DLLはx64にしておけば問題ありません。

■実行

　DLLを使用するので、実行ファイルとDLLを同じディレクトリに置いてください。プログラム起動直後の様子を図9.48に示します。

図9.48●起動直後の様子

プログラムは同時に3つまで起動できます。

図9.49●同時に3つまで起動可能

　4つ目を起動しようとすると警告メッセージが表示されます。この後、プログラムを1つでも終了すると、起動できるようになります。

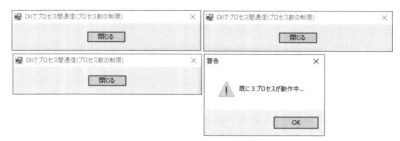

図9.50●警告メッセージ

プログラムを DLL が存在しないディレクトリで実行すると、DLL が見つからないため例外が発生し、メッセージが表示されます。

図9.51●DLLが見つからない

このプログラムは、直前のプログラムと同じ DLL を使用します。両方のプログラムを混在して起動する場合、直前のプログラムを起動してからこのプログラムを 2 つ起動します。ここまでは問題なく起動できます。

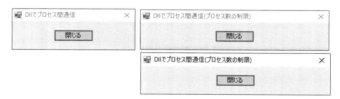

図9.52●混在して起動

このプログラムをさらに起動しようとすると、警告メッセージが表示されます。

図9.53●警告メッセージ

これは、起動したプログラム数の管理に、このプログラムと前のプログラムで同じ変数を使用しているためです。この状況は、いいかえれば、2つのプログラムで同じメモリを共有していることになります。この仕組みを利用すれば、2つのプログラム（プロセス）間で通信が可能になります。

次節で、より複雑なプロセス間通信の方法を示します。

9-8　DLL によるプロセス間通信

本節では、DLL によるプロセス間（インスタンス間）のメモリ共有を利用した、少し複雑なプログラムを作成します。このプログラムは、送信側のプログラムのボタンを押して、受信側のプログラムが表示するキャラクタの表示位置を変更するプログラムです。図 9.54 に動作の概念図を示します。実際は、それぞれのプロセス空間に DLL がマップされます。正確には、両方からアクセスできるのは共有メモリのみですが、ここでは分かりやすく簡略化しています。

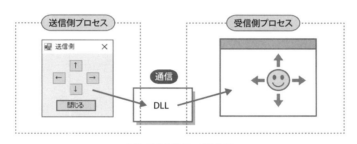

図9.54●動作の概念図

ここで紹介するプログラムは、DLL と送信側プログラム、そして受信側プログラムの 3 つから構成されます。送信側のプロセスから DLL を経由し、共有メモリを変更します。受信側のプロセスは、DLL を経由して共有メモリを読み込み、その内容に従って表示を変更します。まず、DLL から説明します。

■ DLL の開発

DLL は、表 9.1 の 4 つのプロシージャをエクスポートします。

表9.1●DLLがエクスポートする4つのプロシージャ

番号	プロシージャ名	機能
1	getXpos	X 座標を取得
2	getYpos	Y 座標を取得

9 プロセス

番号	プロシージャ名	機能
3	setXpos	X 座標を設定
4	setYpos	Y 座標を設定

DLL のソースリストを次に示します。DLL の開発手法については第 2 章を参照してください。

リスト9.11●ch09¥08sectionDll¥sharedll¥sharedll¥share.cpp

```cpp
#include <windows.h>

#pragma data_seg( "kitayama" )
LONG xPosition=0;
LONG yPosition=0;
#pragma data_seg()

//  DLL エクスポート関数プロトタイプ宣言
#ifdef __cplusplus
extern "C"
{
#endif  /*  __cplusplus  */

int  __declspec(dllexport) __stdcall getXpos( void );
int  __declspec(dllexport) __stdcall getYpos( void );
void __declspec(dllexport) __stdcall setXpos( int xPos );
void __declspec(dllexport) __stdcall setYpos( int yPos );

#ifdef __cplusplus
}
#endif  /*  __cplusplus  */

// Entry Point
BOOL WINAPI DllMain( HINSTANCE hDLL, DWORD dwReason, LPVOID lpReserved )
{
    return TRUE ;
}

// get Xpos
int __declspec(dllexport) __stdcall getXpos( void )
{
    return (int)xPosition ;
}

// get Ypos
int __declspec(dllexport) __stdcall getYpos( void )
{
    return (int)yPosition ;
```

```
}
// set Xpos
void __declspec(dllexport) __stdcall setXpos( int xPos )
{
    xPosition=(LONG)xPos ;
}
// set Ypos
void __declspec(dllexport) __stdcall setYpos( int yPos )
{
    yPosition=(LONG)yPos ;
}
```

xPositionとyPositionは、それぞれキャラクタのX座標とY座標を保持する変数です。変数がプロセス（インスタンス）ごとにアロケートされないように、#pragma data_segを使用するのは前節と同じです。

変数をプロセス間で共用させるためにDEFファイルを使用します。リスト9.12にソースリストを示します。

リスト9.12●ch09¥08sectionDll¥sharedll¥sharedll¥def.def

```
LIBRARY    sharedll

SECTIONS
    kitayama    READ WRITE SHARED
```

■送信プログラム

送信プログラムは、押したボタンに従って座標を変更します。座標の実体も、座標変更するプロシージャもDLLに存在します。送信プログラムは、DLLを呼び出して座標を受信プログラムに渡します。プログラムはC#で開発します。フォームの様子を図9.55に示します。

図9.55●フォームの外観

フォームには矢印ボタンが4つ配置されています。このプログラムは、4つの矢印ボタンのクリックイベントを、1つのメソッドで処理します。まず、フォーム上の［↑］ボタンをダブルクリックし、［↑］ボタンのクリック時に制御の渡るメソッドを定義します。

図9.56●［↑］ボタンのイベント処理メソッドの定義

次に、このメソッドを、他の3つのボタンのクリック時にも呼び出せるように設定します。たとえば［←］ボタンに設定するには、それを選択した状態でプロパティのイベントを表示し、Click欄のチェックボタンを押して表示されるドロップダウンリストから、［↑］ボタン用に定義したメソッドを選択します（図9.57）。

図9.57●［↑］ボタンと［←］ボタンのメソッドを共用する

［↓］ボタンと［→］ボタンにも同様の設定を行います。プログラムのソースリストを次に示します。

リスト9.13●ch09¥08sectionDll¥share01¥share01¥Form1.cs

```
using System;
using System.Windows.Forms;

namespace share01
{
    public partial class Form1 : Form
    {
        public Form1()
        {
            InitializeComponent();

            Text = "送信側";
```

```csharp
        MaximizeBox = MinimizeBox = false;
        FormBorderStyle = FormBorderStyle.FixedSingle;

        bClose.Text = "閉じる";
    }

    // DllImport属性
    [System.Runtime.InteropServices.DllImport("sharedll.dll")]
    static extern int getXpos();
    [System.Runtime.InteropServices.DllImport("sharedll.dll")]
    static extern int getYpos();
    [System.Runtime.InteropServices.DllImport("sharedll.dll")]
    static extern void setXpos(int xPos);
    [System.Runtime.InteropServices.DllImport("sharedll.dll")]
    static extern void setYpos(int xPos);

    // フォームロード
    private void Form1_Load(object sender, EventArgs e)
    {
        try
        {
            setXpos((int)0);
            setYpos((int)0);
        }
        catch (Exception ex)
        {
            MessageBox.Show(ex.Message);
            this.Close();
        }
    }

    // 移動
    private void bUp_Click(object sender, EventArgs e)
    {
        try
        {
            int xPos = getXpos();
            int yPos = getYpos();

            if (sender.Equals(bLeft))    // ←
                xPos -= 2;

            if (sender.Equals(bUp))      // ↑
                yPos -= 2;

            if (sender.Equals(bDown))    // ↓
                yPos += 2;
```

```csharp
                if (sender.Equals(bRight))   // →
                    xPos += 2;

                setXpos(xPos);
                setYpos(yPos);
            }
            catch (Exception ex)
            {
                MessageBox.Show(ex.Message);
            }
        }

        // 「閉じる」ボタン
        private void bClose_Click(object sender, EventArgs e)
        {
            Close();
        }
    }
}
```

　フォームの各種プロパティはコンストラクタで設定します。［閉じる］ボタンを押したときの処理も、Close メソッドを呼び出してプログラムを終了させるだけで、前節と同様です。

　フォームロード時に制御の渡るのが、Form1_Load メソッドです。setXpos プロシージャと setYpos プロシージャを呼び出し、座標を初期化します。

　setXpos プロシージャと setYpos プロシージャは、DLL 内のプロシージャです。フォームロードの直前に DllImport 属性の宣言を行っています。DLL が見つからない場合は例外が発生するので、それを catch で捕捉し、メッセージボックスで Exception.Message を表示します。その後、Close メソッドを呼び出してプログラムを終了させます。

　bUp_Click メソッドには、［↑］ボタン、［←］ボタン、［↓］ボタン、および［→］ボタンがクリックされたときに制御が渡ります。まず、X 座標と Y 座標を DLL の getXpos メソッド、getYpos メソッドで取得します。次に、どのボタンが押されたか調べ、ボタンに対応した処理を行います。どのボタンが押されたかは、引数の sender オブジェクトの Equals メソッドで判断します。最後に、X 座標と Y 座標を、DLL の setXpos メソッドと setYpos メソッドを使用して設定します。

■受信プログラム

　受信プログラムは、送信側の指示に従ってキャラクタをクライアントウィンドウ内で移動します。座標の実体も、座標を取得するプロシージャも DLL に存在します。

図9.58●フォームの外観

受信プログラムはメニューを持つので、MenuStripコントロールを配置します。また、X座標とY座標を定期的に取得するため、タイマーコントロールを配置します。

図9.59●MenuStripコントロールとタイマーコントロール

メニューの様子を、図9.60に示します。［ファイル］メニューに［閉じる］メニュー項目を追加するだけです。

図9.60●メニュー

キャラクタの表示には、PictureBoxコントロールを使用します。デザイン時に、PictureBoxコントロールにイメージを読み込むことができます。

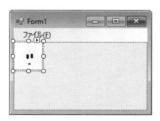

図9.61●PictureBoxコントロール

PictureBoxコントロールを選択して、プロパティの［Image］欄の［...］を押します。

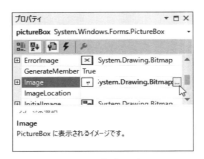

図9.62● ［...］を押す

すると「リソースの選択」ダイアログが現れるので、［インポート］ボタンを押します。

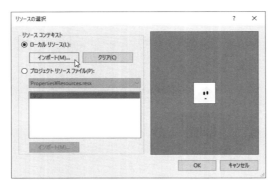

図9.63●「リソースの選択」ダイアログ

「開く」ダイアログが現れるので、読み込む画像ファイルを選択して［開く］ボタンを押します。

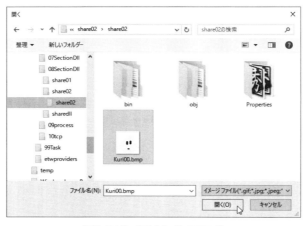

図9.64●「開く」ダイアログ

すると、「リソースの選択」ダイアログの右側に画像が現れます。これが、PictureBox コントロールに読み込まれるイメージです。[OK] ボタンを押すと PictureBox コントロールにイメージが読み込まれます。

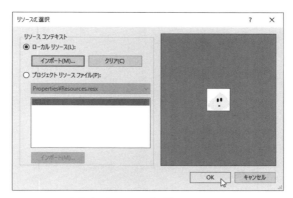

図9.65●イメージが読み込まれる

プログラムのソースコードを次に示します。

リスト9.14●ch09¥08sectionDll¥share02¥share02¥Form1.cs

```csharp
using System;
using System.Drawing;
using System.Windows.Forms;

namespace share02
{
    public partial class Form1 : Form
    {
        public Form1()
        {
            InitializeComponent();

            Text = "受信側";
            BackColor = Color.Black;

            // キャラクタサイズ
            pictureBox.Size = new Size(48, 48);

            panel1.BackColor = Color.White;

            // タイマー設定
            timer1.Interval = 100;
            timer1.Start();
```

```csharp
        }

        // DllImport属性
        [System.Runtime.InteropServices.DllImport("sharedll.dll")]
        static extern int getXpos();
        [System.Runtime.InteropServices.DllImport("sharedll.dll")]
        static extern int getYpos();

        // 「閉じる」ボタン
        private void MenuFileClose_Click(object sender, EventArgs e)
        {
            Close();
        }

        // タイマー
        private void timer1_Tick(object sender, EventArgs e)
        {
            try
            {
                int xPos = getXpos();
                int yPos = getYpos();

                pictureBox.Location = new Point(xPos, yPos);
            }
            catch (Exception ex)
            {
                timer1.Stop();
                MessageBox.Show(ex.Message);
                Close();
            }
        }
    }
}
```

コンストラクタでは、フォームのプロパティ変更、PictureBox コントロールのサイズ設定、タイマーの起動などを行います。

このプログラムの中心となるのは、タイマーメソッドです。タイマーイベントが発生するたびに、getXpos メソッド、getYpos メソッドで X 座標と Y 座標を取得し、PictureBox コントロールの Location プロパティに設定し、キャラクタの表示位置を変更します。

■実行

DLL を使用するので、実行ファイルと DLL を同じディレクトリに置いてください。起動直後のプログラムの様子を図 9.66 に示します。

図9.66●起動直後の様子

　[↓]ボタンを押すと、キャラクタが下に移動します。[→]ボタンを押せば右に移動します。まったく異なるアプリケーション間で通信できていることが分かります。

図9.67●[↓]ボタンを押す（左）、[→]ボタンを押す（右）

　受信プログラムの［閉じる］メニュー項目を選択すると、受信プログラムは終了します。

図9.68●[閉じる]メニュー項目を選択

　次に、受信プログラムを2つ起動してみます。1つの送信プログラムで2つの受信プログラムを制御します。

図9.69●2つの受信プログラム

今度は、送信プログラムの［閉じる］ボタンを押して、送信プログラムを終了させます。

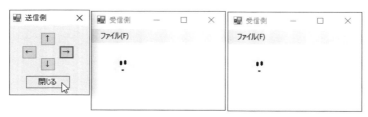

図9.70●送信プログラムを終了

送信プログラムを再起動すると、キャラクタ位置はリセットされます。これは、送信プログラムがフォームロード時に座標を初期化しているからです。

図9.71●送信プログラムを再起動

複数の送信プログラムと複数の受信プログラムを同時に起動してみます。複数の受信プログラムは同じ位置にキャラクタを表示します。また、どの送信プログラムを使用しても同じようにキャラクタを動作させることができます。

図9.72●複数の送受信プログラム

このときの動作概要を、図9.73に示します。プログラムはそれぞれ独立したプロセスなので、DLLを含め隔絶した論理空間に存在します。しかし、DLLは共有メモリを使用するため通信が可能です。本節のプログラムは、送受信を1対1で動作させるために開発しました。したがって、プロセス間の調停（同期）は行っていません。

プロセス間に有効な同期オブジェクトを使用すると、安全に共有変数を更新できます。たとえばミューテックスなどを使用するとよいでしょう。

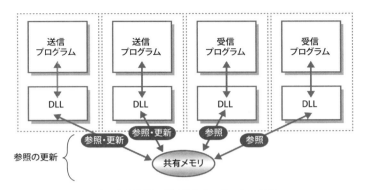

図9.73●複数の送受信プログラムの動作

　送信プログラムや受信プログラムをDLLが存在しないディレクトリで実行すると、DLLが見つからないため例外が発生し、メッセージが表示されます。

図9.74●送信プログラムでDLLが見つからない

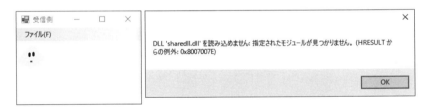

図9.75●受信プログラムでDLLが見つからない

9-9 標準 I/O を使用したプロセス間通信

　本節では、標準I/Oを使用してプロセス間通信を行うプログラムを紹介します。プロセスの標準入力をリダイレクトし、サーバプログラムから起動したクライアントプログラムを制御します。Processコントロールはツールバーの［コンポーネント］に存在します。あるいは、［すべてのWindowsフォーム］から配置してもかまいません。動作の概念図を次に示します。

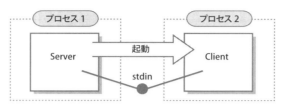

図9.76●動作の概念図

　本節で紹介するプログラムは、サーバプログラムとクライアントプログラムから成り立っています。まず、サーバプログラムを解説します。

■サーバプログラム

　サーバプログラムは、クライアントプログラムを起動し、クライアントプログラムの標準入力にデータを書き込んで、クライアントプログラムへデータを渡します。フォームの様子を示します。

図9.77●フォームの外観

Processコントロールも配置します。

図9.78●コントロール

プログラムのソースリストを次に示します。

リスト9.15●ch09¥09process¥server¥server¥Form1.cs

```
using System;
using System.Windows.Forms;

namespace server
{
```

```csharp
public partial class Form1 : Form
{
    public Form1()
    {
        InitializeComponent();

        Text = "プロセス間通信：サーバ";
        MaximizeBox = MinimizeBox = false;
        FormBorderStyle = FormBorderStyle.FixedSingle;

        // ボタンの設定
        bInvoke.Text = "クライアント起動";
        bSendCmd.Text = "コマンド送信";
        bCloseClient.Text = "クライアントを閉じる";
        bClose.Text = "閉じる";
    }

    // 「クライアント起動」ボタン
    private void bInvoke_Click(object sender, EventArgs e)
    {
        try
        {
            process.StartInfo.FileName = "client.exe";
            process.StartInfo.UseShellExecute = false;
            process.StartInfo.RedirectStandardInput = true;

            process.Start();
        }
        catch (Exception ex)
        {
            MessageBox.Show(ex.Message);
        }
    }

    // 「コマンド送信」ボタン
    private void bSendCmd_Click(object sender, EventArgs e)
    {
        try
        {
            process.StandardInput.WriteLine("command samples-1");
            process.StandardInput.WriteLine("command samples-2");
            process.StandardInput.WriteLine("command samples-3");
        }
        catch (Exception ex)
        {
            MessageBox.Show(ex.Message);
        }
```

```csharp
            }

            // 「クライアントを閉じる」ボタン
            private void bCloseClient_Click(object sender, EventArgs e)
            {
                try
                {
                    process.StandardInput.WriteLine("exit");
                }
                catch (Exception ex)
                {
                    MessageBox.Show(ex.Message);
                }
            }

            // 「閉じる」ボタン
            private void bClose_Click(object sender, EventArgs e)
            {
                Close();
            }
        }
    }
```

　コンストラクタで、フォームの各種プロパティを設定します。これらの設定はフォームのデザイン時に設定できます。しかし、ケアレスミスを避けるためにコンストラクタで設定するのもよい方法です。

　［クライアント起動］ボタンを押したときに制御が渡るのが bInvoke_Click メソッドです。Process クラスの StartInfo.FileName プロパティに起動するアプリケーション名を設定します。このプログラムの場合、FileName プロパティに client.exe を設定します。サーバプログラムから client.exe を参照できないと例外が発生します。

　Process クラスの StartInfo.UseShellExecute プロパティには、プロセスの起動に OS のシェルを使用するかどうかを示す値を設定します。シェルを使用する場合は true を指定します。false を指定すると、プロセスは実行可能ファイルから直接作成されます。また、false を指定すると、入力、出力、およびエラーの各ストリームをリダイレクトできます。このプログラムでは入力をリダイレクトしたいので、UseShellExecute プロパティに false を設定します。

　Process クラスの StartInfo.RedirectStandardInput プロパティには、コマンド入力を Process インスタンスの StandardInput から読み取るかを示す値を設定します。この値を true に設定すると、入力を標準入力ストリーム（通常はキーボード）以外のソースから読み取ることができます。つまり、このプログラムはクライアントプログラムのインスタンスを作成し、標準入力をリダイレクトします。最後に、Start メソッドでプロセスを起動します。

［コマンド送信］ボタンを押したときに制御が渡るのが bSendCmd_Click メソッドです。StandardInput は、標準入力ストリームへの書き込みに使用できる StreamWriter です。WriteLine メソッドを佇用して、クライアントプログラムに標準入力からデータを渡します。この例では単純な文字列を渡しますが、コマンドを渡すようにすると、サーバプログラムからクライアントプログラムを制御することが可能になります。

［クライアントを閉じる］ボタンを押したときに制御が渡るのが bCloseClient_Click メソッドです。先ほどと同様の方法で、標準入力から「exit」を渡します。クライアントプログラムは「exit」を受け取ると、自身を終了させます。

［閉じる］ボタンを押したときに制御が渡るのが bClose_Click メソッドです。プロセスの状態などは監視せず、Close メソッドを呼び出します。

■ クライアントプログラム

クライアントプログラムは、サーバプログラムからの情報を標準入力で受け取ります。フォームの様子を図 9.79 に示します。

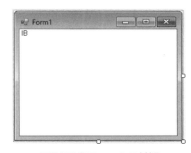

図9.79●フォームの外観

Process コントロールやタイマーコントロールも配置します。

図9.80●コントロール

プログラムのソースリストを次に示します。

リスト9.16●ch09¥09process¥client¥client¥Form1.cs

```
using System;
using System.Windows.Forms;

namespace client
{
```

```csharp
public partial class Form1 : Form
{
    public Form1()
    {
        InitializeComponent();

        Text = "プロセス間通信：クライアント";
        MaximizeBox = MinimizeBox = false;
        FormBorderStyle = FormBorderStyle.FixedSingle;

        // タイマー設定
        timer1.Interval = 100;
        timer1.Start();
    }

    // タイマーメソッド
    private void timer1_Tick(object sender, EventArgs e)
    {
        try
        {
            string str = Console.ReadLine();
            lB.Items.Add(str);

            if (str.Length >= 4 &&
                    0 == String.Compare(str.Substring(0, 4), "exit"))
            {
                timer1.Stop();
                Close();
            }
        }
        catch (Exception)
        {
            timer1.Stop();
            Close();
        }
    }
}
```

コンストラクタで、フォームの各種プロパティを設定します。また、タイマーの起動も行います。

`timer1_Tick`はタイマーメソッドです。標準入力から受け取ったデータをリストボックスに表示します。もし、受け取ったデータが「exit」ならタイマーを停止し、プログラムを終了させます。例外が発生したときもプログラムはすぐに終了します。

■実行

サーバプログラムはクライアントプログラムにアクセスできなければなりません。一般的には、同じディレクトリにサーバプログラムとクライアントプログラムの両方をコピーし、サーバプログラムから起動します。起動直後のプログラムの様子を図9.81に示します。

図9.81●起動直後の様子

[クライアント起動]ボタンを押すと、クライアントプログラムが起動されます。

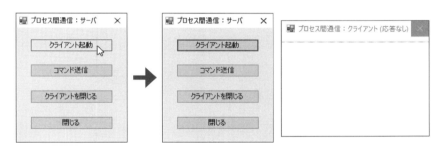

図9.82●[クライアント起動]ボタンを押す

[コマンド送信]ボタンを押すと、サーバプログラムからクライアントプログラムに文字列が送られます。送られた内容は、クライアントプログラムのリストボックスに表示されます。

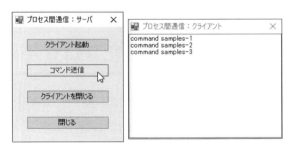

図9.83●[コマンド送信]ボタンを押す

［クライアントを閉じる］ボタンを押すと、クライアントプログラムは終了します。両方のプログラムを終了させたければ、［閉じる］ボタンを押します。

図9.84●両プログラム終了

サーバプログラムを起動し、クライアントプログラムにアクセスできない状態で［クライアント起動］ボタンを押すと例外が発生し、警告メッセージが表示されます。

図9.85●例外が発生

クライアントプログラムを先に起動した場合も、例外が発生します。その場合、クライアントプログラムはすぐに終了します。クライアントプログラムが起動されていない状態で［コマンド送信］ボタンなどを押すと、やはり例外が発生し、警告メッセージが表示されます。

9-10 ネットワークを使用したプロセス間通信

ネットワークを使用すると、簡単にプロセス間通信が可能です。ネットワークを使用する方法は、システムプログラミングではなくネットワークプログラミングに分類されるため、本書では、この節の一例だけ紹介します。`TcpListener` クラスと `TcpClient` を使用して、プロセス間通信を行います。このプログラムは、ローカルIPアドレスと特定のポート番号を使用して通信します。動作の概念図を次に示します。

9-10 ネットワークを使用したプロセス間通信

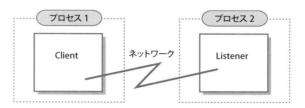

図9.86●動作の概念図

本節で紹介するプロセス間通信の例は、サーバプログラムとクライアントプログラムの2つから構成されています。両方ともコンソールプログラムです。まず、サーバプログラムを解説します。

■ サーバプログラム

クライアントプログラムからの接続を待ち受けるため、サーバプログラムを先に起動しておかないと、クライアントプログラムは異常終了します。プログラムのソースリストを次に示します。

リスト9.17●ch09¥10tcp¥tcpListener¥tcpListener¥Program.cs

```
using System;
using System.Net;
using System.Net.Sockets;

namespace tcpListener
{
    class Program
    {
        static void Main(string[] args)
        {
            const Int32 portNum = 5001;
            const String IpAddr = "127.0.0.1";   // localhost

            try
            {
                // 読み込み用バッファ
                Byte[] bytes = new Byte[256];
                String data = null;
                Int32 len;

                // IPAddress作成
                IPAddress localAddr = IPAddress.Parse(IpAddr);

                // TcpListener作成, ローカル & port=5001
                TcpListener server = new TcpListener(localAddr, portNum);
```

```csharp
                // 受信接続要求の待機
                server.Start();

                // 接続されるまでループ
                Console.Write("接続を待つ ");
                while (server.Pending() == false)
                {
                    Console.Write(".");
                    System.Threading.Thread.Sleep(1000);
                }
                TcpClient client = server.AcceptTcpClient();
                Console.WriteLine("接続完了!");

                // 読み書き用のストリーム作成
                NetworkStream stream = client.GetStream();

                // exitを受け取るまで,受信を続ける
                while ((len=stream.Read(bytes, 0, bytes.Length)) != 0)
                {
                    // データをUnicodeへ変換
                    data = System.Text.Encoding.Unicode.GetString(bytes, 0, len);
                    Console.WriteLine(String.Format("受信データ: {0}", data));
                    if (data == "exit")
                        break;              // 終了
                }
                server.Stop();              // リスナを閉じる
                client.Close();             // 接続の解除
            }
            catch (Exception ex)
            {
                Console.WriteLine("例外発生: {0}", ex.Message);
            }
            Console.WriteLine("\nプログラム終了");
        }
    }
}
```

　ローカルマシンで動作するプロセス間で通信を行うので、IPアドレスとしてローカルアドレス（127.0.0.1）を使用します。ポート番号は適当でかまいませんが、他のネットワークプログラムや、汎用に使用されるポート番号は避けてください。ここでは5001番ポートを使用します。サーバプログラムとクライアントプログラムで同じポートを使用しなければなりません。ポート番号が異なると、プロセス間通信はできません。

　TcpListenerクラスの新しいインスタンスを初期化する際、TcpListenerクラスのコンス

トラクタにIPアドレスを渡す必要があります。そこで、まずIPAddress.Parseメソッドで IPAddressインスタンスを作成します。Parseメソッドは、ピリオドで区切られた10進表記の IPアドレスからIPAddressインスタンスを作成します。

このIPAddressとポート番号をTcpListenerコンストラクタに与えて、TcpListenerクラスのインスタンスを作成します。TcpListenerクラスは、ネットワーククライアントからの接続を待機します。TcpListenerクラスは、同期ブロッキングモードのときに受信接続要求を待機したり受け取ったりする単純なメソッドを提供します。このTcpListenerに、クライアントプログラムのTcpClientから接続を行います。

次に、Startメソッドを使用して受信接続要求の待機を開始します。AcceptTcpClientメソッドを呼び出して、接続されるまで待ってもよいのですが、この場合、通信が接続されるまでプログラムはブロックされてしまいます。それを回避するために、ここではPendingメソッドで接続要求をチェックしています。接続要求があるまでwhile文でループします。通常は、このループ内でキャンセルを行えるようにするとよいでしょう。接続要求が到着したらAcceptTcpClientで接続し、その後接続完了のメッセージを表示します。

AcceptTcpClientは、データの送受信に使用できるTcpClientを返します。次に、TcpClientのGetStreamメソッドで返されたTcpClientのNetworkStreamを取得し、それを使用して受信を行います。NetworkStreamはデータの送受信両方に使用できますが、このプログラムは受信しか行いません。

受信には、NetworkStreamのReadメソッドを使用します。このメソッドでNetworkStreamからデータを読み込みます。引数には、読み込んだデータを格納するByte型の配列、データの格納を開始するバッファ内のオフセット、そしてNetworkStreamから読み取るバイト数を指定します。このReadメソッドは実際に読み込んだバイト数を返すので、その値をlenに保存します。

この読み込んだデータを、Encoding.Unicode.GetStringメソッドを使用してUnicodeにエンコードします。このメソッドに先ほどのReadメソッドが返したlenを指定します。これで、String型変数dataにはUnicodeに変換された文字列が格納されます。これをコンソールへ表示します。もし、受け取ったデータが「exit」ならwhileループを抜け、そうでなければループを続けます。

whileループを抜けたら、TcpListenerのStopメソッドを呼び出してTcpListenerを閉じます。TcpClientもCloseメソッドを呼び出します。このメソッドは、TCP接続を終了し、TcpClientと関連付けられているすべてのリソースを解放します。最後に、プログラム終了のメッセージを表示します。

このプログラムでは、接続が突然切断されたり、ネットワークに障害が起こると例外が発生します。例外はcatchに捕捉され、コンソールに例外の原因が表示されます。

■クライアントプログラム

このプログラムも、コンソールプログラムです。クライアントプログラムはサーバプログラムと接続し、キーボードから入力した文字をサーバへ送ります。サーバプログラムが起動されていないと例外が発生し、クライアントプログラムは異常終了します。プログラムのソースリストを次に示します。

リスト9.18●ch09¥10tcp¥tcpClient¥tcpClient¥Program.cs

```csharp
using System;
using System.Text;
using System.Net.Sockets;
using System.Threading;

namespace tcpClient
{
    class Program
    {
        static void Main(string[] args)
        {
            const Int32 port = 5001;
            const String server = "127.0.0.1";

            try
            {
                // TcpClientの作成.
                TcpClient client = new TcpClient(server, port);

                // 読み書き用のストリーム作成
                NetworkStream stream = client.GetStream();

                // exitが入力されるまで，送信を続ける
                while (true)
                {
                    Console.Write("入力> ");
                    String message = Console.ReadLine();

                    // Unicodeへ
                    Byte[] data = Encoding.Unicode.GetBytes(message);

                    // 送信
                    stream.Write(data, 0, data.Length);
                    Console.WriteLine("送信: {0}", message);

                    if (message == "exit")
                        break;
```

```
                    }
                    Thread.Sleep(100);  // listenerが終わるのを待つ
                    client.Close();
                }
                catch (Exception ex)
                {
                    Console.WriteLine("例外発生: {0}", ex.Message);
                }

                Console.WriteLine("");
                Console.WriteLine("プログラム終了");
            }
        }
    }
```

　ローカルマシンで動作しているサーバプログラムと、プロセス間通信を行います。サーバプログラムと同様に、IP アドレスにローカルアドレス、ポート番号に 5001 を指定し、TcpClient を作成します。ポート番号にはサーバプログラムと同じポートを使用しなければなりません。ポート番号が異なっている場合、通信はできません。

　次に、TcpClient の GetStream メソッドで返された TcpClient の NetworkStream を取得します。このストリームを使用し、送信を行います。データの受信もできますが、このプログラムは送信のみ行います。

　無限ループを while 文で作ります。ReadLine メソッドでコンソールから文字列を読み込み、Byte 配列に変換して、NetworkStream の Write メソッドで送信します。この書き込みの引数には、書き込むデータを格納する Byte 型の配列、データの格納位置のオフセット、そして NetworkStream に書き込むバイト数を指定します。同じ内容をコンソールにも表示します。

　もし、読み込んだ文字列が「exit」なら while ループを抜けます。そうでなければループを続けます。

　while ループを抜けたら、Sleep でしばらく待ちます。これは、サーバプログラムで Read メソッドを呼び出している最中に突然接続が解除され、例外が発生するのを極力避けるためです。

> 本来は、サーバプログラムとクライアントプログラムでフロー制御を行う方が確実ですが、ここでは、プログラムを簡単にするため、フロー制御は省略しました。

　Sleep 後、TcpClient の Close メソッドを呼び出します。このメソッドは、TCP 接続を終了し、TcpClient と関連付けられているすべてのリソースを解放します。最後に、プログラム終了のメッセージを表示します。

このプログラムでは、ネットワークに障害などが起こると例外が発生します。例外は catch に捕捉され、コンソールに例外の原因が表示されます。

■ 実行

クライアントプログラムより先に、サーバプログラムを起動しなければなりません。そうでないと例外が発生します。両方ともコンソールプログラムですので、コマンドプロンプト内から実行してください。まず、サーバプログラムを起動します。

サーバプログラムは接続を待ちます。接続を待っている間、「.」を1秒経過するごとに表示します。

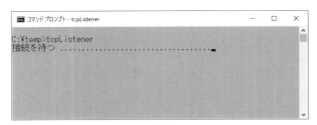

図9.87●サーバプログラム起動

クライアントプログラムを起動し、接続に成功すると、サーバプログラムは接続完了のメッセージを表示します。サーバプログラムはメッセージを待ち、クライアントプログラムはキーボードからの入力を待ちます。

図9.88●接続完了

まず、アルファベットの送信を行ってみましょう。「test」をクライアントプログラムから入力すると、サーバプログラムが受信し、受け取った文字列を表示します。

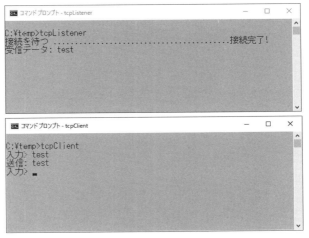

図9.89●アルファベット送信

漢字を送信することもできます。「漢字のテスト」をクライアントプログラムから入力すると、サーバプログラムが受信し、受け取った文字列を表示します。

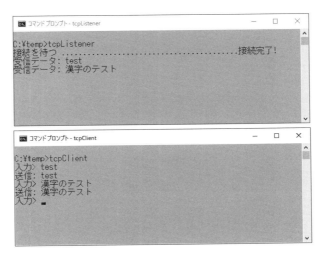

図9.90●漢字送信

プログラムを終了するには、「exit」をクライアントプログラムから入力します。

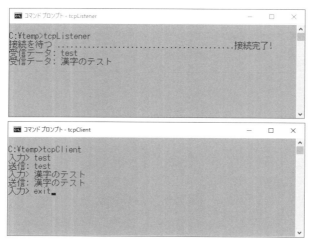

図9.91●exit入力

　クライアントプログラムは、キーボードから「exit」を受け取ると、サーバプログラムにメッセージを送信して終了します。サーバプログラムも「exit」を受信すると自身を終了させます。ソースコードの説明部分で解説しましたが、タイミングによってはサーバプログラムで例外が発生する場合が考えられます。これは、サーバプログラムが受信中に、クライアントプログラムが接続を解除する可能性があるからです。この問題を解決するには、クライアントプログラムとサーバプログラムで、ハンドシェイクなどのフロー制御を行うとよいでしょう。

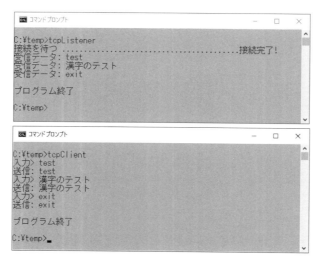

図9.92●exit送信

意図的にいくつかの例外を発生させた様子を次に示します。まず、サーバプログラムを起動していない状態でクライアントプログラムを起動します。当然接続に失敗し、クライアントプログラムで例外が発生します。

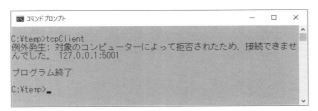

図9.93●サーバが起動していないため例外が発生

　次に、接続完了してからクライアントプログラムを強制終了し、接続を切断してみます。するとサーバプログラムで例外が発生します。

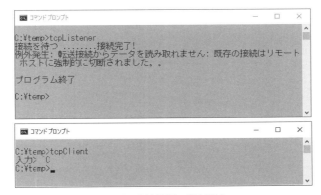

図9.94●接続断で例外発生

索引

A
AcceptTcpClient() 437
Action デリゲート 141
Alias 6
async 修飾子 193
AutoResetEvent クラス 301
await 演算子 193

B
BackgroundWorker クラス 181, 232
BeginInvoke() 285
Break() 161

C
__cdecl 規約 57
Close() 439
ConcurrentBag クラス 341
ConcurrentQueue クラス 338
ConcurrentStack クラス 340
ContinueWhenAll() 132
ContinueWhenAny() 132
CopyTo() 26
CreateGraphics() 256
CurrentThread() 107

D
__declspec キーワード 54, 56
.DEF ファイル 54, 69, 71, 74
delegate キーワード 44, 139
DLL 53, 67, 415
DllImport 属性 55, 68
dumpbin ユーティリティ 58, 62

E
EnableRaisingEvents プロパティ 396
EndInvoke() 285
Exited イベント 396

F
EXPORTS 文 69, 71
extern "C" 構文 58

F
foreach 文 23
Func デリゲート 141

G
GetCurrentProcess() 405
GetProcessesByName() 405
GetType() 7

I
Interlocked クラス 259
Invalidate() 367
Invoke() 184, 189, 208, 253
IsStopped プロパティ 159

J
Join() 270

L
LIBRARY 文 69
lock 文 278
LowestBreakIteration プロパティ 162

M
ManualResetEvent クラス 297
Monitor クラス 272
Mutex クラス 324, 399

N
.NET Framework 1
NetworkStream 437
new 5
NONAME 属性 74

444

索引

■ O
- out キーワード 33
- Owner プロパティ 371

■ P
- Parallel.For() 155
- Parallel.ForEach() 156
- Pending() 437
- #pragma data_seg 408
- Process クラス 386

■ R
- ReaderWriterLock クラス 318
- RedirectStandardInput プロパティ 430
- ref キーワード 33
- ReleaseMutex() 324
- RunWorkerAsync() 183

■ S
- Semaphore クラス 402
- Sleep() 107
- Start() 391, 437
- __stdcall 規約 54, 56, 57
- Stop() 159, 437
- StructLayout 属性 95

■ T
- TaskContinueWith() 128
- TcpClient クラス 434
- TcpListener クラス 434
- ThreadStart デリゲート 106
- TPL 110

■ U
- UI スレッド 180
- UseShellExecute プロパティ 430

■ V
- volatile キーワード 316

■ W
- WaitAll() 332
- WaitForExit() 392
- WaitOne() 324, 403

■ あ
- 値型 3, 4
- 暗黙型 7, 13, 28
- イテレーション 158
- イテレータ 158
- イベント 375
- 入れ子タスク 133
- ウィンドウメッセージ 217
- エイリアス 6
- エクスポート 54, 57, 69
- エクスポート序数 58, 74
- オーバーヘッド 102

■ か
- 関数名 57, 68, 71
- キャンセルトークン 171
- クリティカルセクション 273
- 継続 128
- 構造体 29
- コールバック 74, 307
- 子タスク 133, 135
- コンカレントコレクション 335

■ さ
- 参照型 5
- 参照渡し 33
- シグナル 297, 301
- スケーラビリティ 102
- スレーブスレッド 104
- スレッド 103, 385
  - 暗黙的に起動 110
  - 終了監視 269
  - データの受け渡し 113, 115, 119
- スレッド間同期 261, 272
- スレッドセーフ 107
- スレッドプール 303
- スレッドローカル変数 166
- 整数型 1, 3
- セマフォ 333, 402

■た

待機ハンドル	297, 301
ダイナミックリンクライブラリ	53
タスク継続	128
タスク配列	124
タスク並列ライブラリ	110
抽象化データモデル	80
定義済みデリゲート	44, 140
データ型	79
データ競合	102
データサイズ	79
データ並列化	153
データモデル	80
デタッチされたタスク	133
デッドロック	246
デリゲート	43, 137
同期	259, 389
同期呼び出し	289
匿名メソッド	112

■な

| ネストされたタスク | 133 |

■は

排他制御	278
配列	20
引数の受け渡し	33, 34, 39
非同期処理	393
非同期メソッド	193
非同期呼び出し	285
浮動小数点型	3
プロセス	385
プロセス間通信	415, 427, 434
並列化	101
別名	6

■ま

マーシャリング	55
マスタースレッド	104
マルチキャストデリゲート	146
ミューテックス	324, 399
メインスレッド	104, 180

メッセージ	379
文字型	1
モジュール定義ファイル	54, 69
文字列型	1, 15
文字列の受け渡し	92

■ら

| ラムダ式 | 112, 148 |
| ループ | 158, 170 |

■わ

| ワーカスレッド | 104 |

著者紹介

北山 洋幸（きたやま ひろゆき）

鹿児島県南九州市知覧町門之浦出身（旧：川辺郡知覧町）、富士通株式会社、日本ヒューレット・パッカード株式会社（旧横河ヒューレット・パッカード株式会社）、米国 Hewlett-Packard 社、株式会社 YHP システム技術研究所を経て有限会社スペースソフトを設立、現在に至る。情報処理学会員。

　　長らく Media Convergence 分野に傾注していましたが、最近は Parallel Computing や HPC 分野、そして再び組み込み機器（IoT）へと迷走中です。

主な著訳書

「Java で始める OpenCV3 プログラミング」（共著）カットシステム／「IoT デバイスプログラミング入門」カットシステム／「さらに進化した画像処理ライブラリの定番 OpenCV 3 基本プログラミング」カットシステム／「高速化プログラミング入門」カットシステム／「C++ インタフェースによる OpenCV プログラミング」カットシステム／「GPU 高速動画像処理」カットシステム／「OpenCV で始める簡単動画プログラミング第 2 版」カットシステム／「実践 OpenCV 2.4 映像処理＆解析」（協力）カットシステム／「OpenCL 応用 メニーコア CPU ＆ GPGPU 時代の並列処理」カットシステム／「WAV プログラミング C 言語で学ぶ音響処理［増補版］」カットシステム／「Win32/64 API システムプログラミング」カットシステム／「OpenCL 入門―GPU＆ マルチコア CPU 並列プログラミング for MacOS Windows Linux」（協力）秀和システム／「OpenMP 入門―マルチコア CPU 時代の並列プログラミング」秀和システム／「NET フレームワークのための C# システムプログラミング VS2008 対応」カットシステム／「IA-32SIMD リファレンスブック上，下」（共著）カットシステム／「共通課程情報学総論」（共著）近代科学社／「アセンブラ画像処理プログラミング―SIMD による処理の高速化」（共著）カットシステム／「実践 Windows インターネットプログラミング」カットシステム／「JBuilder6 で組む！はじめての Java」技術評論社／「Java による はじめてのインターネットプログラミング」技術評論社／「基本プロトコル解説から IEEE1394 機器の設計，ドライバ開発まで」（共著）CQ 出版社／「インターネットプログラミング 300 の技」（共著）技術評論社／「パソコンユーザのためのプリンタいろいろガイド」（共著）トッパン／「C++ Builder インターネットプログラミング」技術評論社／「ネットワーク機器」（共著）オーム社／「サバイバル マクロプログラミング作法」（監修）トッパン／「オープン・コンピューティング図解ブック」（共著）オーム社、他多数

月刊誌、辞典、季刊誌などへのコラム・連載の執筆多数。

C# による Windows システムプログラミング

2017 年 1 月 10 日　初版第 1 刷発行

著　者　　北山 洋幸
発行人　　石塚 勝敏
発　行　　株式会社 カットシステム
　　　　　〒 169-0073　東京都新宿区百人町 4-9-7　新宿ユーエストビル 8F
　　　　　TEL（03）5348-3850　　FAX（03）5348-3851
　　　　　URL　http://www.cutt.co.jp/
　　　　　振替　00130-6-17174
印　刷　　シナノ書籍印刷 株式会社

本書に関するご意見、ご質問は小社出版部宛まで文書か、sales@cutt.co.jp 宛に e-mail でお送りください。電話によるお問い合わせはご遠慮ください。また、本書の内容を超えるご質問にはお答えできませんので、あらかじめご了承ください。

■ 本書の内容の一部あるいは全部を無断で複写複製（コピー・電子入力）することは、法律で認められた場合を除き、著作者および出版者の権利の侵害になりますので、その場合はあらかじめ小社あてに許諾をお求めください。

Cover design　Y.Yamaguchi　　　© 2016 北山洋幸
Printed in Japan　ISBN978-4-87783-412-8